2022年度湖北省教育厅哲学社会科学研究专项任务项目(思想政治理论课)(22Z009)资助
2022年中国地质大学(武汉)马克思主义理论研究与学科建设计划项目(MX2210)资助
2022年中国地质大学(武汉)马克思主义理论研究与学科建设计划项目(MX2203)资助
2018年湖北省高校省级教学研究项目(2018149)资助

地大精神融入"思想道德与法治"教学设计

DIDA JINGSHEN RONGRU "SIXIANG DAODE
YU FAZHI" JIAOXUE SHEJI

主　编　阮一帆　张　洁　李蔚然　帅　斌
副主编　冯思佳　李辰寅　兰　琳　黄诗玉　陈欣媛

图书在版编目(CIP)数据

地大精神融入"思想道德与法治"教学设计/阮一帆等主编;冯思佳等副主编.—武汉:中国地质大学出版社,2025.4.—ISBN 978-7-5625-6168-2

Ⅰ.G641

中国国家版本馆 CIP 数据核字第 2025GK3298 号

地大精神融入"思想道德	阮一帆 张 洁 李蔚然 帅 斌	主 编
与法治"教学设计	冯思佳 李辰寅 兰 琳 黄诗玉 陈欣媛	副主编

责任编辑:郑济飞		责任校对:徐蕾蕾
出版发行:中国地质大学出版社(武汉市洪山区鲁磨路388号)		邮编:430074
电　　话:(027)67883511	传　　真:(027)67883580	E-mail:cbb@cug.edu.cn
经　　销:全国新华书店		https://cugp.cug.edu.cn
开本:787mm×1092mm　1/16	字数:326千字	印张:12.75
版次:2025年4月第1版	印次:2025年4月第1次印刷	
印刷:湖北睿智印务有限公司		
ISBN 978-7-5625-6168-2		定价:58.00元

如有印装质量问题请与印刷厂联系调换

地大精神融入思想政治理论课教学设计丛书
编委会

顾　问：刘　杰　傅安洲　王林清　侯志军

委　员：阮一帆　孙文沛　帅　斌　朱　丹

　　　　张　洁　李蔚然　何帅波　刘　丹

　　　　张书缘　冯思佳　李晨寅　兰　琳

　　　　黄诗玉　陈欣媛

前 言
PREFACE

矿产资源是经济社会发展的重要物质基础,矿产资源勘查开发事关国计民生和国家安全。2022年10月,习近平总书记回信勉励山东省地矿局第六地质大队全体地质工作者,要大力弘扬爱国奉献、开拓创新、艰苦奋斗的优良传统,在找矿突破战略行动中发挥更大作用,奋力书写"英雄地质队"新篇章,充分体现了习近平总书记和党中央对地质工作的高度重视和殷切期待。

新中国成立之初,百废待兴。为积极响应毛主席"开发矿业"的伟大号召号,北京地质学院于1952年应运而生。70余年来,一代代地大人始终心怀"国之大者",与党和国家同呼吸共命运,锚定建设地球科学领域世界一流大学的奋斗目标,为解决国家和人类社会面临的资源环境问题提供了重要的人才和科技支撑,孕育出了以"艰苦朴素、求真务实"的校训精神为核心、包括"南迁办学精神""攀登精神""摇篮精神"等丰富内涵的地大精神。

习近平总书记指出,要以中华优秀传统文化、革命文化和社会主义先进文化为力量根基,守正创新推动思政课建设内涵式发展,不断提高思政课的针对性和吸引力。地大精神是地大发展历程中一大批先进人物通过各个领域的开拓进取所创造和传承的宝贵精神财富,源于学校深厚的历史底蕴,承载着深厚的红色基因和革命传统,具有重要的思想政治教育价值和功能,能够生动回答"中国共产党为什么能、马克思主义为什么行、中国特色社会主义为什么好"这三大根本性问题,为新时代青年学生提供了生动的历史教材和精神指引,有效发挥着铸魂育人、价值引领和文化传承的重要作用。

地大精神与思想政治理论课教学在内涵和目标上呈现出高度的契合性,为有效融入思政课教学奠定了坚实基础。从内容层面看,地大精神的形成与淬炼,涵盖了老一辈地大人在新民主主义革命、社会主义革命和建设、改革开放和社会主义现代化建设三个重要历史时期的价值追求和实践探索,与思政课探讨的时间范围完全吻合,为思政课教学提供了丰富的历史素材和案例支撑。地大精神本身就承载着马克思主义中国化的实践智慧,为思想政治理论课认识和理解马克思主义在中国不同历史时期的传播和发展增添了实践论证。从目标层面看,地大精神浓缩了地大师生在党的领导下赤诚报国、艰苦奋斗的精神品格,这与思想政治理论课立德树人的根本目标高度一致。通过将地大精神融入思政课教学,以老一辈地大人的奋斗经历感染和教育新时代青年学生,能够有效深化学生对校本文化的认识和认同,增强爱国主义情怀,培养责任感与使命感,实现红色文化资源的传承发扬与思政课教学目标的有机统一。同时,对于地大学子而言,地大精神具有直观性、真实性,可见可闻,可以更好地产生情感共鸣。

基于此,中国地质大学(武汉)马克思主义学院组织精干力量,与档案馆、校史馆合作,深入挖掘了从井冈山走出的地大奠基人刘型,从西南联大走入西北戈壁的地大学术先驱袁复礼,高龄入党、一心为公的地层古生物学"活字典"杨遵仪等多名地大人身上的红色故事,创作"地大精神融入思想政治理论课教学设计"丛书。辅导读物紧扣全国统编教材《中国近现代史纲要》《思想道德与法治》的逻辑框架和知识结构,通过课堂专题教学、课堂实践教学和课程网络平台等路径优化思想政治理论课程教学内容,推动实现价值性与知识性的统一。

为了给课程教学提供更加详细的案例支撑和方法指导,每个红色故事都被细分为教学案例陈述、教学分析、教学思路与方案设计、教学方法推荐4个板块,适用于对应统编教材的具体章节。比如,老校长刘型"井冈山上建功勋"的故事适用于《中国近现代史纲要》第五章"农村包围城市、武装夺取政权道路的开辟"的同步教学;欧阳自远"科研报国,领航嫦娥奔月取壤"的故事适用于《思想道德与法治》第三章"继承优良传统 弘扬中国精神"的同步教学。通过这种指向明确的教学创新设计,地大红色故事将在更具体的层面上服务思政课教学,进一步增强学生对课程的情感认同、理论认同和思想认同,鼓励一代又一代地大学子以老一辈地大人为榜样,自觉把个人理想追求融入党和国家事业,奋力走在时代前列,在新征程上绽放出属于地大人的璀璨光芒。

中国地质大学(武汉)党委书记

2025年2月

目 录
CONTENTS

第一章 赵鹏大：用执着书写地质传奇人生的地大教学元勋 ……………………（1）
    一、教学案例——赵鹏大 ……………………………………………………（1）
    二、教学分析 …………………………………………………………………（7）
    三、教学思路与方案设计 ……………………………………………………（8）
    四、教学方法推荐 …………………………………………………………（12）

第二章 袁复礼：从西南联大走入西北戈壁的地大学术先驱 ………………（13）
    一、教学案例——袁复礼 …………………………………………………（13）
    二、教学分析 ………………………………………………………………（19）
    三、教学思路与方案设计 …………………………………………………（20）
    四、教学方法推荐 …………………………………………………………（26）

第三章 马杏垣：辛勤耕耘新一代地质学人才的地大学科奠基人 …………（27）
    一、教学案例——马杏垣 …………………………………………………（27）
    二、教学分析 ………………………………………………………………（31）
    三、教学思路与方案设计 …………………………………………………（32）
    四、教学方法推荐 …………………………………………………………（35）

第四章 潘钟祥：坚定理想信念，首提"陆相生油"理论的地大石油奠基人 …（36）
    一、教学案例——潘钟祥 …………………………………………………（36）
    二、教学分析 ………………………………………………………………（41）
    三、教学思路与方案设计 …………………………………………………（42）
    四、教学方法推荐 …………………………………………………………（46）

第五章 朱见香：以信仰信心踏上革命征途的地大南定功臣 ………………（47）
    一、教学案例——朱见香 …………………………………………………（47）
    二、教学分析 ………………………………………………………………（53）

三、教学思路与方案设计 ……………………………………………………………… (54)
　　四、教学方法推荐 ………………………………………………………………………… (57)

第六章　殷鸿福:坚守地质初心成就"金钉子"的地大教育巨匠 ……………………… (58)
　　一、教学案例——殷鸿福 ………………………………………………………………… (58)
　　二、教学分析 ……………………………………………………………………………… (64)
　　三、教学思路与方案设计 ………………………………………………………………… (64)
　　四、教学方法推荐 ………………………………………………………………………… (68)

第七章　张国旗:以"赤子情怀"探水造福家乡的地大楷模 …………………………… (69)
　　一、教学案例——张国旗 ………………………………………………………………… (69)
　　二、教学分析 ……………………………………………………………………………… (75)
　　三、教学思路与方案设计 ………………………………………………………………… (75)
　　四、教学方法推荐 ………………………………………………………………………… (79)

第八章　王富洲:以"攀登精神"完成人类首次从珠峰北坡登顶的地大校友 ……… (80)
　　一、教学案例——王富洲 ………………………………………………………………… (80)
　　二、教学分析 ……………………………………………………………………………… (87)
　　三、教学思路与方案设计 ………………………………………………………………… (88)
　　四、教学方法推荐 ………………………………………………………………………… (93)

第九章　欧阳自远:实现从"地"到"天"神奇跨越的嫦娥之父 ………………………… (95)
　　一、教学案例——欧阳自远 ……………………………………………………………… (95)
　　二、教学分析 ……………………………………………………………………………… (100)
　　三、教学思路与方案设计 ………………………………………………………………… (100)
　　四、教学方法推荐 ………………………………………………………………………… (104)

第十章　郝诒纯:从为党潜伏的特工到地学报国的杰出女性 ………………………… (105)
　　一、教学案例——郝诒纯 ………………………………………………………………… (105)
　　二、教学分析 ……………………………………………………………………………… (112)
　　三、教学思路与方案设计 ………………………………………………………………… (112)
　　四、教学方法推荐 ………………………………………………………………………… (116)

第十一章　李德威:弥留之际仍为国为民的科学追梦人 ……………………………… (117)
　　一、案例教学——李德威 ………………………………………………………………… (117)
　　二、教学分析 ……………………………………………………………………………… (122)
　　三、教学思路与方案设计 ………………………………………………………………… (122)
　　四、教学方法推荐 ………………………………………………………………………… (126)

第十二章　高元贵:社会主义建设时期大学校长的楷模和地大定址武汉主导者 ……… (127)
　　一、教学案例——高元贵 ……………………………………………………… (127)
　　二、教学分析 …………………………………………………………………… (132)
　　三、教学思路与方案设计 ……………………………………………………… (132)
　　四、教学方法推荐 ……………………………………………………………… (136)

第十三章　陈子谷:丹心无尘铸忠魂的地大创校元勋 ……………………………… (137)
　　一、教学案例——陈子谷 ……………………………………………………… (137)
　　二、教学分析 …………………………………………………………………… (140)
　　三、教学思路与方案设计 ……………………………………………………… (141)
　　四、教学方法推荐 ……………………………………………………………… (145)

第十四章　池际尚:初心如磐胸怀大局的地大南建主帅 …………………………… (146)
　　一、教学案例——池际尚 ……………………………………………………… (146)
　　二、教学分析 …………………………………………………………………… (151)
　　三、教学思路与方案设计 ……………………………………………………… (152)
　　四、教学方法推荐 ……………………………………………………………… (156)

第十五章　杨遵仪:"金钉子"领路人和蜚声国际的百岁院士 ……………………… (157)
　　一、教学案例——杨遵仪 ……………………………………………………… (157)
　　二、教学分析 …………………………………………………………………… (162)
　　三、教学思路与方案设计 ……………………………………………………… (163)
　　四、教学方法推荐 ……………………………………………………………… (166)

第十六章　生逢盛世·在新时代施展才干的地大青年代表 ………………………… (167)
　　一、教学案例——陈晨、翁新强、车华超、韩磊 …………………………… (167)
　　二、教学分析 …………………………………………………………………… (184)
　　三、教学思路与方案设计 ……………………………………………………… (185)
　　四、教学方法推荐 ……………………………………………………………… (190)

主要参考文献 …………………………………………………………………………… (192)

后记 ……………………………………………………………………………………… (193)

第一章 赵鹏大：用执着书写地质传奇人生的地大教学元勋

一、教学案例——赵鹏大

赵鹏大，1931年生，辽宁清源人。1993年当选为中国科学院院士。俄罗斯自然科学院院士、俄罗斯工程院院士、国际高等学校科学院院士、莫斯科地质勘探科学院名誉院士、纽约科学院院士，地质勘探学家、数学地质学家。1952年毕业于北京大学地质学系，1958年在莫斯科地质勘探学院毕业并获副博士学位。长期从事矿产普查与勘探、数学地质的教学与科研工作。历任武汉地质学院院长、中国地质大学（武汉）及中国地质大学（北京）校长、中国地质大学校长；国务院学位委员会第二、三、四届委员及地质勘探、矿业、石油学科评议组召集人。

1992年，赵鹏大成为捧回国际数学地质协会最高奖"克伦宾奖章"的亚洲第一人。2019年，华人教育家大会授予赵鹏大"华人教育名家"荣誉称号（图1）。他担任中国地质大学（武汉）校长长达22年，带领学校实现从单科型院校向综合型大学的跨越式发展，成为中华人民共和国成立以来任职时间最长的大学校长。

图1　2019年1月，赵鹏大院士在华人教育家大会上讲话

（一）案例呈现

案例一：少年立志搞勘探，求学北大学识宽

1931年5月25日，辽宁奉天（今沈阳市）一个铁路小职员家庭里，伴随着婴儿啼哭声，一个小男婴来到了人世间。他的降生，给平凡的家庭带来莫大的喜悦。父亲给男孩取名赵鹏大，其寓意是将来像鲲鹏一样展开巨大的翅膀，在空中自由翱翔。然而，在赵鹏大出生4个月后，震惊中外的"九一八"事变爆发，日本帝国主义的铁蹄踏进了奉天。赵鹏大的父亲是一位非常爱国的人士，坚决不愿意被日本人统治，他携一家老小，离开东北老家，一路入关南下，最后到达大后方四川。襁褓中的赵鹏大，跟随家人，走上了流亡之路。

从小学到高中毕业，赵鹏大一共换了6所学校读书，但不论搬迁到何地，父母都没有让他耽误学业。父亲曾含泪对幼小的赵鹏大说："孩子，虽然我们的老家回不去了，但是书还是要读，学还是要上，等你将来学到了很多的知识，一定可以回东北老家的。"赵鹏大至今都隐隐地记得，父亲当时总是惦记关外的家乡，父亲强烈的爱国之心，对于赵鹏大的成长历程有深刻的影响。

赵鹏大上的小学，开始是一个废弃的破庙，后来是一个茅草盖的土屋。上小学时，老师曾带年幼的赵鹏大到煤矿参观。赵鹏大看着黑色的煤炭被挖煤工人源源不断地从地下的黑洞输送出来，非常好奇。他问老师："为什么我们的地面是黄土，而地下是黑色的煤块？"老师说："由于地球漫长的演化，那些上亿年前的树木慢慢变成了煤炭。"

从12岁开始，少年的赵鹏大就离开父母，背着行囊到四川自贡东北流亡中学读初中。那里求学生活条件艰苦，基本无菜可吃，米饭也常常是以辣椒粉拌盐粒（作为佐餐）。他住的地方是几十个人合住的一间大寝室。赵鹏大听老师说，地质学家能勘查到地下哪些地方有矿产。矿藏是看不见的，怎么就能找到呢？难道地质学家都有一双"慧眼"？这对少年赵鹏大来说是一件神奇的事儿。因而在中学时代，他就萌生了日后从事地质勘探工作的想法。

1948年，17岁的赵鹏大在报考大学时，毫不犹豫地选择了北京大学地质学系，但是，他的选择却遭到了家人的一致反对。母亲认为从事地质工作非常辛苦，在野外到处奔波像个乞丐；父亲则主张他报考军校，他的祖父甚至认为学地质是"看风水"，以后成为"风水先生"没出息。尽管当时有一波学习机械、电机、经济专业的热潮，但赵鹏大毅然决然报考了北京大学地质学系。

功夫不负有心人，赵鹏大以优异的学习成绩被北京大学地质学系录取。当时地质学系聚集了大批中国一流的地质学家，系主任孙云铸老师的"古生物"课，王鸿祯老师的"地史"课，马杏垣老师的野外实习课，这些课程的学习拓展了赵鹏大的视野。

赵鹏大在北京大学学习期间非常刻苦。大学二年级的时候，他就超前自学高年级的课程，其间阅读了大量地质期刊杂志，并在报刊上发表了10篇科普文章，如《漫谈湖泊》《化石的

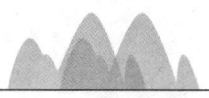

故事》《煤》《石油的成因》等。最后,赵鹏大以"矿"作为"主攻目标"。1952年他以优异成绩毕业并在全国高等学校院系调整中被分配到刚刚筹建的北京地质学院,参加建院工作。

在被记者问及是出于怎样的初衷选择地质专业时,赵鹏大说道:"学习地质的愿望是我从小就有的。我的小学和中学基本上是在四川度过的。四川矿产很多,小学上自然课,学校很注重实践,老师经常带我们下矿井参观……看到了地下的煤炭,还有卤水被抽取上来炼盐,觉得很神奇、很壮观。到了中学,在地理课上了解到地质工作者可以推测出埋藏在地下的矿藏位置甚至储量,很是佩服。正是从那个时候起,我开始把学地质当作理想来追求。"

多年后,赵鹏大和青年学子交流时,总结出了在北京大学求学期间确立的"两个方向":一是在1952年毕业前夕,加入了中国共产党,确立了决心为人民事业、为祖国地质事业奋斗终身的"政治方向";二是在北京大学地质学系学习的4年里,掌握了扎实的理论基础和野外实习的本领,确立了钻研一生的"专业方向"。"选好方向,就是政治方向和业务方向一定要选好,这是一个人成长成才的起点。"赵鹏大院士说。

案例二:地学领域勤耕耘,乐观进取勇攀登

1978年,赵鹏大首次在中国为研究生和本科生开设"数学地质""地质勘探中的统计分析""矿床统计预测"等课程。这些课程在国内都是首次开设,属于学科前沿理论课程。他对学生说:"现在时代变了,同学们一定要跟上时代的步伐,多学知识,多钻研前沿学术问题,将来为国家发展作贡献。"随后,地质出版社出版了《宁芜火山岩盆地铁铜矿床成矿规律、找矿方向及找矿方法研究》一书,书中由赵鹏大执笔撰写的《宁芜地区铁矿床统计预测》作为项目研究成果的组成部分,于1982年获国家自然科学奖三等奖。在接下来的几年里,他在科研方面焕发出更强的活力,研究成果接二连三。在《试论地质体数学特征》一文中,他首次论述了"地质体数学特征"的内容和方法。

此外,赵鹏大还提出了"矿床统计预测"的基本理论、准则和方法体系,并以此为内容,编写了教材和专著,在我国首次创立了"矿床统计预测"学科方向。以他为首编著的《矿床统计预测》,获原地质矿产部优秀教材奖。随后,国务院学位委员会批准他为矿产普查与勘探和数学地质两个学科的博士生导师。

想要培养高质量的研究生,就必须建设高水平的学科。以赵鹏大为学科带头人的中国地质大学矿产普查与勘探学科,于1988年被评为国家重点学科,这在当时的中国高校,是令人瞩目的成就! 国家重点学科,是一所大学办学水平的综合体现,是一所大学办学特色的彰显。他并没有为取得一系列成绩而满足,而是把学术的眼光瞄准世界。

赵鹏大认为,在学术研究和研究生培养等方面,闭门造车是行不通的,要以开放的眼光看待科学。他很重视国际学术交流,经常鼓励研究生们参加各种国际学术会议。在各种国际会议论坛上,在欧美各大高校的讲坛上,经常可以看到他和弟子们进行学术交流的身影。1989年,在美国华盛顿召开的第28届国际地质大会上,赵鹏大宣读了《矿产定量预测的基本理论、基

本准则和基本方法》论文,这也是他首次在世界科学舞台上,系统完整地将"数学地质"成果公布于众。

20世纪80年代,是我国地质学研究突飞猛进的年代,是不断推出创新成果的年代。赵鹏大不断丰富数学地质的研究,建立了地质体数学模型。他认为:地质学与数学交叉结合,地质学走定量化发展的道路是历史的必然。他在《矿床勘查与评价》著作中,提出了集"理论找矿、综合找矿、立体找矿、定量找矿"于一体的找矿新思路。

1990年夏天,年近花甲的赵鹏大不顾同事们的好心劝阻,为承担科技攻关课题,带着同事和研究生们,深入新疆罗布泊地区进行野外勘探。罗布泊被称为"死亡之海",自然环境恶劣,气候变化莫测,为了做好研究,他下定决心朝神秘莫测的罗布泊出发。赵鹏大在这里吃的苦、受的累,给研究生们留下了深刻的印象。白天,他风尘仆仆从帐篷出来,带上一壶水和一点点干粮。在沙漠里,水比黄金还贵,他为了把水留给研究生们喝,舍不得多喝一口水。到了正午,温度高达50多度,毒辣的阳光刺射在皮肤上异常难受。在一望无际的沙漠里,一不留神就会迷路,他让研究生们紧跟其后,自己手拿指南针和罗盘,一步一步行走在勘探征途上。

赵鹏大和研究生们协力工作,终于在新疆北山发现两条铜镍硫化物远景成矿带,在东准噶尔发现一条金矿带。其研究成果《北山成矿远景区地物化综合研究与找矿靶区圈定》获国家"七五"科技攻关重大成果奖。他还带领同事将数学地质新体系的研究成果编写成专著《地质勘探中的统计分析》,该书获首届全国高等学校优秀著作一等奖。

如果说教室、实验室是赵鹏大教学的阵地,那么广袤的大自然则成为他地质研究的大舞台,从西部遥远的昆仑到惊涛拍岸的东海,从严寒荒凉的西部戈壁到江山如画的彩云之南,都留下了他地质勘探的身影。在黄沙漫漫的沙漠中,在空气稀薄的高原上,在人迹罕至的深山里,在条件艰苦的矿井下,赵鹏大手拿放大镜、地质锤和记录本,认真研究每一个地质现象,精心采集每一块岩石标本。野外地质考察不仅磨砺了他坚强的意志,还锻炼了他强健的体魄。在空灵的山谷,他呼吸着新鲜的空气,聆听小鸟清脆的叫声,沐浴习习的凉风,他以苦为乐,在大自然的怀抱里,加深了对祖国河山的热爱。

1992年,已经是知名学者的赵鹏大东渡日本,出席了规模空前的第29届国际地质大会。在大会上,他被授予国际数学地质协会最高奖——克伦宾奖,成为获此殊荣的第一位亚洲人!克伦宾奖被誉为数学地质领域的诺贝尔奖,这份殊荣是对赵鹏大在数学地质领域默默耕耘的最大回报。当时,新华社迅速将这一喜讯传遍全国,从此,赵鹏大在地质界声名鹊起。他教导研究生们:"不要浮躁,不要贪功,踏踏实实做学问,将来你们比我更厉害。"他那语重心长的话语,至今都记在学生的心里。

案例三:地质教育倾心血,未来发展更辉煌

1993年11月,是赵鹏大学术生涯中的转折点,他凭着在数学地质和地质普查勘探领域的成就,光荣地当选为中国科学院院士。作为中国科学界的最高学术荣誉,"院士"称号是国家

对赵鹏大学术研究的最大鼓励。后来,他还当选为俄罗斯自然科学院院士、俄罗斯工程院院士、国际高等学校科学院院士、莫斯科地质勘探科学院名誉院士、纽约科学院院士,等等。在一系列的荣誉面前,他没有骄傲,更没有停止科学探索的脚步,反而,他觉得自己身上的责任更多、担子更重!

赵鹏大认为,科研应该有鲜明的实践导向,一方面是指科研的数据和成果要从实践中来,搞地质的人,首要条件就是要不怕吃苦,勇于实践;另一方面,科研成果要为生产服务,致力于解决生产实际问题(图2)。判断研究成果好坏的第一标准是要看能否解决实际问题,生产部门是否接受和欢迎,其次才是深化理论研究,撰写学术论文。赵鹏大注意到,近年来,许多青年科研工作者受缚于所谓的"考核标准",不得不"躲进小楼",实验做了很多,论文发了不少,却解决不了社会生产中的实际问题,"这就是本末倒置了"。

图2　1996年,赵鹏大在新疆罗布泊进行野外考察

赵鹏大除了从事学术研究,还积极承担其他社会工作。他认为,自己作为中国科学院院士,又是国内地质研究领域的著名专家,除了在专业研究方面要多作贡献,对社会事务,特别是推进地学事业深入发展也有义不容辞的责任。他担任过国务院学位委员会委员及地质勘探、矿业、石油学科评议组召集人,全国博士后流动站管理委员会专家组成员,国际定量地层委员会表决委员,国际地质数据委员会亚洲地区代表,第七届全国人大代表,《地球科学》杂志主编。另外,他还十分重视地方高等教育事业的发展,曾担任第八届湖北省政协委员、湖北省学位委员会副主任。

赵鹏大不仅在地质科研方面倾注了大量心血,还在地质教育,尤其是研究生地质教育方面努力探索。他常说:"地质教育因改革而发展,因创新而提高,因基深而普适,因前沿而先进,因急需而重要。"他曾从事矿产普查勘探、数学地质的教学与科研工作多年,在国内外刊物发表学术论文100多篇,多次获得国家级和省部级奖励。

作为博士生导师的赵鹏大,深感自己的责任重大。博士学位是最高学位,博士是国家的高端人才,是国家发展中的宝贵资源。但是,想要给国家输送合格的博士,博士生教育十分关键。当时,新中国的博士生培养刚刚起步,关于培养的模式、原则、方法等都尚在摸索之中。

赵鹏大认为，要培养合格的博士，博士生导师首先要有高尚的学术道德，其次才是要有过硬的学术功底。他这样对自己的博士生说："在外人看来，你们都是时代的骄子，但这并不意味着你们就能骄傲，在专业学习研究方面，你们的压力还很大，你们一定要抓紧时间，多研究，多出成果，做无愧于时代、无愧于祖国的人才。"

赵鹏大在科学研究前沿成就斐然。20 世纪 70 年代初期，北京地质学院由于历史原因南迁后，1975 年定址武汉，更名为武汉地质学院。从始至终，他都跟随学校的脚步，与学校同呼吸共命运。由于工作中的出色表现，1983 年，他被任命为武汉地质学院[后更名为中国地质大学（武汉）]院长。他抓住时代的机遇，带领全校师生员工，以冲天的干劲和饱满的热情，在东湖之滨、南望山下这片沃土上，书写地质教育的传奇。1983—2005 年赵鹏大担任校长的 22 年，是学校发展最关键、最迅速的时期！他也创造了新中国大学校长任期最长的纪录！

总有一些事情让赵鹏大欣慰无比。2008 年 2 月 21 日晚，中央领导同志与首都知识界代表举行元宵联欢会，赵鹏大应邀参加。会间，温家宝总理特意来到赵鹏大身边予以问候。这时的他，顿时被一股暖流温暖了全身。2010 年 4 月 24 日，备受关注的科学中国人年度人物在北京揭晓，79 岁的赵鹏大获得"最受公众关注奖"！在领奖时，他神采奕奕，俨然一位意气风发的青年。这份殊荣，是对他 60 年来在地学领域辛勤耕耘的最大回报，也是他即将步入耄耋之年最美的礼物！

老骥伏枥，志在千里。2011 年 5 月 25 日是赵鹏大院士 80 岁生日。在 80 年岁月里，他见证了祖国由弱到强、地质研究与高等教育不断发展和壮大。"雄关漫道真如铁，而今迈步从头越。"赵鹏大院士把目光投向了远方，在未来的研究生培养和科学之路上，他将继续书写辉煌（陈华文等，2011）！

（二）案例点评

案例一讲述了赵鹏大确立"专业方向"和"政治方向"的由来以及对他人生的影响。一是"专业方向"。年少时，老师经常带赵鹏大下矿井参观，他对从事矿业开采的人又崇敬又钦佩。课堂上，赵鹏大了解到地质学家能勘查到地下哪些地方有矿产，于是萌生了日后从事地质勘探工作的想法，开始把学地质当作理想来追求。在报考大学专业时，赵鹏大毫不犹豫选择报考北京大学地质学系，在北大地质学系 4 年的求学经历，让他掌握了扎实的理论基础和野外实习的本领，确立了钻研一生的"专业方向"。二是"政治方向"。赵鹏大的父亲是一位非常爱国的人士，父亲强烈的爱国之心，对赵鹏大的成长有深刻的影响。在北京大学科学、进步、民主等思想的熏陶下，赵鹏大的思想得到了提高和进步。1952 年毕业前夕，赵鹏大加入了中国共产党，确立了决心为人民事业、为祖国地质事业奋斗终身的"政治方向"。

案例二体现了赵鹏大积极进取、注重创新、不断开拓新境界的人生态度。一方面，赵鹏大教导学生不要浮躁，不要贪功，踏踏实实做学问；另一方面，他鼓励学生跟上时代的步伐，以开放的眼光看待科学，多学知识，多钻研前沿学术问题，将来为国家发展作贡献。他在地学领域持续深耕，在科研方面焕发出强大的活力，研究成果接二连三。为承担科技攻关课题，赵鹏大带领师生去野外地质考察，艰苦恶劣的环境不仅磨砺了他坚强的意志，还锻炼了他强健的体魄。他以苦为乐,在大自然的怀抱里,加深了对祖国河山的热爱,在战胜困难中不断开拓人生境界。

案例三体现了赵鹏大在学术研究、地学事业和地质人才培养方面的卓越贡献。赵鹏大认为,科研成果要为生产服务,致力于解决生产实际问题,他鼓励做地质研究的人去实地勘察,做出来的成果需要解决社会生产中的实际问题、满足国家需求。赵鹏大不仅在地质科研方面倾注了大量心血,还积极承担起其他社会工作,在研究生地质教育方面努力探索。赵鹏大认为,要培养合格的博士,博士生导师首先要有高尚的学术道德,其次才是要有过硬的学术功底。他教育学生,要多研究,多出成果,做无愧于时代、无愧于祖国的人才。从始至终,他都跟随学校的脚步,与学校同呼吸共命运。赵鹏大正确处理了个人与社会的辩证关系,在不断推动社会进步的过程中,实现了自我发展和人生价值。

(三)教学建议

案例一、三可用于第一章第一节第一目"正确认识人的本质"和第一章第一节第二目"人生观的主要内容"部分的教学。

通过案例一,学生了解到赵鹏大年少时受父亲爱国情怀、教师教学和自身兴趣等各种因素的影响,在北京大学求学后确立了"政治方向"和"专业方向",这两个方向指引着他在地学领域持续深耕,为人民事业、为祖国事业奋斗终身。教师可引导学生理解马克思主义关于人的本质的认识和人生目的的含义及意义,帮助学生树立正确的人生目的。

通过案例三,学生了解赵鹏大不仅在地质科研方面倾注了大量心血,还在地质教育,尤其是研究生地质教育方面努力探索,为国家培养众多优秀地质人才。在获得一系列的荣誉后,他觉得自己身上的责任更多、担子更重。教师可引导学生理解个人与社会的辩证关系和人生价值的内容和意义,在实践中努力实现人生价值。

案例二可用于第一章第一节第二目"人生观的主要内容"部分的教学。赵鹏大积极钻研前沿学术问题,将学术视野投向世界,鼓励研究生们跟上时代步伐,参加各种国际学术会议。在野外艰苦的工作环境中,赵鹏大克服自然环境恶劣、气候变化莫测等困难,以苦为乐,热爱祖国山河。教师可引导学生了解赵鹏大乐观、进取的人生态度,鼓励学生热爱生活,勇敢坚强地战胜困难并不断开拓人生境界。

二、教学分析

(一)教学目标

理论知识目标:通过案例一的学习,学生能够理解人的社会关系的总和决定了人的本质;

了解人生目的的含义及意义。通过案例二的学习,学生能够感受到赵鹏大乐观进取的人生态度。通过案例二的学习,学生能够理解个人与社会的辩证关系;掌握人生价值内在地包含了人生的自我价值和社会价值两个方面。

价值取向目标:使学生正确处理个人与社会的关系,准确把握人生方向,能自觉用正确的人生观指导自身成长成才,自觉实现人生价值。

(二)教学重难点

1. 正确认识人的本质(难点)。
2. 人生观的主要内容(重点)。

三、教学思路与方案设计

(一)教学思路

课堂教学内容分为两部分:一是"正确认识人的本质",二是"人生观的主要内容"。

关于第一部分"正确认识人的本质"的教学,首先,教师提问:"人是什么?人的本质到底是什么?人为什么能称之为人?人和动物有什么区别?"学生分小组进行讨论,教师揭示马克思主义的观点:"人的本质不是单个人所具有的抽象物,在其现实性上是一切社会关系的总和。"接着,通过讲述案例一赵鹏大年少时受各种社会因素影响明确了"政治方向"和"专业方向",引导学生理解:每个人都从属于一定的社会群体,都同周围的人发生各种各样的社会关系。其后,讲述案例三赵鹏大在漫长岁月中把整个身心都奉献给我国地质教育事业,引导学生理解人的社会性决定了人只有在推动社会进步的过程中,才能实现自我的发展。

关于第二部分"人生观的主要内容"的教学,首先,指明人生观的主要内容——包括对人生目的、人生态度和人生价值等问题的根本看法。其次,依次对每个部分进行讲解。借助案例一中赵鹏大确立的"两个方向",讲述关于人生目的的知识点;通过案例二中他在野外地质考察中克服艰苦条件,保持以苦为乐的积极态度,讲解人生态度的知识点;依据案例三中赵鹏大坚持为地质事业倾注自己的心血,阐述人生价值的知识点。最后,引导学生梳理人生目的、人生态度、人生价值之间的辩证关系。

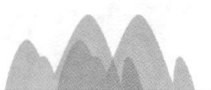

（二）教学方案

教学步骤	教师活动	时间/分
导入新课	【问题导入】 　　提问："人是什么？人的本质到底是什么？人为什么能称之为人？人和动物有什么区别？"学生分小组进行讨论。 　　教师讲解：马克思运用辩证唯物主义和历史唯物主义的立场、观点、方法，揭开了人的本质之谜："人的本质不是单个人所具有的抽象物，在其现实性上是一切社会关系的总和。"	5
简介教学目标	教师向学生简要介绍本次课程教学要达到的目标。	2
呈现教学材料，引导学生学习	【知识点一】正确认识人的本质 【师生互动】 　　教师介绍：中国地质大学有一位"最潮老校长"，他会在微博上与学生讨论宿舍装修、呼吁教学楼节电、闲暇时"晒娃"，他就是赵鹏大院士。他是地学高峰的跋涉者，中国矿产普查勘探的开路先锋，他用自己的执着和勤奋，书写了波澜壮阔的地质人生。赵鹏大的精彩人生离不开他在年少时确立的"政治方向"和"专业方向"。 　　提问：赵鹏大的"政治方向"和"专业方向"是什么？他是如何确立这两个方向的？让同学们带着问题进入案例一。 【案例分析】 　　通过分析案例一中赵鹏大受到各种社会因素影响而确立"政治方向"和"专业方向"，引导学生理解社会属性是人的本质属性。通过案例三中赵鹏大不仅追求自己的地质理想，也为中国地质事业作贡献，引导学生感受赵鹏大坚持个人利益与社会利益的统一，进而理解个人与社会的辩证关系。	10

教学步骤	教师活动	时间/分
呈现教学材料,引导学生学习	1. 马克思主义关于人的本质的认识 　　教师讲解:任何人都是处在一定的社会关系中从事社会实践活动的人,社会属性是人的本质属性。在被记者问及是出于怎样的初衷选择地质这个专业时,赵鹏大说道:"学习地质的愿望是我从小就有的。四川矿产很多,小学上自然课,学校很注重实践,老师经常带我们下矿井参观……到了中学,在地理课上了解到地质工作者可以推测出埋藏在地下的矿藏位置甚至储量,很是佩服。正是从那个时候起,我开始把学地质当作理想来追求。" 　　教师总结:赵鹏大年少时受父亲爱国情怀、教师的理论教学和实践教学等各种因素影响,进入北京大学后,在科学、进步、民主等思想的熏陶下,确立了决心为人民事业、为祖国事业奋斗终身的"政治方向"和学习地质的"专业方向"。每个人都从属于一定的社会群体,都同周围的人发生各种各样的社会关系,如家庭关系、地缘关系、经济关系、政治关系等。人的社会关系的总和决定了人的本质。人们正是在这种客观的、不断变化的社会关系中塑造自我,成为真正现实的、具有个性特征的人。 2. 个人与社会的辩证关系 　　教师讲解:人是社会的人,社会是人们相互交往的产物。个人与社会是对立统一的关系,两者相互依存、相互制约、相互促进。1993年11月,他凭着在数学地质和地质普查勘探领域的成就,光荣地当选为中国科学院院士。在一系列的荣誉面前,他没有骄傲,更没有停止科学探索的脚步,反而,他觉得自己身上的责任更多、担子更重。直到82岁,赵鹏大依然亲赴云南一处钨矿进行野外考察,坚持下矿井指导工作。 　　教师总结:在漫长岁月里,赵鹏大把整个身心都奉献给我国地质教育事业,也见证了祖国由弱到强、地质研究与高等教育不断发展和壮大。赵鹏大把自身成长同国家发展、民族复兴紧紧联系在一起。人的社会性决定了人只有在推动社会进步的过程中,才能实现自我的发展。为人类造福、为社会奉献与个人的自我实现、自我完善并不冲突,相反,为人类造福、为社会奉献是个人自我实现、自我完善的根本途径。大学生思考相关问题,应该正确认识和处理个人与社会的关系,把自己的人生追求同社会的发展进步紧密结合起来,在为社会作贡献的过程中成长、进步,实现自己的人生价值。	
	【知识点二】人生观的主要内容 　　教师讲解:在一定的社会历史条件下,人们实践人生、感悟人生,形成相应的人生观。人生观的主要内容包括对人生目的、人生态度和人生价值等问题的根本看法。无论发微博、做科研还是当校长,赵鹏大都信奉16个字,即"选好方向,逆境而上,完美为本,勤奋为纲"。为什么"选好方向"十分重要?"逆境而上"体现了赵鹏大什么样的人生信仰? 【案例分析】 　　通过呈现案例一、二、三,分别讲述人生目的、人生态度、人生价值的含义及重要性。通过分析赵鹏大从确立"两个方向"到在野外地质考察中克服艰苦条件,保持以苦为乐的积极态度再到为地质事业倾注心血,实现自己的人生价值,引导学生得出人生目的、人生态度、人生价值之间的辩证关系。	23

第一章　赵鹏大：用执着书写地质传奇人生的地大教学元勋

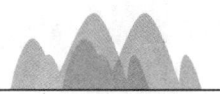

教学步骤	教师活动	时间/分
呈现教学材料，引导学生学习	1.人生目的（人为什么活着？） 　　教师讲解：人生目的是人们在社会实践中关于自身行为的根本指向和人生追求。人生目的是对"人为什么活着"这一人生根本问题的认识和回答，是人生观的核心，在人生实践中具有重要的作用。 　　（1）人生目的决定人生道路。人生目的规定了人生的方向，对人们所从事的具体活动起着定向的作用。赵鹏大年少时确立"政治方向"和"专业方向"，于是他的一生便都在为我国的地质事业不懈努力、倾注心血。 　　（2）人生目的决定人生态度。正确的人生目的可以使人无所畏惧、顽强拼搏、积极进取、乐观向上。案例二中，尽管在野外勘查时遇到恶劣的环境，会吃苦受累，但赵鹏大仍然保持乐观向上、积极进取的态度。在正确的人生目的引导下，赵鹏大以昂扬乐观的人生态度正确对待人生道路上的顺逆曲直。 　　（3）人生目的决定人生价值。正确的人生目的会使人懂得人生的价值首先在于奉献，从而在工作中尽心、尽力、尽责。案例三中，赵鹏大年少时确立了正确的人生目的，将学地质当作理想来追求，便决心为人民事业、为祖国事业奋斗终身。他在科学研究、人才培养、办学治校等方面作出了卓越贡献，亲身参与并推动了国家地质研究和地质教育事业发展。 2.人生态度（人应当如何活着？） 　　教师讲解：人生态度是指人们通过生活实践形成的对人生问题的一种相对稳定的心理倾向和精神状态。一个人如果确立了高尚的人生观，往往会满怀希望和激情，热爱生活，珍视生命，勇敢坚强地战胜困难并不断开拓人生新境界。赵鹏大在野外地质考察中克服艰苦条件、以苦为乐，坚持崇尚创新、勇攀高峰，并教导研究生们以开放的眼光看待科学，多钻研前沿学术问题，将来为国家发展作贡献。赵鹏大乐观、进取的人生态度对他坚守"两个方向"和实现人生价值影响深远。 3.人生价值（什么样的人生才有价值？） 　　教师讲解：人生价值是指人的生命及其实践活动对于社会和个人所具有的作用和意义。人生价值内在包含了人生的自我价值和社会价值两个方面。赵鹏大获得了一系列荣誉，如中国科学院院士、俄罗斯自然科学院院士、国际高等学校科学院院士等。他不仅实现了自我价值，还创造了巨大的社会价值。除了在地质科研方面倾注了大量心血，赵鹏大还积极承担社会责任，见证了祖国由弱到强、地质研究与高等教育不断发展和壮大。 　　教师总结：人生目的、人生态度、人生价值三者相互影响、紧密关联。我们要深刻认识三者的内涵与意义，科学理解三者的辩证统一关系，从而准确把握人生的方向，树立正确的人生观。	

教学步骤	教师活动	时间/分
教学小结	教师简要梳理本节课教学内容,并强调重点和难点。	2
课后作业	【好文悦读】 阅读马克思在17岁中学毕业时写下的《青年在选择职业时的考虑》,文章包含他对职业选择因素的思考、对个人与社会关系的理解等。这对当代青年树立正确人生观、价值观具有什么启示?	3

四、教学方法推荐

关于"正确认识人的本质",在本次教学中适宜采用启发式教学法。从教学内容上看,本部分讲述了马克思主义关于人的本质的认识和个人与社会的辩证关系两个部分。第一,这部分的内容涉及马克思主义哲学方面的内容,教师可以通过讲述案例一赵鹏大年少时如何一步步确立"两个方向"、受到哪些社会因素的影响,引导学生得出社会属性是人的本质属性的结论。第二,教师可以将个人与社会的关系用"小我"和"大我"的关系图来表示。结合案例三赵鹏大在追求自己的地质理想时也为中国地质事业作贡献,引导学生理解个人与社会的关系,最根本的是个人利益与社会利益的关系。人的社会性决定了人只有在推动社会进步的过程中,才能实现自我的发展。

关于"人生观的主要内容",在本次教学中适宜采用启发式教学法和案例式教学法。案例一中赵鹏大年少时确立"政治方向"和"专业方向",引导学生理解人生目的的含义以及人生目的决定人生道路。案例二中赵鹏大在野外地质考察时克服艰苦条件、以苦为乐,坚持以开放的眼光看待科学,崇尚创新、勇攀高峰,引导学生感受赵鹏大乐观、进取的人生态度,讲清人生态度的含义。案例三中赵鹏大不仅在地质科研方面倾注了大量心血,还积极承担社会责任,并见证了祖国由弱到强、地质研究与高等教育不断发展和壮大。引导学生理解人生价值的含义、人生价值内在包含了人生的自我价值和社会价值两个方面。最后,结合三个案例,引导学生思考人生目的、人生态度、人生价值之间的辩证关系。

第二章 袁复礼：从西南联大走入西北戈壁的地大学术先驱

一、教学案例——袁复礼

袁复礼（1893—1987 年），字希渊，河北徐水县人，我国著名地质学家、地质教育家，中国地质学会的创始会员之一（图 1）。1915 年毕业于清华学堂高等科，1920 年获美国哥伦比亚大学地质学硕士学位，曾在北京地质调查所工作，在中国与瑞典合组的西北科学考察团任中方代理团长，后历任清华大学教授、地学系和地质学系主任，北京地质学院、武汉地质学院北京研究生部教授。1987 年 5 月 22 日，袁复礼于北京病逝。

袁复礼是中国近现代地质事业的开拓者，是中国田野考古工作的先驱之一。他辛勤耕耘、泽被桃李，从事地质教育工作 60 多年，培育了几代地质人才，为我国地质科学领域树立了一座丰碑。作为地质学家，他为中国地质科技事业呕心沥血；作为爱国教育家，他为人师表、言传身教，以人生为教科书，将对地质事业的执着追求和对祖国的无限忠诚注入学生心田。他留给国家的不仅有满园桃李和累累硕果，还有求实求知、勇于探索的科学精神和诲人不倦、为国为民的高尚品质。

图 1　袁复礼（1893—1987 年）

（一）案例呈现

案例一：西南联大，千磨万击还坚劲

读书不忘救国，救国不忘读书。国立西南联合大学这所诞生于抗日烽火中的高等学府，成为彼时教书育人、救亡图存的精神高地。在炮声和空袭的侵扰下，在蛀虫腐蚀的政权下，在动荡的时局中，在贫寒的生活中，一批批心怀祖国、颠沛流离的学术大师们始终坚守民族气节，笃志赓续民族文脉。他们身体力行，在战火的洗礼中铸造培植了"刚毅坚卓"的国立西南联合大学风骨，为中华民族留下了延续数千年的文化根脉。著名地质学家、时任国立西南联合大学地质地理气象学系教授，后来的北京地质学院和武汉地质学院教授袁复礼先生，就是这样一位爱国地质教育家，他用"千磨万击还坚劲"的韧性，"越是艰险越向前"的骨气，培养了一批地学栋梁，生动诠释了国立西南联合大学人抗战救国、守护文脉的风骨本色。在他的影响下，一批批国立西南联合大学学子，先后成为中国地质事业与中国地质大学的先驱和领军人物，铸就"艰苦朴素、求真务实"的地大精神并在一代代地大人中薪火相传。

1937年卢沟桥事变爆发后，日本发动全面侵华战争。北平、天津相继沦陷。"华北之大，已经安放不得一张平静的书桌了"。为保存中华民族教育文脉，华北及沿海许多大城市的高等学校纷纷内迁。北京大学、清华大学、南开大学三校在湖南长沙联合组建国立长沙临时大学（简称长沙临时大学）。但时局不稳，随着上海、南京接连失守，武汉也岌岌可危。1938年2月，长沙临时大学再度选择西迁昆明，后改称国立西南联合大学（简称西南联大）。

山路崎岖坎坷，暴雨侵袭，匪患骚扰，使得这次西迁征程变得举步艰难，但历经磨难的师生激情不减。一路上，他们利用各种机会学习、采风，并进行爱国主义宣传，收获颇丰。袁复礼始终保持乐观心态和充沛精力，他带领学生沿途采集标本、寻找化石、观察地貌、测制路线地质图。徒步行进时，他时不时停下来，手持地质锤，腰系罗盘，敲打着岩石露头，有时还在小本上记录和画图，他每天都能画出一张地质路线图。一路上，还有很多好学的学生向他请教，他总是非常耐心地进行解答。在他看来，这次步行迁移是一次难得的野外地质考察，不仅能锻炼意志和体魄，也是对学生们进行实践教学的好机会。他艰苦奋斗、乐观豁达的精神潜移默化地影响着每一个师生。

案例二：勇开先河，西北考察创佳绩

袁复礼的半生地质实践，几乎都与大西北紧密联系在一起。他深深扎根于大西北这块亟待开发的沃土中，进行了艰苦卓绝的开拓、耕耘，终于结出累累硕果。

西北边疆，多数人眼中的荒芜穷僻之地，实际却藏满宝藏。近代以来，不少外国人以考察

第二章 袁复礼：从西南联大走入西北戈壁的地大学术先驱

的名义纷至沓来，在考察研究的同时，将中国西北资源、文物、地理资料掠夺至境外。资源的流失，在袁复礼这样有深厚民族情怀的知识分子心中留下了不可忘却的痛楚，也正是这种屈辱，让他在西北考察中坚韧不屈、勇于开拓，誓要为国家争一口气。

"今夜不知何处宿，平沙万里绝人烟。"这是大西北真实的写照。历经沙漠迷路之艰险，承受风沙雨雪之苦，饱尝土匪骚扰之患，甚至缺水断粮食不果腹，在如此苛刻的环境下，袁复礼的科学考察从未间断。

时值严冬，袁复礼一行人还在对奇台恐龙化石小心翼翼挖掘着，没有丝毫马虎。冰天雪地里，袁复礼带领队伍夜以继日挖掘了32天，终于，该处重要恐龙化石完整地现于人前。袁复礼为此冻伤了脚，回到乌鲁木齐进行手术并养伤3个月后才痊愈。身在休养，但心系考察，脚伤稍有好转，他就立刻投入到工作中。1927—1932年，袁复礼走完了这场西北科考的全程，在近2000个日日夜夜的科学考察工作中，他不畏艰难困苦，忍受了常人难以忍受的艰辛，以大无畏的探索精神战胜了恶劣的环境，更以求实、求知的态度取得了令人惊叹的成果。

1928年，袁复礼在新疆吉木萨尔县三台大龙口首次发现了水龙兽、二齿兽和袁氏阔口龙等三叠纪爬行动物化石，消息传出即轰动国内外学术界。后经过连续奋战，袁复礼又在阜康南泉南沙沟发掘出完整的二齿兽化石，在白骨甸发掘出大型恐龙化石"奇台天山龙"。

1932年，在各团员采集完化石后，袁复礼再次发现大型恐龙骨架"宁夏结节绘龙"。5年中，袁复礼共发现了72具恐龙化石、4个化石点、5个化石层位及10种有伟大科学意义的古脊椎动物化石。他先后撰写发表了《新疆二齿兽的发现》《准噶尔盆地地质》等文章，对地质事业的发展作出了卓越贡献。特别是在此行考察期间所发现的大量脊椎动物化石研究成果发表后，国内外轰动。著名地质与古生物学家杨钟健认为，此发现的意义不在"中国猿人"之下。

"在整个考察团里无论是中国人还是外国人，所取得的成绩总起来，袁复礼教授是第一。他做了最好的工作，取得了最好的成绩……他的献身精神和牺牲精神也使大家佩服。"李宪之先生这样评价袁复礼在西北科考的表现。杨钟健先生也认为他"实为青年探考家之楷模"。

1934年，袁复礼获得瑞典皇家科学院授予的"北极星"奖章。这是对袁复礼在西北科学考察团作出突出成就和贡献的嘉奖，也是对袁复礼科学精神的肯定。袁复礼是第一个到新疆进行长期野外考察的中国科学家，自他开始，中国人逐渐独自谱写在西北的科学考察历史（图2）。

至今，中外科学家仍在沿着袁复礼的足迹不断探索着。

图2 袁复礼在西北考察

案例三:为国尽忠,丹心风骨传后人

20世纪初,面对当时积贫积弱、任人宰割的中国,袁复礼同无数青年一样,怀着民族复兴的志气,选择了出国留学,探求"救国"良方,谋求振兴中华之路。

1913年,袁复礼考入清华学堂高等科。两年后,他怀着知识报国的志向赴美深造,在布朗大学学习生物学、考古学、植物学等课程。在一次听了著名地貌学家约翰逊教授关于海岸地貌的演讲后,他对地质产生了浓厚兴趣。1917年,袁复礼毅然转入哥伦比亚大学,开始学习地质学。有着强烈爱国精神的袁复礼发奋求学,废寝忘食地汲取知识的养料,并将所学用于实践。学习期间,他到得克萨斯州进行三角测量,到俄勒冈州观测潮汐,参加纽约市地下铁道的工程地质工作,还研究了哈德逊河西岸玄武岩的重力分异,首次划分出橄榄岩,并以此项研究成果获得硕士学位。6年丰富的学习实践,为袁复礼的地质事业生涯打下了坚实基础。

1921年10月,袁复礼因母病重提前回国,在农商部地质调查所任技师,并迅速投入到地质调查工作中,践行着科学救国、报效祖国的壮志。袁复礼说:"欲发展地质科学,当务之急应建立一个学术团体,以便进行国内外的学术交流,开阔视野,跟上时代。"20世纪20年代,我国地质科学发展滞后,面对内忧外患、贫穷落后的祖国,袁复礼等试图通过学术界的联合,将中国地质科学发展壮大。1922年1月27日,中国地质学会正式成立,这是中国成立最早的自然科学学会之一,对促进中外学术交流和发展中国地质事业起着重要作用,而袁复礼正是学会创始会员之一。

在回国后的头几年里,袁复礼和志同道合的伙伴结伴野外考察,足迹踏遍大江南北。袁复礼不是两耳不闻窗外事的学者,相反,严峻的社会现实激起了他强烈的民族情感,他满怀激情,用自己的学识为国家事业献身奉献。"我一生尽自己微薄的力量努力替祖国多做一些事业,愿在余生中继续努力,好给'四化'多出一份力量。"在给中国自然科学家辞典编委会的信中,袁复礼如此写道。

作为一名从旧中国走到新社会的地质学家,袁复礼对家国苦难有着切肤之痛。因此,他一心为国,回国后的60多年里都在为地质科学事业和地质教育事业奉献自己。

新中国诞生了,他目睹了国家建设百废待兴的局面,虽年逾花甲,仍以饱满的热情积极投入祖国的各项建设事业,并立即给海外的学生写信,召唤他们回国效力。袁复礼对池际尚说:"显微镜都给你准备好了,就等你和光炽回来开新课"。1950年,在袁复礼的感召下,池际尚、涂光炽等一批地质学家陆续回国,新中国地质人才队伍不断壮大。

1924年,袁复礼在北京大学首次开设了地文学课程,并于1922年在北京高等师范学校讲授外国地理,在北京大学兼课讲授地质测量。袁复礼还是第一位在中国讲授地形学课程的人。地质学家刘东生曾这样评价袁复礼:"把不同地貌部位的沉积物的研究与地质时间结合起来,更多地从时间角度研究中国最新地质时期的地质事件。亦即地文期的研究在学校中的传授也是从袁复礼教师开始的。"新中国成立之前,第四纪这个名字不很流行,有时把它包括在新生代地层中,称作更新统。1954年,北京地质学院的苏联专家帕甫林诺夫教授,准备在学校讲授第四纪地质课,并邀请了袁复礼、中国科学院地质研究所的侯德封教授和杨钟健教授等一同发起并推动第四纪地质的研究。因此,刘东生称袁复礼为"我国当代地貌学和第四纪地质学的奠基人"。中国地质学会原副理事长丁国瑜院士写道,"袁复礼教授在我国西北多年的考察活动中积累了丰富的经验,成为我国第四纪地质学、地貌学、新构造学研究的奠基者之一"。

袁复礼一心为国、甘于奉献,为党和国家作出了许多贡献。1949年,将西北考察归来后绘制的新疆地形图交予解放军,促进了西北解放;1950年,又将收集到的朝鲜中部地形图交予志愿军,助力了抗美援朝;1952年帮助河北省圈定和评价了迁安铁矿;1953年参加了中国科学院编译局地质学名词编译工作;1956年参加长江三峡工程地质考察和鉴定工作(图3)以及刘家峡水电站地质论证工作;1959年解答了南京长江大桥工程问题。各类贡献数不胜数,袁复礼以身作则,拳拳赤子之心,报国至诚!

图3　1956年,参加长江三峡工程地质考察和鉴定的中苏专家合影。图中有袁复礼(前排右二)、侯德封(前排左一)、冯景兰(中排左三)、任美锷(中排左四)、李承三(中排左五)等

案例四:鞠躬尽瘁,地院学术铸根基

1952年,全国高校院系调整,由袁复礼领导的清华大学地学系与北京大学地质学系、天津大学地质工程系和唐山铁道学院采矿系联合组建了北京地质学院。袁复礼作为学校筹备委员会委员,在北京地质学院百端待举的状态下,积极参与学院筹建工作。

袁复礼对课程开设和教材编写细心擘画。他开设了新中国成立后的第一门"地貌学和第四纪地质学"课程,并编写了第一本《中国第四纪地质学》教材,首次提出中国第四纪地质的特点和分区,大力推动学院的地质教育事业发展。同年11月18日,袁复礼担任北京地质学院第一届学术委员会委员,关心、指导着学院的学术规划和布局。

"文革"时期,袁复礼仍忠于地质事业,忠于学校职责。十一届三中全会以后,袁复礼衷心拥护党和国家把工作重点转移到经济建设上来的战略决策。为此,尽管他已是80多岁的高龄,依然活跃在地质教育第一线,任武汉地质学院北京研究生部教授,孜孜不倦、不遗余力地指导培养研究生,关心着地质事业的发展和学校的恢复重建。

1983年以后，袁复礼身体日渐衰弱，但他仍克服困难，抱病亲临硕士生褚明记的学位论文答辩会(图4)。那天答辩会的评议员是马杏垣教授与何浩生老师。论文答辩顺利通过后，马杏垣教授高兴地说："今天我们可真是四世同堂呀！"此事一时传为佳话。

图4 1983年，袁复礼参加"四世同堂"的研究生答辩会

袁复礼热爱教育，对学校一往情深。1987年，得知中国地质大学即将成立时，袁复礼满怀喜悦，他撰稿给校刊以示祝贺："祝愿中国地质大学茁壮成长，硕大参天"。

地大的诞生、成长与袁复礼是密不可分的。而如今，地大早已蓬勃盎然。

回首袁复礼光辉的一生，他的功绩、他的精神，构成一本极其丰富、生动的"教科书"，指引着一代代地质人开拓进取、奋勇向前，努力守护好、建设好伟大祖国，创造无愧于历史和人民的崭新业绩。

（二）案例点评

案例一讲述了袁复礼在西南联大办校和迁校中刚毅乐观、坚卓奋斗的故事。在炮声和空袭的侵扰下，在蛀虫腐蚀的政权下，在动荡的时局中，在贫寒的生活中，袁复礼以"千磨万击还坚劲"的韧性，"越是艰险越向前"的骨气，生动诠释了西南联大人抗战救国、守护文脉的风骨本色。在山路崎岖坎坷，暴雨侵袭，匪患骚扰的恶劣环境下，他激情不减，始终保持乐观心态和充沛精力。他艰苦奋斗、乐观豁达的精神体现了认真务实、乐观向上、积极进取的人生态度。

案例二体现了袁复礼在西北考察中坚韧不屈、勇于开拓的态度。袁复礼深深扎根于大西北这块亟待开发的沃土中，进行了艰苦卓绝的开拓、耕耘，终于结出累累硕果。他在西北考察中不畏艰难困苦，忍受了常人难以忍受的艰辛，以大无畏的探索精神战胜了恶劣的环境，更以求实、求知的态度取得了令人惊叹的成果。袁复礼在面对困难和挫折时，乐观豁达，以开拓进取的态度迎接人生的各种挑战。

案例三体现了袁复礼一心为国、甘于奉献，为党和国家作出了许多贡献。袁复礼将绘制的新疆地形图交予解放军，将收集到的朝鲜中部地形图交予志愿军……60多年里，袁复礼都在为地质科学事业和地质教育事业奉献自己，虽年逾花甲，但他仍以饱满的热情积极投入祖国的各项建设事业中。袁复礼用自己的劳动和聪明才智为国家和社会真诚奉献，为人民群众尽心尽力服务。

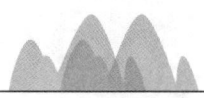

第二章 袁复礼：从西南联大走入西北戈壁的地大学术先驱

案例四讲述了袁复礼从社会客观条件和个体自身条件出发，在国家发展的各个历史阶段，忠于地质事业，忠于学校职责的故事。"鞠躬尽瘁，死而后已"是袁复礼对国家、对这片土地呕心沥血、竭力付出的真实写照。他的功绩和精神激励人们不断增强自身能力和本领，以实现人生价值。

（三）教学建议

案例一、二可用于第一章第二节第二目"积极进取的人生态度"部分的教学。通过感受案例一中袁复礼抗战救国守文脉和案例二中西北考察创佳绩中体现的态度和精神品质，学生能够认识到积极进取的人生态度的重要性，以及懂得如何正确面对人生的各种困难和问题，并以他为榜样明确生活目标和肩负的责任，积极地面对生活，以开拓进取的态度迎接人生的各种挑战。

案例三、四可用于第一章第二节第三目"人生价值的评价与实现"部分的教学。通过呈现袁复礼对中国地质事业和地质教育事业所作出的卓越贡献、对人民的暖心关怀，学生可了解到人生价值的标准和评价方法，明白要从社会客观条件和个体自身条件实现人生价值，并不断增强自身实现人生价值的能力和本领。

二、教学分析

（一）教学目标

理论知识目标：通过案例一、二的学习，学生能够对积极进取的人生态度内容与意义有更深入的了解，培养认真务实、乐观向上、积极进取的人生态度。通过案例三、四的学习，学生能够理解评价人生的根本尺度和恰当方法，认识到实现人生价值要从社会客观条件和个体自身条件出发。

价值取向目标：使学生自觉树立积极进取的人生态度，激励学生结合实际情况，不断增强实现人生价值的能力和本领，增强自身的社会责任感以及对党和国家的认同感和归属感，自觉用正确的人生观指导自身成长成才。

（二）教学重难点

1. 积极进取的人生态度（重点）。
2. 人生价值的评价与实现（难点）。

三、教学思路与方案设计

（一）教学思路

课堂教学内容分为两部分：一是"积极进取的人生态度"，二是"人生价值的评价与实现"。

在进行第一部分"积极进取的人生态度"的教学时，引出始终坚守民族气节，笃志赓续民族文脉的主人公袁复礼。结合案例一、二，介绍无论是在艰难的西迁征程还是在困苦的西北考察，袁复礼始终坚持认真务实、乐观向上、积极进取的人生态度。最后，分享习近平总书记对青年人的寄语，激励学生保持认真务实、乐观向上、积极进取的人生态度。

在进行第二部分"人生价值的评价与实现"的教学时，结合案例三，引导学生明白正确评价人生的根本尺度和恰当方法，再从袁复礼案例过渡到学生自身，激励学生用自己的劳动和聪明才智为国家和社会真诚奉献，为人民群众尽心尽力服务。案例四分析袁复礼如何实现人生价值，引导学生认识到袁复礼从社会客观条件和个体自身条件两个方面出发，为地质科学事业和地质教育事业作贡献，实现自己的人生价值，启发学生立足自身专业，不断增强能力和本领，为实现人生价值做好充分准备。

（二）教学方案

教学步骤	教师活动	时间/分
导入新课	【播放视频】 播放电影《无问西东》片段，袁复礼在警报声中淡定教学。 教师介绍：80年前的西南联大，正是乱局中我们民族搭筑起的精神家园。在炮火和空袭的侵扰下，在蛀虫腐蚀的政权下，在时局的动荡中，在生活的贫寒中，有一批心怀祖国、颠沛流离的学术大师们始终坚守民族气节，笃志赓续民族文脉。他们身体力行，在战火的洗礼中铸造、培植了"刚毅坚卓"的西南联大风骨，为中华民族留下了延续数千年的文化根脉。 著名地质学家、时任西南联大地质地理气象学系教授，后来的北京地质学院、武汉地质学院教授袁复礼先生，用他"千磨万击还坚劲"的韧性，"越是艰险越向前"的骨气，培养了一批地学栋梁。中国地质大学（北京）的诞生与袁复礼密不可分，袁复礼始终与它同甘共苦一路风雨兼程走来。今天，就让我们一起走进主人公袁复礼的故事吧。	5
简介教学目标	教师向学生简要介绍本次课程教学要达到的目标。	2

第二章　袁复礼：从西南联大走入西北戈壁的地大学术先驱

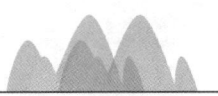

教学步骤	教师活动	时间/分
呈现教学材料，引导学生学习	【知识点一】积极进取的人生态度 【案例分析】 　　通过讲述袁复礼在西南联大和西北考察的故事，让学生了解袁复礼在面对各种困难和问题时，以积极的心态迎接挑战，以实干创造佳绩，并依次引出知识点"人生须认真""人生当务实""人生应乐观""人生要进取"。 　　没有积极进取的人生态度，再崇高的人生追求也难以真正实现。走好人生之路，需要大学生正确认识、处理生活中各种各样的困难和问题，保持认真务实、乐观向上、积极进取的人生态度。 1. 人生须认真 　　教师讲解：认真，是对自己的人生负责。20世纪初，面对当时积贫积弱、任人宰割的旧中国，袁复礼同无数青年一样，怀着民族复兴志向选择了出国留学，探寻"救国"良方，谋求振兴中华之路。1915年，他怀着知识报国的志向赴美深造，在布朗大学学习"生物学""考古学""植物学"等课程。1917年，袁复礼毅然转入哥伦比亚大学，开始学习地质学。回国后，袁复礼迅速投入地质调查工作，践行着科学救国、报效祖国的壮志。 　　教师总结：袁复礼以认真的态度对待人生，严肃思考人的生命应有的意义，明确生活目标和肩负的责任。袁复礼不是两耳不闻窗外事的学者，相反，严峻的社会现实激起了他强烈的民族情感，让他满怀激情，用自己的学识为国家事业献身奉献。他既清醒地看待生活，又积极认真地面对生活，不仅对自己负责，对亲人负责，还对民族、国家、社会负责，是一个有担当、负责任的人。 2. 人生当务实 　　教师讲解：成功的人生既需要认真负责，也需要求真务实。1927—1932年，袁复礼走完了西北科考的全程，以求实、求知的态度取得了令人惊叹的成果。5年中，袁复礼共发现了72具恐龙化石、4个化石点、5个化石层位以及10种有伟大科学意义的古脊椎动物化石。他先后撰写发表了《新疆二齿兽的发现》《准噶尔盆地地质》等文章，对地质事业的发展作出了卓越贡献。特别是在此行考察期间所发现的大量脊椎动物化石研究成果，一经发表即轰动国内外，著名地质与古生物学家杨钟健认为，此发现的意义不在"中国猿人"之下。 　　教师总结：务实，就是要遵循客观规律，一切从实际出发，不图虚名，不务虚功，以科学的态度看待人生，以务实的精神创造人生。袁复礼的半生地质实践，几乎都与大西北紧密联系在一起，他在西北科学考察团时作出突出成就和贡献。他坚持实事求是的基本原则，正确面对人生目的与现实生活之间的矛盾，脚踏实地、一步一个脚印地实现人生目标。 3. 人生应乐观 　　教师讲解：乐观豁达、热爱生活、对人生充满自信，体现了对自己、对生活、对社会的积极态度，这种态度是人们承受困难和挫折的心理基础。在西迁征程中，山路崎岖坎坷，暴雨侵袭，匪患骚扰，环境十分恶劣。但是，历经磨难的袁复礼和他的学生们激情不减，仍保持乐观心态和充沛精力。在西北考察的近2000个日日夜夜，袁复礼不畏艰难困苦，忍受了常人难以忍受的艰辛，以大无畏的探索精神战胜了恶劣的环境。	15

教学步骤	教师活动	时间/分

呈现教学材料,引导学生学习	教师总结:人生是丰富多彩的,既会收获成功、体验快乐,也会面临各种矛盾和问题。人生旅途中,许多事情不会总是顺遂,也会有失望和暂时的困难、挫折。无论是西迁征程还是西北考察,袁复礼始终保持艰苦奋斗、乐观豁达的精神,在生活实践中不断调整心态,磨炼意志,塑造乐观向上的人生态度。
	  4.人生要进取
	  教师讲解:袁复礼积极进取,不断丰富人生的意义。近代以来,不少外国人以考察为名纷至沓来,将中国西北资源、文物、地理资料掠夺至境外。这在袁复礼这样有深厚民族情怀的知识分子心中留下了不可忘却的痛楚,也正是这种屈辱,让他在西北考察中坚韧不屈、勇于开拓,誓要为国家争一口气。他作为第一个到新疆进行长期野外考察的中国科学家,深深扎根于大西北这块亟待开发的沃土中,进行了艰苦卓绝的开拓、耕耘,终于结出累累硕果。
	  教师总结:人生实践是一个创造的过程。袁复礼在西北考察中坚韧不屈、勇于开拓,誓要为国家争一口气。自他开始,中国人开始自己谱写在西北的科学考察历史。适应历史发展的趋势,以开拓进取的态度迎接人生的各种挑战,才能不断领悟美好人生的真谛,体验生活的快乐和幸福。大学生要积极进取,不断丰富人生的意义,不能贪图安逸、满足现状、因循守旧、故步自封,否则人生就会失去应有的光彩。
	  【师生互动】人生高频词
	  学生分小组围绕"我们的人生高频词"议题进行讨论。讨论结束后,每个小组派两个代表分别上台发言,并在黑板上写下3个人生"高频词",如"六级""学习""旅游""享受"等。教师就学生所写的"人生高频词"进行点评。
	  教师讲解:我们要正确认识自己,寻找自身的正确定位,并积极制定人生的目标,按计划勇敢前行。面对繁重的学习任务和人生道路上的挫折,面对时代出给我们的难题,我们唯有拒绝"躺平",勤力前行,才能在遇到困难时不退缩,在遇到挑战时不疲惫;唯有奋斗,以奔跑姿态拥抱新时代,才能以拼搏奋进之功,成就青春昂扬之业,用奋进谱写青春的底色,最终为这个时代交上一份满意的答卷。
	  教师总结:"躺平"作为一种生活态度,往往与年轻人在压力面前主动选择放弃、回避与退却有关。个人在法律和道德允许的范围内选择自己生活方式的权利应受到尊重,但当代青年也应深刻思考能否把"躺平"作为生活方式和人生道路来选择。
	  人们在成长的过程中,总会面临各种各样的现实压力,甚至还会遭遇挫折,以"躺平"的方式主动退缩、选择放弃,无益于解决问题,甚至会使问题更加复杂和严重。唯有积极面对、主动进取的人生态度,才能够克服前进道路上的种种困难。当代青年正处于探索与奋斗的大好时期,应该发扬自强不息、百折不挠的精神,保持年轻人的蓬勃朝气、昂扬锐气,在创新创造、不断奋斗中,成长为实现中华民族伟大复兴的先锋力量。	

第二章　袁复礼：从西南联大走入西北戈壁的地大学术先驱

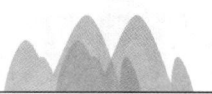

教学步骤	教师活动	时间/分
呈现教学材料，引导学生学习	【知识点二】人生价值的评价与实现 （一）正确评价人生价值 【案例分析】 　　结合案例三、四，分析袁复礼所作出的物质贡献和精神贡献、所实现的人生价值和所作的社会贡献，依次讲解评价人生价值的3个评价方法。 　　在今天，衡量人生价值的标准，最重要的就是看一个人是否用自己的劳动和聪明才智为国家和社会真诚奉献，为人民群众尽心尽力服务。客观、公正、准确地评价社会成员人生价值的大小，除了要掌握科学的标准外，还需要掌握恰当的评价方法。 　　1.既要看贡献的大小，也要看尽力的程度 　　教师讲解：评价一个人的人生有无价值或价值大小，最根本的是看他对社会是否作出贡献以及贡献大小。在给《中国自然科学家辞典》编委会的信中，袁复礼这样写道，"我一生尽自己微薄的力量努力替祖国多做一些事业，愿在余生中继续努力，好给'四化'多出一份力量。"作为一名从旧社会走到新社会的亲历者，袁复礼先生对家国苦难有着切肤之痛，却始终保持着对祖国和人民的无限热爱，心系家国兴衰，不计个人荣辱，甘愿把全部心血和汗水倾注到地质教育事业。 　　教师总结：袁复礼在有限的生命中，创造了非凡的价值。考察一个人的人生价值，既要看他对社会贡献的大小，也要看他所对应的职责及尽力的程度。每个人所处的环境不同，个体的生理状况、先天禀赋、努力程度各有差异，现实生活中从事职业不同、能力大小不同，对社会贡献的绝对量自然也不同。作为普通人，我们在自己的岗位上尽职尽责、兢兢业业，积极为社会作贡献，亦能体现自己的人生价值。 　　2.既要尊重物质贡献，也要尊重精神贡献 　　教师讲解：人的生产劳动是物质生产劳动和精神生产劳动的统一。袁复礼一心为国、甘于奉献，为党和国家作出了许多贡献。1949年，将西北考察归来后绘制的1∶50万新疆地形图交予解放军，促进了西北解放；1956年参加长江三峡工程地质考察和鉴定工作以及刘家峡水电站地质论证工作；1959年解答了南京长江大桥工程问题等，各类贡献数不胜数，袁复礼以身则则，拳拳赤子之心，报国至诚。 　　教师总结：袁复礼除了作出具体的物质贡献外，还从事地质教育事业长达60余年，曾在90岁高龄时，亲自参加学生的论文答辩会。他在地质教育工作中长期坚守、为人才培养殚精竭虑，在地质教育的园圃中倾尽了全部心力。在我们社会主义国家，一切劳动，无论是体力劳动还是脑力劳动，都值得尊重和鼓励。评价人生价值，既要看一个人对社会作出的物质贡献，也要看他对社会作出的精神贡献。 　　3.既要注重社会贡献，也要注重自身完善 　　教师讲解：衡量人生价值，既要看他对社会贡献的大小，也要看他自身完善的程度。刘东生称袁复礼为"我国当代地貌学和第四纪地质学的奠基人"。中国地质学会原副理事长丁国瑜院士说，"袁复礼教授在我国西北多年的考察活动中积累了丰富的经验，成为我国第四纪地质学、地貌学、新构学研究的奠基者之一"。另外，袁复礼虽是一位地质学家，但中国考古史上的几次重大发现都有他的参与，被考古界誉为"中国考古事业的先驱者之一"。	18

教学步骤	教师活动	时间/分
呈现教学材料,引导学生学习	教师总结:人生的社会价值是实现人生自我价值的基础,评价人生价值的大小应主要看一个人对社会所作的贡献,但这并不意味着要否认人生的自我价值。回望袁复礼光辉的一生,他的功绩、他的精神,构成一本极其丰富、生动的"教科书",指引着一代代地质人开拓进取、奋勇向前,努力守护好、建设好伟大祖国,创造无愧于历史和人民的崭新业绩。推动和实现人的全面发展是社会发展的根本目标,人的全面发展和素质提升离不开人的自我完善。人生自我完善的过程,既是人生自我价值实现的过程,也是为社会创造价值的过程。 (二)人生价值的实现条件 【案例分析】 　　分析袁复礼如何从主观和客观两个方面实现自己的人生价值,让学生认识人生价值的实现条件。 　　人们在实践中努力实现自己的人生价值。但是,人们的实践活动从来都不是随心所欲的,任何人都只能在一定的主客观条件下去实现自己的人生价值。因此,正确把握人生价值实现的条件至关重要。 1.从社会客观条件出发 　　教师讲解:实现人生价值要从社会客观条件出发。人生价值是在社会实践中实现的,人的创造力的形成、发展和发挥都要依赖于一定的社会客观条件。新中国诞生了,袁复礼目睹了国家建设百废待兴的局面,便以饱满的热情积极投入祖国的各项建设事业;"文革"时期,袁复礼仍忠于地质事业,忠于学校职责;十一届三中全会以后,他衷心拥护党和国家把工作重点转移到经济建设上去的战略决策。 　　教师总结:袁复礼在不同的历史时期都为中国地质事业呕心沥血、竭力付出,实现了自己的人生价值。在人类历史上,因为缺乏一定的社会客观条件,一些有抱负有才能的人未能实现自己孜孜追求的人生价值。随着社会的进步,实现人生价值的社会客观条件也在不断完善。改革开放以来,我国经济社会发展取得的巨大成就,中国特色社会主义制度的自我完善和发展,为人们实现人生价值提供了有利条件和机遇。同学们要珍惜难得的历史机遇,把自己的人生追求及人生价值的实现建立在正确把握当今中国社会发展实际的基础上。 2.从个体自身条件出发 　　教师讲解:实现人生价值要从个体自身条件出发。袁复礼博学多知、言传身教,在传道授业解惑的同时也以满腔爱国热情和献身地质事业的豪情激励着一代代青年学子热爱地质事业、报效国家。在长达大半个世纪的从教生涯里,他始终坚守育人一线,终结成满园桃李。其弟子中,中国科学院学部委员(院士)便多达30余位,成为推动新中国地质事业发展的重要力量。	

第二章　袁复礼：从西南联大走入西北戈壁的地大学术先驱

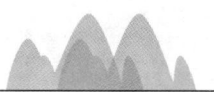

教学步骤	教师活动	时间/分
呈现教学材料，引导学生学习	教师总结：袁复礼从自身条件出发，为地质科学事业和地质教育事业奉献自己。袁复礼从事地质教育事业长达60余年，作为我国第二代地质学家，袁复礼在地质教育工作中长期坚守，这在中国地质教育史上也是鲜见的。人的自身条件会有一定的差异，某一个具体的价值目标，对这个人来说是恰当的、比较容易实现的，而对另一个人来说却未必如此。同学们要客观认识自己，准确把握影响人生价值实现的自身条件。 　　3.不断增强实现人生价值的能力和本领 　　教师讲解：不断增强实现人生价值的能力和本领。实现人生价值，需要人们充分发挥主观能动性。有着强烈爱国精神的袁复礼发奋求学，废寝忘食地汲取知识的养料，并将所学用于实践。在学成归国后，袁复礼和志同道合的伙伴结伴野外考察，足迹踏遍大江南北。在他求学、治学，献身于中国地质科学和地质教育事业并为之无私奉献的历程中，诠释并成就了中国知识分子化有形为无形，将勤奋与智慧相合，用毅力与坚持相守，勤耕力拓、润物无声的富有传奇色彩的人生。 　　教师总结：个人的主观努力，在相当大的程度上决定着人生价值实现的程度。正如人们经常说的，没有条件可以创造条件。袁复礼勇于探索、注重实践、博学深广、治学严谨的优良学风，为我们树立了榜样。人的能力具有累积效应，能够通过学习、锻炼而得以提升。同学们要通过各种方式和途径，增长才干、增强本领，提高自身各方面的能力，为实现人生价值做好充分准备，奠定扎实的基础。 　　【师生互动】 　　教师讲解：新时代中国青年生逢中华民族发展的最好时期，拥有更优越的发展环境、更广阔的成长空间，面临着建功立业的难得人生际遇。邀请学生谈谈自己如何立足于本专业，抓住用好新时代机遇，充分发挥主观能动性，实现人生价值。 　　教师总结：青年只有与国家、民族、事业紧密地结合在一起，才具有本质意义，才能充分体现青年价值。习近平总书记明确指出："为实现中华民族伟大复兴的中国梦而奋斗，是中国青年运动的时代主题。"当代青年的成长成才，被新时代赋予了特定的含义和实现方式，那就是必须与中国特色社会主义事业紧密结合，志存高远，脚踏实地，勇做时代的弄潮儿，勇做中国梦的创造者。 　　作为新时代中国青年，我们要深刻体会：实现中国梦不是夸夸其谈，更不是"形而上学"，需要用拼搏的汗水来浇灌，用厚实的能力素质来积淀，在广阔社会实践中，敢于有梦、勇于追梦、奋力圆梦。	

教学步骤	教师活动	时间/分
知识拓展	【精神传承】 　　科学家精神：科学家精神是科技工作者在长期科学实践中积累的宝贵精神财富。2021年9月，以"胸怀祖国、服务人民的爱国精神，勇攀高峰、敢为人先的创新精神，追求真理、严谨治学的求实精神，淡泊名利、潜心研究的奉献精神，集智攻关、团结协作的协同精神，甘为人梯、奖掖后学的育人精神"为内涵的科学家精神入选中国共产党人精神谱系第一批伟大精神。 　　5月30日，是我国科技工作者日，这是属于科技工作者的节日。新中国成立以来，我国广大科技工作者胸怀祖国、服务人民，在中华大地上树立起一座座科技创新的丰碑，铸就了独特的精神气质，这就是科学家精神。习近平总书记深刻指出，"科学家精神是科技工作者在长期科学实践中积累的宝贵精神财富"。新时代更需要广大科技工作者发扬以爱国主义为底色的科学家精神，肩负起历史赋予的科技创新重任，把自己的科学追求融入到建设社会主义现代化国家的伟大事业中去。展望未来，青年是国家繁荣、科技进步的引领者和奋斗者，我们要大力弘扬科学家精神，厚植强烈的时代责任感，做忠于祖国、追求真理、勇于创新、敢为人先的时代新人。	
教学小结	教师简要梳理本节课的教学内容，并强调重点和难点	2
课后作业	【以知促行】 　　结合课堂知识，学生思考自己的人生目的和人生态度，进行小组结队，描绘出自己的人生剧本并拍摄微视频《我的人生剧本》，演绎自己以什么样的态度和方式过完一生。将拍摄的微视频在网络平台进行推广，在获得其他人的点赞和评论后进行相互交流，让大家对人生目的的认识达到新的高度。	3

四、教学方法推荐

　　"积极进取的人生态度"部分的教学适宜运用讨论式教学法和启发式教学法。课堂讲授围绕袁复礼的生平经历展开，讲述在西南联大和西北考察两个不同历史时期，袁复礼面临艰难困苦的环境，但依然保持积极进取的人生态度，勇于正视逆境、战胜逆境。通过学习，学生能够树立认真务实、乐观向上、积极进取的人生态度，从容走好人生之路。

　　"人生价值的评价与实现"部分的教学适宜运用启发式教学法。新中国成立后的各个历史时期，袁复礼都从社会客观条件和个体自身条件出发忠于地质事业，引导学生将目光转向自身。如今我们处于新时代，机遇无限，舞台广阔，青年要思考如何利用良机，焕发青春年华的绚丽光彩，并延展到人生价值的实现条件，由此激励学生敢抓机遇勇担当，不断增强自身能力和本领，努力实现人生价值。

第三章 马杏垣：辛勤耕耘新一代地质学人才的地大学科奠基人

一、教学案例——马杏垣

马杏垣(1919—2001年)，出生于吉林长春，祖籍河北乐亭，构造地质学家、地震地质学家、教育学家、中国科学院学部委员(院士)(图1)。1942年从国立西南联合大学毕业，1945—1948年就读于英国爱丁堡大学，1951年任北京大学教授，1952—1978年任教于北京地质学院，1978年任国家地震局副局长、国家地震局地质研究所所长，1980年当选为中国科学院学部委员(院士)，1981—1985年任国家地震局地质研究所所长，2001年1月22日在北京逝世，享年82岁。马杏垣长期从事构造地质学、前寒武纪地质学、岩石圈动力学和地震地质学的教学与科研工作。

马杏垣热爱党、热爱祖国、热爱人民，胸怀赤子丹心。他严谨治学、追求真知、潜心育人；他敢为人先、追求卓越、勇攀科学高峰；他谦虚谨慎、为人师表，坚持在教学科研一线，把文章写在祖国的大地上；他以身许党、以身报国，永远是我们学习的榜样。

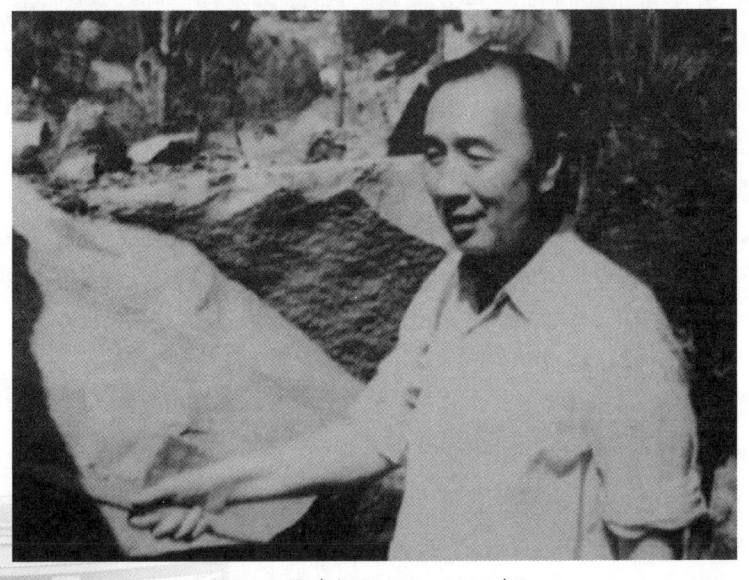

图1　马杏垣(1919—2001年)

（一）案例呈现

案例一：年少立志，铁蹄踏遍祖国山河

虽出身名门望族，但从少年时代起，马杏垣的求学道路就历经坎坷，走过了不平凡的历程。

1919年，马杏垣出生于吉林长春。1931年，"九一八"事变爆发，东北沦陷，小学刚毕业的马杏垣不得不流亡关内，先后就读于河北昌黎汇文中学和天津南开中学。日寇侵略下的山河破碎，民族危亡之难与颠沛流离之痛在他幼小的心灵中留下深刻的印象，同时也激起了他强烈的爱国热情。

1935年，"一二·九"运动爆发。马杏垣参加南下请愿团，与大家一起卧轨拦截火车，后辗转多地抵达南京，抗议国民党政府的不抵抗政策。

1938年，马杏垣加入中国共产党。其后，他怀着一颗挽救国家民族于危难、振兴中华的爱国之心，考入西南联大。他选择就读地质学这个面向实际的专业，以实现踏遍祖国山河和报效国家的人生理想。在校期间，马杏垣成为党的外围组织"群社"的发起人，不仅成为该社墙报的两名主编之一，也成为该社木刻研究会的主持人，将木刻作品作为当时最流行的革命斗争武器，宣传爱国思想，积蓄革命力量。

在宣传革命的同时，马杏垣也不忘读书的初心，他是当之无愧的尖子生。4年的大学生活，受孙云铸、袁复礼、冯景兰、王恒升等老一辈地质学家的熏陶，马杏垣养成了注重实践、一丝不苟的可贵品质。大学毕业后，他继续留在西南联大，担任助教一职。1945年抗战胜利，他以优异的成绩摘取了公费留学的桂冠，赴英国爱丁堡大学地质系攻读博士学位。

1948年8月，马杏垣以优异成绩获得博士学位，并在伦敦召开的第18届国际地质大会上宣读了他的论文。当他获悉人民解放军就要解放全中国的消息，毅然放弃国外良好的研究环境和优厚的待遇，返回阔别3年的祖国，担任北京大学地质学系副教授，从此投入到为新中国培养大量地质人才的教育事业。

"求太古之奥秘，窥元古之真谛"是马杏垣先生的执着追求。他对前寒武纪古老地壳和变质岩区构造研究的持续时间最长，成果最丰富。特别是跨越20余载"十上嵩山"，成为他留给地学界的一段佳话，他出版的专著《嵩山构造变形——重力构造、构造解析》，得到国内外知名学者的高度评价，被誉为研究之范本。

案例二：为国育才，杏垣夯实办学根基

1952年，中央筹备成立北京地质学院。马杏垣积极响应国家号召，参加了北京地质学院的筹建工作，担任北京地质学院地质矿产勘查系副主任。

第三章 马杏垣：辛勤耕耘新一代地质学人才的地大学科奠基人

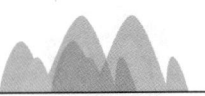

随着北京地质学院的发展，他先后任教授、教研室主任、副教务长和副院长等职务。虽然他一直担任领导职务，却仍坚持工作在教学、科研第一线，为培育新一代的构造地质学人才而辛勤耕耘。

1960年，马杏垣将普地教研室的构造组、地貌及新构造组与地史教研室的中国区域地质组，合并成立了中国区域地质教研室，新开课程"中国区域地质"，组织了一批年富力强的骨干教师参与到这门课程教学中，包括邓永高、单文琅、杨森楠、宋鸿林、谭应佳、李东旭、吴正文、杨巍然，号称"八大金刚"。为满足普查专业"中国区域地质"课程教学需要，他组织年轻教员和学生到全国各地采集教学标本，亲自教授"构造地质学"课程，主编《构造地质学基础教程》，编制1∶400万比例的中国大地构造教学用图，并通过教学相融方式，组织教师和学生共同编写《中国区域地质》教材。该教材1963年由工业出版社出版，是高校大地构造学的主要教材。中国区域地质教研室因其突出表现，被评为北京市的先进集体。

马杏垣常说，"我们办的是中国特色的社会主义大学，首先要注意学生的政治素质，要树立为国家富强、为地质事业发展而奋斗的理想。"他教导学生们：要成为优秀的构造地质学家，首先必须掌握辩证唯物的构造观和方法论，这样才能驾驭不同尺度和不同层次的地质构造现象，才能在研究中国地质时防止出现教条主义或经验主义。他不仅创立了一系列的优秀教学思想，还继承了前辈始终重视实践的优良传统。

"野外是地质科学的第一实验室，野外实习基地是培养地质专业人才的第一课堂。"这是马杏垣教学的一贯主张。他在北京西山建设天然实验室，身体力行，经常和学生一起跑野外，多次组织不同比例尺、不同地质内容为重点的地质填图和调查，亲自教授学生绘制地质图与地质剖面图的方法，一丝不苟地检查每一位学生的野外笔记本。学生若有记录不到位、字迹潦草或画的地质剖面图不符合要求等情况，就会被要求重新跑野外、重新作记录。他常告诫学生："野外记录是写论文的基础，马虎不得。"

他坚持教学和科学研究与生产劳动相结合，组织全校师生到国家急需和具有重要地质意义的地区进行生产实习。他亲临第一线，负责五台山、秦岭、大别山和嵩山等地的区域地质填图和找矿工作，使当时的北京地质学院成为全国地质和矿产研究的中心之一，也为培养优秀地质学家和高级工程人才打下了坚实的基础。

1953年，马杏垣亲自选址，将地质内容丰富的周口店作为教学实习基地。1954年3月，学校成立地质教学实习委员会，同年建立周口店实习站，马杏垣、池际尚带领学校第一批师生到周口店实习，共同对房山侵入岩体相带划分和原生构造提出了新见解。马杏垣最早命名了"164背斜""太平山向斜"。1955年，马杏垣任周口店实习站总领队，确立了周口店野外构造地质学基本内容与基本训练方法。经过长期建设，周口店实习基地逐步发展成为国家培养地质工作者的摇篮，30余位中国科学院院士、中国工程院院士先后在此历练。2004年，为庆贺周口店实习站建站50周年，温家宝亲自题写了"摇篮"二字以示祝贺。周口店教学实习基地成为我国地质优秀人才塑造地质人生的起点、锻造地质品格的熔炉。

1970年，学校南迁湖北江陵再迁武汉。在教职工"颠沛流离"、学校选址艰难曲折的时刻，马杏垣初心如磐，以高度责任感担起重任，团结广大教职工，积极恢复办学。

1978年，马杏垣离开学校，调任国家地震局副局长，但他对学校的关心和对学生们的指导始终没有间断过，学校改名为中国地质大学后，又再聘他为兼职教授，担任构造地质学科的学术带头人，他义不容辞地担负起培养研究生的担子（图2）。由于长期的奔波和繁重的工作，他的健康状况日益下降，严重的甲状腺功能亢进，导致了心房纤颤，使他数度住院。即使在医院里他也不忘工作，心系学生。他培养了十余名博士，数十名硕士，从研究生论文选题、野外工作、获取论据、制作图件，直至论文写作，他都亲自指导，从不当挂名的空头导师。

图2　1978年，马杏垣（左一）与学校教师在野外进行地质考察

数十年来，马杏垣在新中国急需大量地质人才的关键时期，潜心教学，编写教材，筹建教学实习基地，主持大量区域地质填图和找矿的工作，为学校夯实了较为完善的学科根基，培养和造就了一批批优秀地质学家和高级人才。

"群山是我师，我是群山友。"这是马杏垣一生的写照。他赤诚报国的崇高理想和无私奉献的博大胸怀，严谨求实的实干态度和追求卓越的创新精神，艰苦奋斗的质朴本色和为人师表的高尚品德早已与群山融为一体，仰之弥高、巍然屹立。群山有幸，见证了马杏垣深厚的家国情怀、杰出的治学成就和执着的实践追求，留下了一条永远激励地大人奋勇前进的精神印迹。

（二）案例点评

案例一、二展现了马杏垣为国家、为民族、为人民不懈奋斗的高尚品格和矢志不渝的理想追求。日寇侵略下的山河破碎，民族危亡之难与颠沛流离之痛在马杏垣幼小的心灵中留下深刻的印象，同时也激起了他为国奉献的爱国情怀。其后，他怀着一颗挽救国家、民族于危难，振兴中华的爱国之心，考入西南联大，选择就读地质学这个面向实际的专业，体现了他怀抱踏遍祖国山河和报效国家的美好理想。虽然在国外有着优厚的待遇，但祖国的希望、党的召唤、人生的追求,使他返回了阔别3年的祖国,投入到为新中国培养大量地质人才的教育事业。他深厚的家国情怀、师者风范早已与群山融为一体,仰之弥高、巍然屹立,充分体现了马杏垣服务人民、奉献社会的高尚人生追求。

案例二讲述了马杏垣为培育新一代的构造地质学人才而辛勤耕耘,在实践中努力实现自己人生价值的故事。马杏垣一直从事地质教育,潜心教书育人。在新中国急需大量地质人才的关键时期,潜心教学,编写教材,筹建教学实习基地。在教职工"颠沛流离"、学校选址艰难曲折的时刻,马杏垣初心如磐,以高度责任感担起重任,团结广大教职工,积极恢复办学,恢复学校各项工作。他将自己的青春献给了祖国和地质事业,用毕生之力发展了中国地质科学,创造了有价值的人生。

(三)教学建议

案例一、二可用于第一章第二节第一目"高尚的人生追求"部分的教学。

在案例一中,在民族危亡之际,马杏垣正值青年时期,他艰辛求学、立志踏遍祖国山河,在海外学成后毅然放弃国外优厚的待遇而投身祖国地质事业,通过马杏垣热爱党、热爱祖国、热爱人民,胸怀赤子丹心的故事,学生能够理解高尚的人生目标总是与奋斗奉献联系在一起,体悟他服务人民、奉献社会的高尚品质。激励学生学习他深厚的家国情怀和以身许党、以身报国的高贵精神。

在案例二中,马杏垣积极响应国家号召,为培育新一代的构造地质学人才而辛勤耕耘,用自己的劳动和聪明才智为国家和社会真诚奉献,为人民尽心尽力服务。引导学生了解正确评价人生价值的标准和方法。通过展示马杏垣主张实践教学,坚持工作在教学、科研第一线的故事,激励学生学习马杏垣追求真理、献身地质的精神和广博学识、注重实践的科学精神,从社会客观条件和个体自身条件出发,在实践中努力实现自己的人生价值。

二、教学分析

(一)教学目标

通过案例一的学习,学生能够理解只有确立了服务人民、奉献社会的人生追求,才能清楚把握人的生命历程和奋斗目标,深刻理解人为什么而活、应走什么样的人生之路等道理;认识到要自觉树立崇高的理想和高尚的品格,成为一个有益于社会有益于人民的高尚的人,对党和国家要有高度的责任感,自觉将人生目标同国家和民族的前途命运紧紧联系在一起,在奉献社会中实现自己的人生价值。

通过案例二的学习,学生能够明白要以正确的人生态度对待人生、解决实际生活中的各种问题，以人民利益为重，始终对祖国和人民怀有高度的责任感，在服务人民、奉献社会中实现人生价值，才能掌握正确的人生价值标准，才能懂得人生的价值首先在于奉献。自觉用真善美来塑造自己，不断培养高洁的操行和纯朴的情感，努力使自己成为一个高尚的人。

（二）教学重难点

1. 高尚的人生目的——与奋斗奉献联系在一起（重点）。
2. 服务人民、奉献社会的思想是科学而高尚的品质（难点）。

三、教学思路与方案设计

（一）教学思路

首先，展示温家宝同志《纪念马杏垣先生》一文的手稿图片。教师介绍："群山是我师，我是群山友。"这句话既是马杏垣对自己地质事业的一份感悟，也是他光辉一生的真实写照。他追求真理、献身地质的精神和以身报国的高尚人生追求值得我们每个人学习。

其次，讲述案例一马杏垣树立踏遍祖国山河和报效国家的美好理想，在海外学成后毅然放弃国外优厚的待遇而投身祖国地质事业，为中国地质人才的培养呕心沥血。马杏垣踏遍祖国山河的志向体现了其高尚的人生追求。

再次，教师引导学生从理论逻辑以及价值意蕴两个角度来理解"服务人民、奉献社会"为什么是科学的、高尚的。教师带领学生掌握马克思主义唯物史观的相关内容后，通过案例一和案例二讲述"服务人民、奉献社会"的人生追求对人生目的、人生态度和人生价值的意义。

最后，教师启示青年大学生要树立"服务人民、奉献社会"的科学、高尚的人生追求，把自己的人生目标同国家前途、民族命运、人民幸福联系在一起。

（二）教学方案

教学步骤	教师活动	时间/分
导入新课	【展示图片】 展示温家宝同志《纪念马杏垣先生》一文的手稿图片。 教师介绍：这篇文章是温家宝同志纪念他的老师马杏垣先生，为表达他对老师以	5

第三章 马杏垣：辛勤耕耘新一代地质学人才的地大学科奠基人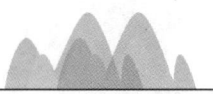

教学步骤	教师活动	时间/分
导入新课	及原北京地质学院所有老师的感念而作。文中提到，"翻开首页，群山原野的照片上，有着老师笔锋雄浑、潇洒、有力的题词'嵩山是我师，我是嵩山友！群山是我师，我是群山友。'"这既是马杏垣先生对自己地质事业的一份感悟，也是他光辉一生的真实写照。他追求真理、献身地质的精神和以身报国的高尚人生追求值得我们每个人学习。	
简介教学目标	教师向学生简要介绍本次教学要达到的目标。	2
呈现教学材料，引导学生学习	【知识点一】为什么服务人民、奉献社会是人类社会迄今最先进的人生追求 【案例分析】 　　结合案例一、二和上节课所学知识，教师引导学生运用马克思主义科学世界观和方法论，从理论逻辑以及价值意蕴两个角度理解"服务人民、奉献社会"为什么是科学的、高尚的。 　　教师讲解：服务人民、奉献社会的思想以其科学而高尚的品质，代表了人类社会迄今最先进的人生追求。 　　从理论上看，马克思主义唯物史观认为，人民群众是社会历史的主体，是社会物质财富和精神财富的创造者，是社会变革的决定力量。"服务人民、奉献社会"的人生追求，是以历史唯物主义关于人民群众是历史的创造者的基本观点为理论基础的，指明了人在成长和发展过程中应确立的人生目标和方向。 　　从价值意蕴看，第一，一个人确立了"服务人民、奉献社会"的人生追求，才能清楚把握人生的奋斗目标，深刻理解人为了什么而活、应走什么样的人生之路等道理。案例一中，马杏垣年少时怀揣着赤诚报国的崇高理想和无私奉献的博大胸怀，学成后便自觉投身教书育人和科学报国的事业。教师引导学生感受科学、高尚的人生追求对青年的人生方向和道路的重要性。 　　第二，只有确立了服务人民、奉献社会的人生追求，才能以正确的人生态度对待人生，解决实际生活中的各种问题。案例二中，马杏垣坚持工作在教学、科研第一线，为培育新一代的构造地质学人才而辛勤耕耘。在教职工颠沛流离、学校选址艰难曲折的时刻，仍初心如磐，以高度责任感担起重任，团结广大教职工，积极恢复办学，恢复学校各项工作。他以人民利益为重，始终对祖国和人民怀有高度的责任感，在服务人民、奉献社会中实现人生价值。 　　第三，只有确立了服务人民、奉献社会的人生追求，才能掌握正确的人生价值标准，才能懂得人生的价值首先在于奉献。马杏垣教导学生树立为国家富强、为地质事业发展而奋斗的理想，培养和造就了一批批优秀地质学家和高级人才，即使生病住院也不忘工作。教师引导学生自觉用真善美来塑造自己，不断培养高洁的操行和纯朴的情感，努力使自己成为一个高尚的人。	25

教学步骤	教师活动	时间/分
呈现教学材料，引导学生学习	【师生互动】 　　提问：怎样的人生值得追求？有的人满足于平淡生活中的"小确幸"，有的人是为了吃遍天下美食，有的人希望成为某一行业翘楚，有的人希望凭借知识改变家乡落后面貌，有的人则立志做担当民族复兴大任的时代新人。作为青年大学生，我们应该树立怎样的人生追求呢？ 　　教师讲解：今天，许许多多的青年积极投身于脱贫攻坚、基层治理、乡村教育等具有许多新的历史特点的伟大斗争中，坚定理想信念，胸怀报国之志，为祖国奉献、为人民奋斗，充分彰显了新时代中国青年堪当民族大任的精神风貌。青年若要建功立业，绝不是靠异想天开，纸上谈兵，服务人民、奉献社会才是青年们的正确选择，也是青年们积极进取、努力向上实现人生价值的正确方向。因此，新时代青年学生应树立服务人民、奉献社会的高尚人生追求。 【知识点二】高尚的人生目的总是与奋斗奉献联系在一起 【案例分析】 　　结合案例，教师引导学生理解高尚的人生追求是与奋斗奉献联系在一起的。启发学生让青春在奉献中焕发绚丽光彩，做新时代的奋斗者。 　　教师讲解：在民族危亡之际，马杏垣树立报效国家的美好理想，怀着一颗挽救国家民族于危难、振兴中华的爱国之心，选择了地质学这个面向实际的专业。完成学业后，马杏垣长期坚持工作在教学、科研第一线，为培育新一代的构造地质学人才而辛勤耕耘。 　　教师总结：马杏垣先生热爱党、热爱祖国、热爱人民，胸怀赤子丹心。他严谨治学，追求真知，潜心育人；他敢为人先、追求卓越，勇攀科学高峰；他谦虚谨慎，为人师表，坚持在教学科研一线，把文章写在祖国的大地上；他以身许党、以身报国的高贵精神，是我们学习的榜样。我们今天纪念马先生，就是要不忘初心、牢记使命，扎实工作，为实现中华民族伟大复兴的中国梦而努力奋斗。 【师生互动】 　　提问：马杏垣先生深厚的家国情怀、杰出的治学成就和执着的实践追求，留下了永远激励地大人奋勇前进的精神印迹。作为新时代青年，我们如何传承和发扬马杏垣先生宝贵的精神品质？ 　　教师总结：青春因奋斗而闪光，生命因奉献而火热，新时代大学生是青年群体中的中坚力量，肩负着实现国家富强、民族复兴、人民幸福的时代重任。广大青年大学生要坚定理想信念，胸怀报国之志，在实践中淬炼品格、增长本领，勇立时代潮头，积极投身到实现中华民族伟大复兴的伟大征程中去，做新时代的青年追梦人，彰显新时代中国青年堪当民族大任的精神风貌。 　　青年大学生要树立"服务人民、奉献社会"的科学、高尚的人生追求。只有把自己的人生目的同国家前途、民族命运、人民幸福联系在一起，才能自觉自愿地把自己的一生奉献于利国利民的事业。	8
教学小结	教师简要梳理本节课的教学内容，并强调重点内容。	2

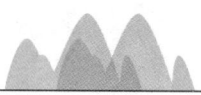

教学步骤	教师活动	时间/分
课后作业	【慧眼明辨】 　　在社会主义市场经济条件下,服务人民、奉献社会的人生追求是否过时了?结合课堂内容,给出自己的观点及理由。 【以知促行】 　　结合自身实际,通过志愿服务等实践活动去关爱他人、服务社会,以彰显人生价值,并谈一谈自己在活动中的感受。	3

四、教学方法推荐

"高尚的人生追求"在本次教学中适宜采用案例式教学法和启发式教学法。

课堂讲述马杏垣赤诚报国的崇高理想和无私奉献的博大胸怀。第一部分讲马杏垣立志踏遍祖国山河,并以"马蹄"为笔名在我党主办的《新华日报》上发表了一幅表现八路军战士的木刻画,表达他投身革命、为国奉献的坚定决心,学生可以体悟到他服务人民、奉献社会的思想以其科学而高尚的品质。第二部分讲马杏垣践行"踏遍祖国山河"的信念,分别介绍他在新中国急需大量地质人才的关键时刻担起大任,为国家富强、为地质事业发展而奋斗,走与人民群众相结合的道路;在教职工"颠沛流离"、学校选址艰难曲折的日子里,仍初心如磐,以高度责任感担起重任,团结广大教职工,积极恢复办学。引导学生理解马杏垣服务人民、奉献社会的思想及其科学而高尚的品质,代表了人类社会迄今最先进的人生追求。

教师不断引导学生感受科学、高尚的人生追求对青年的重要性,启发青年大学生要树立"服务人民、奉献社会"的科学、高尚的人生追求,把自己的人生目的同国家前途、民族命运、人民幸福联系在一起。

第四章 潘钟祥：坚定理想信念，首提"陆相生油"理论的地大石油奠基人

一、教学案例——潘钟祥

潘钟祥（1906—1983年），字瑞生，1906年8月12日出生于河南汲县（今卫辉市），他自幼勤奋好学，成绩优秀，是一位杰出的石油地质学家和地质教育家（图1）。他是我国找油事业的先驱，以系统提出"陆相生油"理论而闻名于世。

1959年9月26日，这是一个注定要写入中国工业史的日子。这一天，松辽盆地中一口名为"松基三井"的石油钻探井喷出工业油流。松辽盆地沉睡千万年的"黑色黄金"惊天一喷，大庆油田从此诞生。大庆油田的发现，翻开了中国石油开发史上具有历史转折意义的一页。随后，一场气吞山河、波澜壮阔的石油大会战正式打响，我国石油工业的跨越式发展从这里开始。

大庆油田的发现，结束了中国油荒的历史，让中国彻底扔掉了"贫油国"的帽子，它的卓越贡献已经镌刻在伟大祖国的历史丰碑上。大庆油田的发现也是"陆相生油"理论的重大佐证。"陆相生油"理论对大庆油田的发现有什么重大影响？"陆相生油"理论是怎么诞生的？率先提出该理论的又是谁？这背后的故事绕不开著名石油地质学家、北京地质学院教授、武汉地质学院教授潘钟祥。

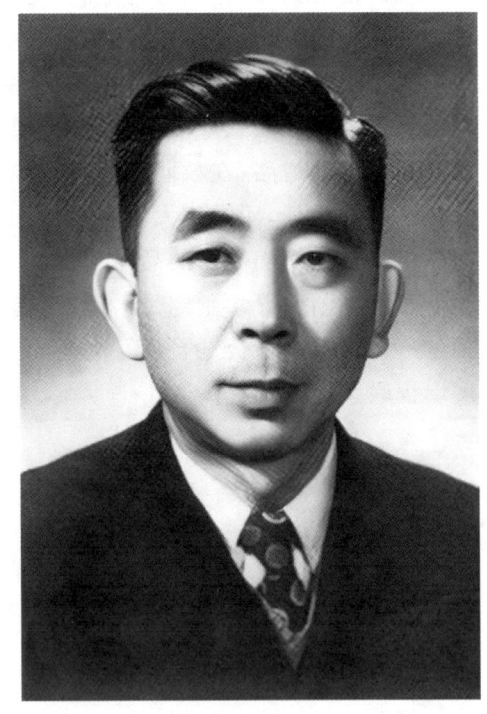

图1 潘钟祥（1906—1983年）

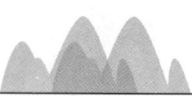

（一）案例呈现

案例一：一个信念，坚定"陆相生油"

"中国是一个贫油的国家"，从20世纪初开始，这句"预言"就像魔咒禁锢在中国人头上。在近代石油工业100多年的发展历史中，世界上已找到的油气田绝大多数都产于海相地层中。西方石油地质学家普遍认为，几乎所有石油都产生于海相沉积物中，中国大地构造大都属于陆相沉积，这种海相生油的理论就把中国划在了贫油的圈子里。

石油，卡住了中国人的脖子。新中国成立初期，最大的玉门油矿年产原油不过10余万吨。石油的匮乏严重阻碍了中国的经济发展，威胁着国家安全。石油成为中国急需的"血液"。幅员辽阔的中华大地真的缺少石油储藏吗？石油真的都被踩在外国人的脚底下吗？穷则思变，知难而进。在西方国家高唱中国贫油、限制中国进口原油的情况下，一场关乎国家前途命运的找油行动在中国拉开了序幕！一批中国的地质学家偏偏"不信邪"，用自己的科学实践开始向"中国贫油"理论发起挑战，拉开了中国"陆相生油"理论诞生的序幕。第一位提出"陆相生油"命题的是当时正在美国堪萨斯大学攻读博士学位的中国青年——潘钟祥。

潘钟祥从青年时代起便立志学习地质、报效祖国。潘钟祥的父亲潘祖莹喜读诗书，除经营祖业外，主要从事教育工作，在当地以博学称誉。潘钟祥的外祖母知书识礼，待人宽厚，治家严格，从5岁起就教他背诵《千字文》和《古文观止》等典籍。通过自身的勤奋努力，潘钟祥顺利考入名牌学校汲县二中（现卫辉市高级中学），同时他也在学校结识了许多良师益友。比他高一年级的同窗好友李春昱品学兼优，酷爱收藏石头，受其影响，潘钟祥对历史、地理和石头（矿物、岩石）颇感兴趣。后来李春昱考上北京大学地质系，潘钟祥十分羡慕，立志向他学习。

1924年，潘钟祥考入北京大学理科预科，1926年升入地质系。他积极参加北京大学地质学会[（原名"地质研究会"）]组织的学术活动，对石油地质产生了浓厚兴趣。他阅读了大量中国和世界的文献资料，撰写论文《油田之地质及其在中国之分布》。文中满怀激情地表达了他为振兴中华立志献身石油地质事业的决心。此后半个多世纪里，他和中国石油地质理论的发展结下了不解之缘。

20世纪40年代初期，潘钟祥的一篇地质学论文打破了"唯海相才能生油"论。这篇论文中明确提到："石油也可能生成于淡水沉积物，并且可能具有工业价值"。而这一观点明显与当时主流的"海相生油，陆相贫油"理论相悖。带着"不只有海相才能生油，我国地质条件也会有丰富油藏"的坚定信念，刚进入北京大学地质系的潘钟祥积极参加地质系学术活动，研读大量文献资料，终在论文《油田之地质及其在中国之分布》中满怀激情地写道："中国地下，并非全无石油，虽不及美、俄、墨西哥等国之丰富，然陕西、甘肃、新疆、四川等省之储油量，不无开采之价值，惜无人过问，弃货于地，可惜也夫！"句句饱含着对中国有石油的期待。

潘钟祥自北京大学地质系毕业后,开始了石油勘探的实践之旅(图2)。仅3年,他寻找的足迹遍布陕西、河南、江苏和四川等省,为后续理论的研究打下了坚实的实践基础。为了科学证明"陆相也能生油",1940年,在中华教育文化基金会的资助下,潘钟祥赴美留学,进入堪萨斯大学及明尼苏达大学地质系学习石油地质和矿床知识。课堂上,老师讲授的内容与教科书上一致,都在强调只有"海相才能生油"。因为当时不论是占世界石油储备80%以上的中东国家,还是广阔的北美大陆、苏联的乌拉尔-伏尔加、西西伯利亚等石油产地,无一不是海相地层。然而,他在浩瀚的文献中也惊喜地发现了诸如美国科罗拉多州西北部泡德瓦斯油田的原油产于陆相第三系的例证。1941年,潘钟祥在美国石油地质学家协会会议上宣读了论文《中国陕北和四川白垩系陆相生油》,明确指出陆地湖泊里的生命沉积物经过一定条件的地质演变,可以形成油田。这是中国人最早提出的"陆相生油"理论,也是中国学者首次将有创新观点的石油地质学研究成果推广到国际学术界。

图2 潘钟祥(前排左四)与1956届石油系学生在西北进行生产实习

"陆相生油"理论的提出,为在中国陆相盆地中找到大量石油提供了依据。随着中国石油地质调查的发展,李四光、黄汲清、谢家荣、侯德封、尹赞勋等学者都对陆相生油问题进行了研究。对于潘钟祥1941年的论文,著名地质学家黄汲清院士评价道:"该文明确提出了陆相地层也可以生油并能形成油田,这在当时是一种新颖的见解。它对新中国找油工作有着重大影响。""陆相生油"理论打破了只有海相地层才能生油的束缚,开阔了人们的思路,对于我国,特别是新中国成立以后石油工业的大发展起着十分重要的作用。

案例二:鞠躬尽瘁,石油事业结"硕果"

1949年,在中国共产党的领导下,祖国获得解放和新生。潘钟祥欢欣鼓舞,意气风发,工作热情更加高涨。为了更快发展地质科学和教育事业,他亲自带队到各山区考察,足迹遍布

第四章　潘钟祥：坚定理想信念，首提"陆相生油"理论的地大石油奠基人

祖国南北，认真收集第一手资料，不断进行理论探索。1951年，潘钟祥提出中国石油大多生于沉积盆地之中的"盆地说"。随着新中国石油事业的蓬勃发展，潘钟祥进一步研究了陆相生油问题，1957年发表了《中国西北部的陆相生油问题》，在我国油气勘探工作中发挥了巨大作用。

"文革"期间，潘钟祥也遭到种种诬陷和迫害，然而他没有在逆境中屈服。他忠于科学、忠于祖国的赤子之心始终没有动摇。他那不畏强暴、坚持真理的精神，他那脚踏实地、一丝不苟、热心为群众办事的态度，博得了广泛的赞扬。离开"牛棚"，恢复工作后，他不顾年迈体弱，在十分困难的条件下，毅然挑起领导科研集体和培养研究生的重担。他迅速深入现场，调研各方面现状，为提高我国石油地质科学水平，弥补贻误多年的宝贵岁月而拼搏。虽在古稀之年，他仍到大港、苏北去实地观察岩心，去浙西研究剖面，亲临滦河口考察现代沉积，辛勤奔走于图书馆，急切地探寻国际上有关的学术动向，迅速评价国外新的科学知识，夜以继日地撰写论文及讲稿（图3）。

图3　1982年，潘钟祥在图书馆查阅文献

1973年，潘钟祥提出研究三角洲沉积。他根据中国的地质条件，围绕三角洲沉积体系查阅和分析了大量外国文献，写出了10多万字的研究报告《三角洲沉积体系特征及其和石油的关系》，总结了当时石油地质学发展的最新成果。潘钟祥指出："地质情况是很复杂的，由于当时沉积的地质背景和各种条件不同而有所变异，要根据具体情况具体分析，特别是外国的材料不能生搬硬套，只能供参考。"《三角洲沉积体系特征及其和石油的关系》一文，在指导中国石油工作者开展科学研究和推动中国碎屑岩沉积学研究及地层油藏勘探方面起到重要作用。1975年，河北任丘发现高产油田，潘钟祥应邀考察，随后写成《基岩油藏》。此文于1982年在 *Aapg Bulletin* 上发表，引起国外同行重视，美国、埃及、印度、捷克等国学者来函求教，美国的几所大学多次翻印此文。

潘钟祥在进行科学研究工作的同时，也把大量的心血投入到为祖国培育年轻一代石油地

质人才的工作中。他在教学上兢兢业业,严肃认真,呕心沥血,先后开设"古植物学""石油地质学""矿床学""世界油气田地质学"等课程,编写了《石油地质学原理》《世界油气田地质学》等教材。他严谨的学风给后辈以深刻的熏陶和感染。他的许多学生都已成长为生产、科研、教学工作的骨干,他精心培育的人才之花,已结出了丰硕的果实。

潘钟祥实现了他从青年时期就立下的报国之志,为了发展石油科学、发展我国的石油事业,真正做到了"鞠躬尽瘁,死而后已"。他在青年时期就下定决心要为发展我国的石油事业而献身。为此,一走出校门,他就奔赴有产油希望而"无人过问,弃货于地"的陕北寻找石油。他不懂古植物学,为了解决地层年代问题,向当时研究古植物学的"权威"求教但碰了"钉子",他就下决心自学,不仅解决了年代问题,而且使他成为一位古植物学家。潘钟祥后来追忆起这件事时曾说:"有时权威的专横也会促成人们的自奋。"他敢于向权威理论挑战,多次到某些外国学者下过"贫油"结论的陕北等地深入考察,不仅找出了石油,还观察到了许多与前人结论不同的陆相地层生油现象,为他后来正式提出"陆相生油"理论提供了有力的事实根据。

潘钟祥虽然逝去,但他对中国石油事业作出的突出贡献已载入中国石油地质学史册。他兢兢业业、全心全意矢志地质的情怀,胸襟坦荡、待人诚恳的高贵品质,锲而不舍、刻苦钻研的治学态度,严谨求实、勇于创新的科学精神仍被大家传颂,成为后人学习的榜样。他的一生,是正直、纯朴、勤奋科学家的一生,是学而不厌、诲人不倦教育家的一生。

(二)案例点评

理想指引方向,信念决定成败。案例一讲述了潘钟祥从青年时代便立志学习地质、报效祖国的故事。为了实现自己的志向,他不断学习石油地质学的相关知识,深入研究石油的形成、分布和勘探方法,积极投身石油勘探和开发工作。潘钟祥的一生实现了他从青年时期就立下的报国之志,为了发展石油科学、发展我国的石油事业,真正做到了"鞠躬尽瘁,死而后已"。潘钟祥的事迹体现了理想信念的内涵及特征,表明坚定理想信念才能昭示奋斗目标,完成看似不可能完成的伟大征程,创造气吞山河的人间奇迹。

案例二讲述了新中国成立后,潘钟祥为了更快发展地质科学和教育事业,亲自带队到山区考察,足迹遍布祖国南北,不断进行理论探索的故事。这个过程并不是一帆风顺的,潘钟祥也遭到了种种诬陷和迫害,但是,热爱石油地质事业的坚定信念,使他没有在逆境中屈服。他忠于科学、忠于祖国的赤子之心始终没有动摇。潘钟祥一生兢兢业业,全心全意地投身于地质研究,其矢志不渝的情怀令人敬仰。他胸襟坦荡,待人诚恳,始终保持着高尚的品质和崇高的道德风范。他严谨求实,勇于创新,始终站在时代前沿,为地质学的发展作出了卓越的贡献。当今大学生应以潘钟祥为榜样,树立坚定理想信念,不断追求进步,为实现中华民族伟大复兴而努力奋斗。

第四章 潘钟祥：坚定理想信念，首提"陆相生油"理论的地大石油奠基人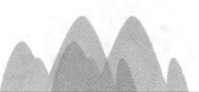

（三）教学建议

案例一可用于第二章第一节第一目"理想的内涵与特征"与第二目"信念的内涵与特征"的教学。结合潘钟祥的故事及其图文资料，展现潘钟祥将自己的知识与信念紧密结合，立志通过科学研究，发现"陆相生油"理论，为国家找到更多的石油资源的故事。学生通过学习案例一，明白只有树立崇高的理想信念，才能激起为民族复兴和人民幸福而发奋学习的强烈责任感和使命感，掌握建设祖国、服务人民的本领。

案例二可用于第二章第一节第三目"理想信念的重要意义"的教学。结合潘钟祥即使看到前路艰辛，困难重重，但仍坚定理想信念，全心全意投身地质研究的故事，促使学生明白理想的实现是一个过程，新时代青年实现理想，创造未来，必须有战胜艰难险阻的坚定不移的信心和坚忍不拔的毅力。在当今快速发展的时代，学生更应该以潘钟祥为榜样，保持知书识礼的品质，树立坚定的理想信念，把敢于吃苦，勇于奋斗的精神落实到日常的生活、学习和工作中，在"真刀真枪"的实干中成就一番事业。

二、教学分析

（一）教学目标

理论知识目标：通过对案例一、二的学习，了解理想信念的内涵及特征，掌握理想信念的重要意义，不断提高对理想信念问题的理论认知。

价值取向目标：通过本节课的学习，使学生切实感受到潘钟祥兢兢业业、全心全意矢志地质的情怀，胸襟坦荡、待人诚恳的高贵品质，锲而不舍、刻苦钻研的治学态度，严谨求实、勇于创新的科学精神，从而树立崇高的理想信念，明确人生志向，增强实践才干，为人生的发展筑牢信仰之基，补足精神之钙，把稳思想之舵。

（二）教学重难点

1. 正确理解理想信念的内涵及特征（重点）。
2. 理想信念的重要意义（难点）。

三、教学思路与方案设计

(一)教学思路

课堂教学内容分为两部分:一是"正确理解理想信念的内涵及特征",二是"正确理解理想信念的重要意义"。

首先,教师讲述故事——"贫油论的传说"。其次,展示潘钟祥的相关图片,教师抛出问题:"同学们,你们知道'陆相生油'理论是谁提出来的吗?在当时困难重重的条件下他又是如何做到的呢?让我们一起走近潘钟祥,了解他为祖国石油事业奋斗的一生。"

第一部分"正确理解理想信念的内涵及特征"的教学,教师讲述潘钟祥从青年时代起便立志学习地质、报效祖国,怀着"不只有海相才能生油,我国地质条件也会有丰富油藏"的坚定信念,最终提出"陆相生油"理论的事迹,引导学生理解理想和信念的特征及相互关系。

第二部分"正确理解理想信念的重要意义"的教学,教师以潘钟祥的故事为主要脉络进行讲述,与学生探讨潘钟祥在当时困难重重的条件下是如何坚持不懈完成自身理想的,进而讲解"理想信念"在潘钟祥事迹中所发挥的作用,引导学生理解理想信念的重要意义。

(二)教学方案

教学步骤	教师活动	时间/分
导入新课	【历史回响】 　　"中国是一个贫油的国家",从 20 世纪初开始,这个"预言"就像魔咒禁锢在中国人头上。西方"海相生油"的理论就把中国划在了贫油的圈子里。幅员辽阔的中华大地真的缺少石油储藏吗?石油真的都被踩在外国人的脚底下吗?穷则思变,知难而进。一批中国的地质学家偏偏"不信邪",用自己的科学实践开始向"中国贫油"的说法发起挑战,拉开了中国"陆相生油"理论诞生的序幕。 　　提问:同学们,你们知道"陆相生油"理论是谁提出来的吗?在当时困难重重的条件下他又是如何做到的呢?让我们一起走近潘钟祥,了解他为祖国石油事业奋斗的一生。 　　与此同时,展示潘钟祥的相关图片,通过故事、问题以及图片导入新课。	5
简介教学目标	教师向学生简要介绍本次课程教学要达到的目标。	2

第四章　潘钟祥：坚定理想信念，首提"陆相生油"理论的地大石油奠基人

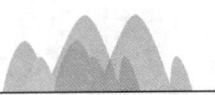

教学步骤	教师活动	时间/分
呈现教学材料，引导学生学习	【知识点一】正确理解理想信念的内涵及特征 【案例分析】 　　通过引入案例一、二，潘钟祥从青年时代便立志学习地质、报效祖国，怀着"不只有海相才能生油，我国地质条件也会有丰富油藏"的坚定信念，最终提出"陆相生油"理论的事迹，引导学生理解理想和信念的特征及相互关系。 　　教师讲解：理想是人们在实践中形成的、有实现可能性的、对未来社会和自身发展目标的向往与追求，是人们世界观、人生观和价值观在奋斗目标上的集中体现。潘钟祥在其论文《油田之地质及其在中国之分布》中满怀激情地表达了他为振兴中华立志献身石油地质事业的决心。在此后的半个多世纪里，他和中国石油地质理论的发展结下了不解之缘。这种向往和追求，正是理想内涵的体现。 　　1.理想的内涵与特征 　　理想具有超越性。理想因其远大而为理想。理想不仅源于现实，而且超越现实。新中国成立初期，石油资源匮乏，严重的"贫血症"制约着共和国的发展。因为缺油，北京的汽车背上了煤气包，有些地方的汽车甚至烧起了酒精、木炭。毛主席曾语重心长地谈到"天上飞的，地上跑的，没有石油都转不动"。当时的中国，石油工业落后，处处受制于人。年轻的潘钟祥暗下决心：挽弓当挽强，投身石油工业才有用武之地。自此，以身许国、科技报国的种子就在他心中扎下了根。这种超越现实的信念和追求，正是理想超越性特征的体现。 　　理想具有实践性。离开了实践，任何理想的产生都是不可思议的。理想的实现，同样也离不开实践。潘钟祥在青年时期就下决心要为发展我国的石油事业而献身。为此，一走出校门，他就奔赴有产油希望而"无人过问，弃货于地"的陕北寻找石油。他亲自带队到山区考察，认真收集第一手资料，艰难地探索，执着地追求。这种将理想转化为实际行动的精神，充分展示了理想的实践性特征。 　　理想具有时代性。理想的时代性，不仅体现为它受时代条件的制约，而且体现为它随着时代的发展而发展。新中国成立之初，国家正处在一个百废待兴的关键时刻，石油资源的匮乏严重制约了中国的经济发展，甚至威胁到了国家安全。在这样的时代背景下，潘钟祥用自己的科学实践向"中国贫油"的说法发起挑战，拉开了中国"陆相生油"理论诞生的序幕。随着时间的推移，潘钟祥的理论得到了进一步的验证和发展。1959年，在松辽盆地发现的大庆油田，更是证明了"陆相生油"理论的正确性。随后，一场气吞山河、波澜壮阔的石油大会战正式打响，我国石油工业的跨越式发展从这里开始。	10

教学步骤	教师活动	时间/分
呈现教学材料,引导学生学习	【师生互动】 　　教师提问:有人说"理想就是有点想,是欲求的一种文艺表达",这种说法有道理吗? 　　学生回答后,教师总结:理想是源于我们内心的欲求和向往。每个人都有自己的梦想和追求,这些梦想和追求构成了我们的理想。理想并不仅仅是一种欲求的表达,科学的理想信念,既是指引人们穿越迷雾、辨识航向的灯塔,也是激励人们乘风破浪、搏击沧海的风帆。 　2.信念的内涵与特征 　　教师讲解:信念是人们在一定的认识基础上确立的对某种思想或事物坚信不疑并身体力行的精神状态。面对中国"贫油"的所谓预言,潘钟祥不惧权威,多次到某些外国学者下过"贫油"结论的陕北等地深入考察,观察到了许多与前人结论不同的陆相地层生油现象,为他后来正式提出"陆相生油"理论提供了有力的事实根据。这种对事物的坚定信仰和判断,正是信念内涵的具体体现。 　　信念具有执着性。信念因其执着而为信念。信念一旦形成,就不会轻易改变。潘钟祥自青年时期立下报国之志起,便矢志不渝地投身于石油科学的研究与我国的石油事业发展之中。潘钟祥的人生道路并非坦途。在勘探过程中,潘钟祥带领团队穿梭在荒无人烟的戈壁滩,攀爬在险峻陡峭的山脉间,忍受着极端天气的考验,但忠于科学、忠于祖国的赤子之心始终没有动摇,不为诱惑所扰,不为困难所惧。这种对信念的执着追求,是信念执着性特征的生动体现。 　　信念具有支撑性。信念是一个人经受实践考验而始终坚守理想的精神力量。党的十一届三中全会后,潘钟祥不顾年迈体弱,在十分困难的条件下,毅然挑起领导科研集体和大量培养研究生的重任,为提高我国石油地质勘探水平,为弥补十年"文革"内乱所贻误的岁月而拼搏。心有所向,方能行远。潘钟祥不惧权威、不惧困难的坚定和勇气,以及他对目标的执着追求,深刻体现了信念的支撑性。 　　信念具有多样性。在信念体系中,高层次的信念决定低层次的信念,低层次的信念服从高层次的信念。信仰是最高层次的信念,具有最大的统摄力。潘钟祥学习地质的志向从初中时期便开始萌芽。他怀揣报国之志,肩负起为国家寻找石油资源、推动国家工业化和现代化进程的崇高使命。潘钟祥的信仰是对国家和人民的忠诚和热爱,对科学真理的追求和坚定。 　　教师总结:理想和信念总是相互依存。理想是信念所指的对象,信念则是理想实现的保障。"志之所趋,无远弗届,穷山距海,不能限也。志之所向,无坚不入,锐兵精甲,不能御也。"志存高远的人,再遥远的地方也能达到,再坚固的东西也能突破。面对时代的召唤,广大青年应以潘钟祥为榜样,保持知书识礼的品质,树立坚定的理想信念,把敢于吃苦、勇于奋斗的精神落实到日常的生活、学习和工作中,在"真刀真枪"的实干中成就一番事业。	

第四章 潘钟祥：坚定理想信念，首提"陆相生油"理论的地大石油奠基人

教学步骤	教师活动	时间/分
呈现教学材料，引导学生学习	【知识点二】理想信念的重要意义 　　引入案例一、二，教师与学生探讨潘钟祥在当时困难重重的条件下是如何坚持不懈实现自身理想的，进而讲解理想信念在潘钟祥事迹中所发挥的作用，引导学生理解理想信念的重要意义。 　　教师讲解：理想信念昭示奋斗目标。理想信念是人的思想和行为的定向器，一旦确立就可以使人方向明确，精神振奋。1924年，潘钟祥考入北京大学理科预科，他积极参加北京大学地质学会组织的学术活动，特别对石油地质产生了兴趣。此后，他便与中国石油地质理论的发展结下了不解之缘。潘钟祥的一生都在致力于石油地质研究，致力于打破"中国贫油论"的束缚，心怀"不只有海相才能生油，我国地质条件也会有丰富油藏"的坚定信念，最终将有创新观点的石油地质学研究成果推广到国际学术界。 　　理想信念催生前进动力。志向高远，便力量无穷。一个人有了崇高坚定的理想信念，才会以惊人的毅力和不懈的努力成就事业。结合案例二，潘钟祥在青年时期便下决心要为发展我国的石油事业而献身。他不懂古植物学，为了解决地层年代问题，向当时研究古植物的"权威"求教但碰了钉子，就下决心自学，不仅解决了地层年代问题，而且使他成为一位古植物学家。他后来追忆起这件事时曾说："有时'权威'的专横也会促成人们的自奋。"他严谨的学风给后辈以深刻的熏陶和感染。 　　理想信念提供精神支柱。理想信念是一个人在精神领域"安身立命"的根本。没有理想信念的支撑，人的精神世界就如同无根之木，无基之塔。 　　理想信念提高精神境界。理想信念是衡量一个人精神境界高下的标尺。结合案例一、二，潘钟祥在探索石油的道路上，倾注了极大的热忱。人生境界的提升，是一个由低到高、由浅入深的过程。潘钟祥的一生，是对科学真理不懈追求的一生，也是为国家和人民无私奉献的一生。一个人只有树立了正确的理想信念，才能在面对困难和挑战时保持坚定，不断超越自我，达到更高的精神境界。同时，这种精神境界的提升，也会反过来强化一个人的理想信念，形成一个良性循环。 【师生互动】 　　教师提问：李大钊说，以青春之我，创建青春之家庭，青春之国家，青春之民族。谈谈理想信念对当今大学生成长成才的重要意义并与同学们分享交流。选取1~3名同学进行回答，并以代表性观点为依据，把理想信念的重要意义写在黑板上。 　　教师总结：理想信念是人的精神世界的核心，是人精神上的"钙"，精神上缺"钙"，就会得"软骨病"。今天，像战争年代那种血与火的生死考验少了，但具有新的历史特点的伟大斗争仍然在继续，我们仍面对一系列重大挑战、重大风险、重大阻力、重大矛盾的艰巨考验。在大学期间，大学生要不断提高知识水平，增长实践才干，树立崇高的理想信念，使理想信念之花结出丰硕的成长成才之果。	23

教学步骤	教师活动	时间/分
教学小结	教师简要梳理本节课教学内容,并强调重点和难点。	2
课后作业	【研学工坊】 　　学生以理想信念为主题,进行文创设计,如海报、文创产品等。通过实践增强学生的自信心,进一步增强学生追求远大理想、坚定崇高信念的决心。	3

四、教学方法推荐

　　对"理想信念的内涵及重要性"的教学适合运用案例式教学法和启发式教学法。

　　这部分内容主要讲述了潘钟祥从小便树立坚定理想信念,将自己的知识与能力投入到国家的石油事业中。一走出校门,他就奔赴有产油希望而"无人过问,弃货于地"的陕北寻找石油,凭借自身坚定的理想信念,为发展我国的石油事业做到了"鞠躬尽瘁,死而后已"。在教学过程中,教师通过讲述潘钟祥的故事,激发学生学习兴趣,引导学生思考故事与课程之间的联系。是什么支撑着潘钟祥不断前进呢?在当时困难重重的条件下他又是如何做到的呢?教师可以提出一系列与潘钟祥故事相关的问题,鼓励学生积极思考和回答,以任务驱动的形式引导学生思考,进而进行理想信念知识点的专题理论教学。

第五章 朱见香：以信仰信心踏上革命征途的地大南定功臣

一、教学案例——朱见香

朱见香（1907—1997年），江西永新人。1929年参加中国工农红军，1934年加入中国共产党并随中央红军长征（图1）。抗日战争时期，朱见香任三五九旅七一九团机枪连（359旅，原崞县独立团改编而来，由红6军团和红32军团改编而成）连长、教导队队长，参加了百团大战等战役，先后任延安留守兵团司令部军政研究班班长、抗大学员三大队一支队队长，随三五九旅参加了南泥湾大生产运动。解放战争时期，朱见香先后参加了保卫延安、辽沈战役、平津战役、湘西剿匪等战斗。1972年，任湖北地质学院临时党委委员、革委会副主任。1997年12月31日，朱见香因病逝世，享年90岁。弥留之际，他嘱咐子女将国家为他在南望山修建的"红军楼"交还给学校，不要享受国家给他的任何特殊待遇。奔井冈，历长征，战顽敌，驱倭寇，戎马生涯建奇功；踏三峡，筑丹江，兴教育，哺英才，创业壮志化春雨。战争时期，他舍生忘死、冲锋在前，跟随红二方面军爬雪山、过草地，用一场场英勇斗争为中国革命铺垫一条通往胜利的坦途；新中国成立后，他身临丹江、三峡水库建设第一线，为祖国的地学教育鞠躬尽瘁，几十年如一日。朱见香的一生是为党为人民奋斗的一生，是革命的一生，是一部丰富生动的红色教科书，他把一个共产党人的光和热奉献给了祖国和人民，为人们留下赓续不断的红色基因和香花满地的盛世图景。

图1　1996年，纪念红军长征胜利60周年座谈会
（左起：张锦高、彭山、朱见香、赵克让）

（一）案例呈现

案例一：枪林弹雨历长征

1907年，朱见香出生于江西省永新县芦溪乡一个贫苦的农民家庭，12岁就开始在江西省安福县做长工。乡民贫苦，受地主阶级压迫，时代动荡不安，家与国的双重危难，让他萌生了改变自己命运、改变乡村贫穷状况的想法。当马克思主义思想传入家乡时，他满怀希望地致力于革命事业，于1927年加入中国共产主义青年团，并担任江西省永新县老君区团委宣传员。

1929年，朱见香在江西省永新县参加红军，历任江西省永新、万安独立师通信员和吉水、吉安二十军第三纵队通信员。1934年，朱见香在湖南省贵东县经朱天发同志介绍，由团员转为中国共产党党员，并在永新补充团、六军团十七师四十九团、五十团机枪连任班长、排长。在此期间，朱见香先后参加了中央苏区对蒋介石反动军队的五次反"围剿"斗争。1934年10月至1936年10月，中国共产党领导的红一方面军、红二方面军和红四方面军等三大主力部队，为粉碎国民党反动派的军事"围剿"，保存有生力量，实现北上抗日，肩负起拯救民族危亡的重任，陆续离开革命根据地，踏上了战略转移的征程。他们经过艰苦卓绝的万里长征，跨越滔滔急流，征服皑皑雪山，穿越茫茫草地，突破层层封锁，粉碎上百万敌军的围追堵截，胜利会师，并以陕甘宁边区为大本营和出发点，发挥了伟大抗日战争的中流砥柱作用，开启了中国革命的新阶段。

1936年10月到1937年5月，朱见香在红二方面军十七师管辖的甘肃庆阳步兵教导师一边养伤，一边接受训练学习。此前的1936年3月底至5月，红军从盘县地区启程，经云南丽江石鼓，北渡金沙江，翻越三座雪山，迈入四川境内。此时的朱见香已是红六军团十七师五十一团机枪连的代理连长。他带领扛着重型武器的红军队伍在冰天雪地里艰难前行。严寒笼罩着雪山，狂风卷着雪片时不时地往脸上打来，似乎要吞没整个机枪连。越往山顶爬，空气越稀薄，呼吸也越来越困难。但他们既不能停，也不能坐，必须保护好手中的迫击炮、重机枪等重型武器。保住它们，就保存了抗战的火种，保住它们，革命才有希望。面对高寒、缺氧、雪盲等一系列生理极限的挑战，朱见香和机枪连的战士们硬是护着这些当时最先进的重型武器，一步一个脚印地爬过了三座雪山。

1936年7月1日，红二、红六军团到达甘孜，和原红一方面军的三十二军编成中国工农红军第二方面军。当月，红二方面军就开始北上。10月9日，与红四方面军在甘肃会宁会师。10月22日，与红一方面军在宁夏将台堡会师。至此，历时两年的长征以红军三大主力部队最终胜利会师而宣告结束。

第五章　朱见香：以信仰信心踏上革命征途的地大南定功臣

抗日战争时期，朱见香在三五九旅七一九团担任机枪连连长、教导队队长，在延安联防司令部担任警卫队队长等职务，参加了八路军对日寇百团大战等战役，为中国人民抗日战争作出了贡献。

1942年1月至1944年12月，部队党组织还安排朱见香先后到延安留守兵团司令部军政研究班、中国人民抗日军政大学（简称"抗大"）接受了连续3年的脱产学习，并委任他为军政研究班的班长、"抗大"学员三大队一支队的队长。在此，他较为系统地学习了毛泽东思想和军事指挥理论，培养了军事指挥能力和管理能力，参加了延安整风运动。据档案记载，他在"抗大"学习的鉴定结论是："学习上虚心，整风及业务学习取得了不少进步，尤其文化学习兴趣浓厚"；"工作上老练"；"取得了不少成绩，有苦干的工作精神"。其间，朱见香随三五九旅参加了南泥湾大生产运动。他们在南泥湾一边战斗、一边生产，既保卫了延安的南大门、保证了党中央安全，又通过大生产运动保证了党中央后勤生活给养，毛泽东亲笔题词称赞"有创造精神"。"又战斗来又生产，三五九旅是模范……"伴随着歌曲《南泥湾》的传唱，延安时期的大生产运动在三五九旅家喻户晓。

解放战争时期，朱见香先后在人民解放军四十七军后勤部、哈尔滨上干大队、四十七军通信部、参谋处等单位任职，并参加了保卫延安、辽沈战役、平津战役、湘西剿匪等战斗（图2）。在革命战争的烽火淬炼中，朱见香始终对革命充满着必胜的信念和决心，追随党、追随革命不动摇，出生入死，浴血奋战，建立了赫赫战功。他作战勇敢，不怕牺牲，为中国人民的解放事业立下了不朽的功勋。

图2　1946年，朱见香（右二）在宝清县与战友合影

案例二：光荣负伤写传奇

"左肩受重伤,大肠枪弹射断,背部脊骨击伤一半,左膀受重伤,左下肢受弹穿,行走不便。"伤残等级为二等甲级(图3)。"革命伤残军人证"泛黄的页面上详细记录着朱见香在新中国成立前作战的受伤情况。

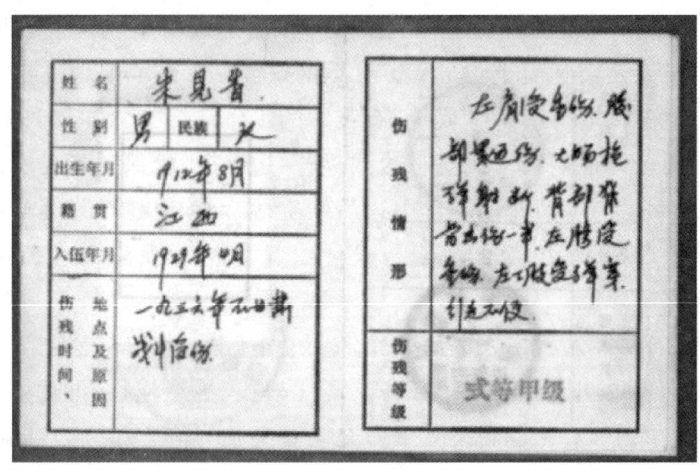

图3　朱见香的革命伤残军人证

朱见香在山西灵丘一次战斗中负伤治疗的经历,留下了一段难忘的传奇故事。

1938年,八路军三五九旅七一九团全团到雁北地区开展抗日活动。当时,上级指示七一九团要以灵活的游击战对敌人进行袭扰、伏击、牵制。在其中一次战斗中,侵华日军对山西灵丘地区进行残酷的扫荡,朱见香时任抗日游击队队长。为了掩护大部队和老百姓撤离,他带领队伍正面阻击日寇,与其展开激战,不幸中弹,身受重伤。由于失血过多,朱见香已然陷入昏迷。

战斗结束后,战友们在掩埋牺牲烈士遗体的时候发现了他,他虽然仍在喘气,但伤势十分严重。子弹从右腹部打入,右后侧出来,造成非常致命的贯穿伤,肠子多处受损。战友们用担架抬着朱见香就近寻找医院,焦急地期盼能保住这位抗日英雄的性命。

幸运的是,3天后,躺在担架上奄奄一息的朱见香遇到了白求恩医疗队。白求恩是加拿大共产党党员、国际共产主义战士、著名胸外科医生。中国抗日战争爆发后,白求恩率领医疗队于1938年初来到中国,到达延安。不久后,他赴晋察冀边区,在其后方医院开展医疗救援。

白求恩亲自操刀,为朱见香进行手术治疗。当时医疗条件很简陋,就地找了块棺材板子,在上面做手术。朱见香的肠子受损严重,被打坏了一段,急需重新接上。在当时的医疗条件下,用什么去接？白求恩决定用其他动物的肠子代替接到朱见香的肠子上。朱见香做完手术后不能吃、不能喝,还需要用一块石头压在肚子上。顽强的他战胜了严重的排斥反应,竟然奇迹般地活了下来。后来每年干部体检时,医生总对朱见香说,"你这个肠子颜色跟其他的肠子不一样,是黑的,是不是有什么病变？"朱见香就说,"不是,我那个肠子可好了,我那个肠子是白求恩接的。"他还说:"白求恩特别特别好,当时配给他的有羊奶和牛奶,白求恩不舍得自己喝,他都让给我们这些伤员喝了。"住院40天后,朱见香再次回到部队继续参加战斗。他是党的忠诚战士。革命战争年代,他一直战斗在革命前线,虽然前后十几次负伤,可是都挺了过来继续坚持战斗。即使因伤休养,他也用这段养伤时间去学习、去充实自己,让自己恢复后能更好地投入战斗。"轻伤不下火线,重伤休养时学习"是朱见香最真实的写照。他的军旅生涯基本由"英勇战斗"和"养伤学习"两种状态构成。累累伤痕是他的一枚枚勋章,记录着他的卓越战功和荣誉。

1990年,为纪念白求恩100周年诞辰,加拿大驻华使馆还特意致函我校,问询白求恩在华北抗日战火中救活朱见香的这段传奇经历,当时学校委托朱老的女婿丁振国同志执笔回复了相关问询。

案例三:地质战线创佳绩

新中国成立后,经过多年战乱洗礼的国家百废待兴,迫切需要地质工作提供经济社会发展最基础的工业原料,满足工业建设的需要。1953年,中共中央提出:"党在过渡时期的总路线和总任务,是要在十年到十五年或者更多一些时间内,基本上完成国家工业化和对农业、手工业、资本主义工商业的社会主义改造。"[1] 1956年毛泽东主席指示:"地质部是地下情况侦察部。地质工作搞不好,一马挡路,万马不能前行"。[2] 1956年9月周恩来总理提出:"为了发展重工业,必须继续加强地质工作,并且使地质普查工作和重点勘探工作正确地结合起来,争取发现更多新的矿区和矿种,探明更多的矿产储量,以满足工业建设当前和长远的需要"。[3] 面临建设新中国这一重任,朱见香毅然从革命战争前线转投地质战线,到更需要他的地方为党工作(图4)。

图4 1950年,四十七军参谋处处长朱见香(前排左三)
赴中南局重工业部工作前合影

---

[1] 《毛泽东选集(第5卷)》,人民出版社,1977年版,第81页。
[2] 于俊道,李捷:《毛泽东交往录》,人民出版社,1991年版,第127页。
[3] 《建国以来重要文献选编(第九册)》,中央文献出版社,1994年版,第190页。

1972年12月，湖北省委任命朱见香为湖北地质学院临时党委委员、革委会副主任。他临危受命，并兼任湖北地质学院武汉分院院长，毅然挑起协调沟通、缓解困难、稳定队伍、让学校扎根湖北的重任。在南迁恢复办学最艰难、动荡的岁月，朱见香始终把教职工的切身利益放在心上。凡是他认为合理的事、能做成的事，他都亲自找有关部门的负责人去沟通。在当时计划经济体制下，异地物资供应困难，户口不在湖北的教职工缺乏粮票、油票等票据供应，生活缺乏保障。为解决北京迁校职工的生活困难，朱见香与湖北省委、武汉市委协调，给教职工争取集体票据，确保每位教职工都有粮票、油票、布票、副食品票。此外，他积极改善从外地来汉教职工的住房条件，为教职工提供各种生活便利。

尊重科学、遵循教学规律、尊重知识分子，是朱见香的工作风格。他经常到班级里去听课，了解老师们的教学情况，了解学生对老师和教学的反映。每当教师遇到困难，他都及时予以解决。张锦高同志在任英语班辅导员时，他的孩子要出生了，但他爱人当时在江苏盐城上班，朱见香知道后，立即让他提前过去。一些老先生买不了火车票，朱见香主动为他们解决困难。甚至一些教职工没有地方吃饭，他就将教职工带到自己家里去吃。朱见香全方位地关心教职工的工作和生活，和很多专家、学校领导、教师都成了朋友，大家尊敬又亲切地叫他朱老、朱老头儿。

在学校人才的培养上，尤其是在提高党员的政治素质方面，朱见香做了大量工作。在学校任职后，他充分发挥党支部的战斗堡垒作用和党员的先锋模范作用，积极做好党员发展工作，给师生讲党史、上党课，开展党员活动。每年新生开学，他都要给新生进行革命传统教育。他讲革命战争中的故事，特别是忠于党、忠于人民的革命经历。他还以实际行动对学生进行爱国主义教育，出操、升旗他都非常支持，军乐团、国旗班已经成为中国地质大学的传统，延续至今。

"老老实实做人，认认真真做事，干好自己的工作。"朱见香常常对儿女们这样说。作为一名为新中国建立作出过巨大贡献的革命者，朱见香一心向党、踏实做事、正直低调，从不居功自傲、占国家一丝一毫的便宜。离休后，他经常给学校提发展意见，但从不占用学校的资源，退掉了学校办公室和报刊订阅，选择自己订报刊。到了晚年依然心系教育事业和学校发展，有建议就邀请学校领导到家中探讨。住院期间，他怕给国家增加负担，多住一天病房都不愿意。医生给他用药，他说能不用就不用，他认为自己不应该让国家承担这么多的医疗费用，要给国家省点儿钱。他的儿女亦深受他的影响，在工作岗位上兢兢业业、克己奉公、真干实干，并将清白持家、辛勤工作的"家风"传承下来。朱见香同志忠于信仰、忠于人民，一心向党、永葆初心的革命本色和淡泊名利、身先士卒的高尚情操，与"红军楼"一起，成为中国地质大学的精神坐标和力量源泉，指引着一代代地大人奋勇向前。

（二）案例点评

案例一讲述了革命志士朱见香历长征、战顽敌，始终坚定理想信念。长征时期，朱见香面对艰难处境，始终以坚定的革命信念和大无畏的英雄气概，一路南征北战，为党和人民英勇奋战、义无反顾。他作战勇敢，不怕牺牲，为中国人民的解放事业立下了不朽的功勋。在革命战

第五章 朱见香：以信仰信心踏上革命征途的地大南定功臣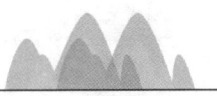

争的烽火淬炼中，朱见香始终对革命充满着必胜的信念和决心，追随党、追随革命不动摇，出生入死，浴血奋战，建立了赫赫战功。朱见香通过自己的实际行动，践行了马克思主义共产主义信仰。

案例二讲述了新中国成立后，百废待兴，急需大批社会主义建设的地质人才。朱见香的红色信仰在奋斗中愈加坚定，在湖北水文地质战线上兢兢业业，取得辉煌战果。他踏三峡、筑丹江，信念坚定、不怕牺牲、顾全大局、严守纪律、团结群众、迎难而上、艰苦奋斗的革命精神成为中国地质大学的精神坐标和力量源泉，指引着一代代青年学子奋勇向前。

（三）教学建议

案例一、二可用于第二章第二节第一目"增强对马克思主义、共产主义信仰"与第二章第二节第三目"增强对实现中华民族伟大复兴的信心"部分的课前导入。两个案例的学习使学生了解朱见香的坚定信仰和无私奉献精神，展示马克思主义共产主义信仰的伟大力量，进而激发更多人对这一信仰的认同和追求。

通过讲述朱见香案例一的故事，一方面使学生了解革命战士朱见香长征的经历，客观上加深对长征历程和长征精神的理解；另一方面展现朱见香作为一位坚定的马克思主义者，他的信仰和行动都体现了对共产主义事业的坚定追求。学生通过阅读朱见香案例二的事迹，了解他积极参与国家建设事业，为党和学校做力所能及之事，发挥余热，为中华民族伟大复兴贡献自己的力量。学习他披荆斩棘的勇气，学习他在新中国成立后建设祖国服务人民的奋斗志向。他的信仰、行动和精神都是对马克思主义共产主义信仰的生动诠释和有力证明，对于新时代青年增强中华民族伟大复兴的信心和动力具有重要意义。

二、教学分析

（一）教学目标

理论知识目标：通过对案例一的学习，了解为什么要增强马克思主义共产主义信仰，帮助学生增强对马克思主义共产主义信仰的认同感和归属感，为培养合格的社会主义建设者和接班人打下坚实基础。

价值取向目标：通过本节课的学习，使学生切实感受到朱见香舍生忘死、永葆初心的革命勇气，一心向党、一心为民的高尚品格，认识到个人命运与国家命运的紧密联系，从而培养为国家、为人民、为共产主义事业担当重任的精神，增强实现中华民族伟大复兴的信心。

（二）教学重难点

1.增强马克思主义共产主义的信仰（重点）。

2. 增强实现中华民族伟大复兴的信心（重点）。
3. 大学生如何坚定信仰和信心（难点）。

三、教学思路与方案设计

（一）教学思路

课堂教学内容分为两部分：一是"增强马克思主义共产主义的信仰"，二是"增强实现中华民族伟大复兴的信心"。

首先，播放电视剧《长征》第十集片段，展示朱见香随红六军团向西征战，随后配合中央红军长征的景象。此后教师组织学生开展体悟VR技术展示的红色虚拟场景，开展沉浸式教育。以新媒体导入的形式激发学生兴趣。

第一部分"增强马克思主义共产主义的信仰"的教学，教师讲述朱见香满腔热情地致力于革命事业，参加多次重要军事战役，为党为人民奋斗的故事，引导学生理解为什么要增强马克思主义共产主义的信仰，进而启发学生为什么要胸怀共产主义远大理想。

第二部分"增强实现中华民族伟大复兴的信心"的教学，教师讲解朱见香在革命战争年代奔井冈、历长征、战顽敌、驱倭寇的事迹，以及新中国成立后朱见香积极参与国家建设，为党和学校做力所能及之事，发挥余热，为中华民族伟大复兴贡献自己的力量的故事，引导学生感知"增强实现中华民族伟大复兴的信心"。

（二）教学方案

教学步骤	教师活动	时间/分
导入新课	【场景体悟】 播放电视剧《长征》第十集片段，该视频展示了朱见香随红六军团向西征战，配合中央红军长征的景象。通过VR技术展示的红色虚拟场景，开展沉浸式教育。 教师提问：在我们刚才体验的长征历程中，朱见香这位革命先辈的身影令人印象深刻。他背后又有着怎样的故事呢？	5
简介教学目标	教师向学生简要介绍本次课程教学要达到的目标。	2

第五章　朱见香：以信仰信心踏上革命征途的地大南定功臣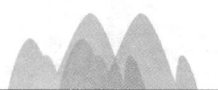

教学步骤	教师活动	时间/分
呈现教学材料，引导学生学习	【知识点一】增强马克思主义共产主义的信仰 【案例分析】 　　通过引入案例一、二，讲述朱见香满腔热情地致力于革命事业，参加多次重要军事战役，为党为人民奋斗的故事，引导学生理解为什么要增强马克思主义共产主义的信仰，进而启发学生为什么要胸怀共产主义远大理想。 　　教师讲解：马克思主义是科学的理论，它创造性地揭示了人类社会发展规律。马克思主义深刻揭示了自然界、人类社会、人类思维发展的普遍规律，为人类社会发展进步指明了方向。马克思主义揭示了事物的本质、内在联系及发展规律，是"伟大的认识工具"。时代在变化，社会在发展，但马克思主义基本原理依然是科学真理。 　　马克思主义是人民的理论，人民性是马克思主义的本质属性。结合案例二，朱见香作为一名党员始终把人民的利益放在首位。新中国成立初期，中央确定了"防止水患，兴修水利，以达到大量发展生产的目的"的水利建设基本方针。朱见香说："一切在工业建设岗位上的党员干部必须钻研生产业务，努力学习科学技术和知识，要克服官僚主义的习气，克服主观主义和命令主义，每位工作人员必须联系实际深入下属，倾听群众呼声。"朱见香与干部群众、工人同吃同住，用自己的实际行动，践行着"人民至上"的理念，赢得了广大干部群众的信任和尊重。他的一生是革命的一生，是为党为人民奋斗的一生。 　　马克思主义是实践的理论，指引着人民改造世界的行动。朱见香常常对儿女们这样说："老老实实做人，认认真真做事，干好自己的工作。"作为一名为新中国建立作出巨大贡献的革命者，朱见香一心向党、踏实做事、正直低调，为党和国家作出了很多贡献，但从不居功自傲，占国家一丝一毫的便宜。战争时期，他舍生忘死、冲锋在前，跟随红二方面军爬雪山、过草地，用一场场英勇斗争为中国革命铺垫一条通往胜利的坦途；新中国成立后，他身临丹江、三峡水库建设第一线，为祖国的地学教育鞠躬尽瘁，几十年如一日。他不仅仅是一位理论家，更是一位实干家。 　　马克思主义是不断发展的开放的理论，始终站在时代前沿。马克思主义理论不是教条，而是行动指南，必须随着实践的变化而发展。结合案例一，朱见香出生于一个贫苦的农民家庭，身处一个饱受地主阶级压迫、时局动荡不安的环境中。面对家与国的双重危难，他渴望改变自己的命运，为改变乡村的贫穷状况找出路。当马克思主义思想传入他的家乡时，他看到了希望，决定投身于革命事业。朱见香的一生，是马克思主义理论在中国革命实践中不断发展和创新的生动写照。他用自己的实际行动，诠释了马克思主义理论是不断发展的开放的理论，始终站在时代前沿。	15

教学步骤	教师活动	时间/分
呈现教学材料，引导学生学习	胸怀共产主义远大理想。结合案例一、二，朱见香参加红军并非出于个人的私利，而是出于对共产主义理想的信仰和追求。"左肩受重伤，大肠枪弹射断，背部脊骨击伤一半，左膀受重伤，左下肢受弹穿，行走不便。"伤残等级为二等甲级。《革命伤残军人证》泛黄的页面上详细记录着朱见香在新中国成立前的作战受伤情况。朱见香的军旅生涯基本由"英勇战斗"和"养伤学习"两种状态构成。累累伤痕是他的一枚枚勋章，记录着他的卓越战功和荣誉。在革命战争的烽火淬炼中，朱见香始终对革命充满着必胜的信念和决心，追随党、追随革命不动摇，出生入死、浴血奋战，建立了赫赫战功；他作战勇敢，不怕牺牲，为中国人民的解放事业立下了不朽的功勋。 　　教师总结：马克思主义是党和人民事业不断发展的参天大树之根本，是党和人民不断奋进的万里长河之泉源。"拥有马克思主义科学理论指导是我们党坚定信仰信念、把握历史主动的根本所在。" 【知识点二】增强实现中华民族伟大复兴的信心 【师生互动】 　　通过了解朱见香的故事，我们看到了一个对马克思主义信仰坚定、勇于奋斗、无私奉献的革命战士形象。朱见香的一生，是与中华民族伟大复兴紧密相连的一生。他的奋斗历程，是我们国家从苦难走向辉煌的一个缩影。通过案例二的故事，请学生们思考：我们为什么要增强实现中华民族伟大复兴的信心？ 　　根据学生回答，教师总结并讲解实现中华民族伟大复兴，是中华民族近代以来最伟大的梦想，是一项光荣而艰巨的事业，以此引出知识点"增强实现中华民族伟大复兴的信心"。 【案例分析】 　　通过案例一、二，教师讲解朱见香在革命战争年代奔井冈、历长征、战顽敌、驱倭寇的事迹，以及新中国成立后朱见香积极参与国家建设，为党和学校做力所能及之事，发挥余热，为中华民族伟大复兴贡献自己的力量的故事，引导学生感知"增强实现中华民族伟大复兴的信心"。 　　实现中华民族伟大复兴，是中华民族近代以来最伟大的梦想。结合案例一，在革命的征程上，朱见香经历了无数次的艰难险阻，他跟随红二方面军，穿越茫茫草地，翻越巍峨雪山，突破层层封锁，粉碎上百万敌军的围追堵截，胜利会师，并以陕甘宁地区为大本营和出发点，发挥了伟大抗日战争的中流砥柱作用，开启了中国革命的新阶段。在战争的硝烟中，每一次冲锋陷阵都显露出朱见香等革命先辈们为民族的解放和复兴而努力奋斗的坚定信念和决心。	18

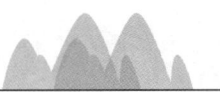

教学步骤	教师活动	时间/分
呈现教学材料，引导学生学习	实现中华民族伟大复兴的中国梦是一项光荣而艰巨的事业。新中国成立后，朱见香并没有停下奋斗的脚步。他身临丹江、三峡水库建设的第一线，与工人们并肩作战，共同面对艰苦的施工环境，默默把一个共产党人的光和热奉献给了祖国和人民。即使离休后，朱见香仍孜孜不倦投身学校思想政治工作，悉心指导教职工和广大学子。弥留之际，他嘱咐子女一定要听党的话，不能享受国家给他的任何特殊待遇，并将国家为他修建的"红军楼"交还给学校。朱见香的经历与奋斗，不仅是个人的成长历程，更是对中华民族伟大复兴的精神力量的传承和弘扬。 【师生互动】 教师提问：结合你的实际经历和理解，谈谈实现共产主义不只是党员的责任，而应该成为每一个中国人共同追求的事业和目标。 教师总结：无论过去、现在还是将来，马克思主义共产主义的信仰，中国特色社会主义的信念，实现中华民族伟大复兴的中国梦的信心，都是指引和支撑中国人民站起来、富起来、强起来的强大精神力量。大学生要坚定信仰信念信心，自觉做共产主义远大理想和中国特色社会主义共同理想的坚定信仰者、忠实实践者，为崇高理想信念而矢志奋斗。	
教学小结	教师简要梳理本节课教学内容，并强调重点和难点。	2
课后作业	【时光剧场】 组织学生参观革命纪念馆或教育基地，了解革命先辈的生平事迹、信仰追求和精神风貌，感受革命情怀和英勇精神。学生结合参观感受，以情景剧的形式展示共产党人的革命传统和信仰历程的故事。	3

四、教学方法推荐

"增强马克思主义共产主义的信仰""增强实现中华民族伟大复兴的信心"的教学适合采用新媒体教学法、案例式教学法与启发式教学法。

这部分内容主要讲述了新时代青年应不断增强马克思主义共产主义的信仰，增强实现中华民族伟大复兴的信心。课程开始可先采用新媒体技术让学生近距离观看视频，吸引学生注意力，激发学生学习兴趣。教师教学过程中采用案例式教学法，注重理论联系实际，增强教学的吸引力和互动力，促使学生综合运用所学知识不断坚定信仰、信念、信心。通过头脑风暴，学生阐发不同的观点，使学生主动参与学习过程，分析案例，总结要点，进一步加深学生对于知识点的理解。启发式教学可以让学生反思目前大学生的现状，让学生发现自身的问题，深入思考坚定崇高信念的重要意义，使学生感受教学内容的重要性，从而在实现中国梦的实践中放飞青春理想。

第六章 殷鸿福：坚守地质初心成就"金钉子"的地大教育巨匠

一、教学案例——殷鸿福

殷鸿福，1935年3月15日生于浙江舟山，是地层古生物学及地质学家，中国科学院院士，中国地质大学（武汉）教授、博士生导师、原校长（图1）。1956年毕业于北京地质学院，1961年该校研究生毕业，后留校任教。1993年当选为中国科学院院士。曾担任中国古生物学会副理事长、国家教委地质学教学指导委员会副主任、地矿部古生物学教学指导委员会主任。1999年3月起担任国际地层委员会三叠纪分会副主席、国际二叠纪—三叠纪界线工作委员会主席。1989年获中国古生物学会尹赞勋地层古生物学奖；1993年获李四光地质科学奖；2002年获何梁何利地球科学奖；2008年获中国国家自然科学二等奖；2019年获中国古生物学会终身成就荣誉。

殷鸿福以三叠纪地层学和古生物研究为起点，建立了古生物学与地质学紧密结合的研究体系，推动古生物学与地质学全面结合，系统地介绍了间断平衡论、新灾变论、事件地层学，并提出了地质演化突变观。

图1　殷鸿福（1935年—）

第六章 殷鸿福：坚守地质初心成就"金钉子"的地大教育巨匠

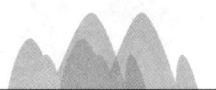

（一）案例呈现

案例一："地质之种"发新芽

从一个没爬过高山、没蹚过远路、"跑两步就喘"的文弱书生，到耄耋之年依然穿梭在高山峡谷，进行野外科考的地质学家；从北京地质学院的首届新生，成长为攻克地质古生物学"卡脖子"难题的中国科学院院士，殷鸿福用70年时间，诠释了他的人生选择——"以终身做一个地质工作者为祖国服务感到自豪和幸福"。

1935年，殷鸿福出生于浙江舟山。他的父亲受过高等教育并擅长英语，十分重视对孩子英语能力的培养，这为殷鸿福后来访美、留英起到了重要作用。1946年，从舟山定海小学毕业的殷鸿福跟随家人返回上海，就读于上海育才中学。1952年，殷鸿福从上海育才中学毕业时，社会上流传着一种说法——"清华交大，电机机械"。彼时，在大多数同学眼中，学习这些"热门"专业是实现个人抱负的不二选择。殷鸿福中学时期就是班里的"尖子生"，又担任班里的团支部委员。1952年8月，他参加了新中国第一次全国统一高考，按当时的成绩，他可以"稳上"清华大学或交通大学的热门专业。然而，年少的殷鸿福有自己的考量。

新中国百废待兴，矿产资源事关国计民生和国家安全，"地质工作搞不好，一马挡路，万马不能前行"，国内急需大量地质人才投身矿产资源勘探。1950年，毛主席访苏期间，专门为留苏学习地质专业的中国学生题字"开发矿业"。以石油为例，还笼罩在西方学者"中国贫油论"阴云中的中国大地，甚至有"一滴血也未必能换来一滴油"的说法。情势的急迫从一个经典电影镜头中可见一斑：20世纪50年代，王进喜作为工业战线代表到北京参加"群英会"，看到长安街上的公共汽车都因为缺油背上了煤气包，这个后来以"铁人"闻名的汉子，蹲在路边直掉泪。1952年，国家对高校进行院系大调整，一批来自国内地质领域的顶级专家从当时的北京大学、清华大学、天津大学等名校走出，来到新成立的北京地质学院，建设起新中国最早的高等地质教育体系。"为祖国找矿"的号召，在年轻的殷鸿福内心埋下了一颗种子。高考填报志愿时，兄弟三人中平日里"最听话"的殷鸿福做出了一个令人大跌眼镜的决定——"越是苦的，越是国家需要的专业，我越要报"。他把艰苦专业和个人兴趣做了结合——选中地质矿产与勘探专业，最终以超过当年清华大学录取分数的成绩考入了彼时刚刚筹建的北京地质学院。《中国青年报》于1953年5月26日登载了他的题为《正确选定志愿，使我学习得好》的心得文章。他在此文中还写到："我以自己能终身做一个地质工作者为祖国服务而感到幸福和自豪（图2）。"

1956年，殷鸿福凭借扎实的基础，成功跻身国内第一批研究生队伍，师从我国著名的地层古生物学家杨遵仪院士。杨遵仪院士是中国地层、古生物事业的开创者之一，他对后来殷鸿福推动古生物学与地质学全面结合有着重要影响。

图 2 《中国青年报》刊登殷鸿福文章

案例二：朝夕问道忌功利

"舍得了功名，耐得住寂寞，坐得稳冷板凳"，这是中国地质大学殷鸿福院士给当代学术开出的"药方"。他从青年时代立下志向，用 70 年奋斗，为祖国地质事业在全球地质史上钉上了一颗"金钉子"，也把自己的人生打磨成了一颗金钉子。

在研究生学习期间，殷鸿福先后奔赴湖北、桂林的野外，青海祁连山和贵州山区进行科考工作（图3），修改重建了贵州省三叠系生物地层框架，并以此为基础完成毕业论文《贵州三叠系生物地层问题》。1961年，研究生毕业后，殷鸿福选择留校任教。他在北京地质学院的讲台上，一站就是半个世纪。殷鸿福曾经当了17年助教，17年里他没有发表一篇论文。那个年代，学校辗转多地办学，大家很难静下来做学问。1964年，殷鸿福与同事合作编写了《古生态学教程》。动荡的时期，殷鸿福并没有选择放弃学术而是依然坚持科研。他几乎每天都去地质部图书馆或中国科学院图书馆查阅资料，积累专业知识，并自学了英、德、俄、法语。没有经费支持科研，他就自己解决。当时，他的工资是每月61元，除去寄回家的21元，仅剩40元，他就从这40元中挤出一部分用

图 3 1958年，殷鸿福在祁连山

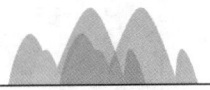

于科学研究。不能借阅的资料,他就用相机把它们拍摄下来,他能用一张35毫米的胶片拍4页材料。

1978年,殷鸿福迎来了学术的春天,他十几年间研究的十余篇论文陆续被刊登出来,他也顺利晋升为武汉地质学院(今为"中国地质大学(武汉)")的讲师。1980年春天,殷鸿福怀着喜悦之情,第一次远涉重洋踏上前往美国进修的征程。他在美国自然博物馆、史密逊研究院从事研究,并被耶普大学和纽约科学院等25所大学和研究机构邀请讲学,受到美国同行的高度评价。在美国自然博物馆里,殷鸿福废寝忘食。每天一早,博物馆门还未开,他就一手提着面包,一手拿着厚厚的笔记本站在凛冽的寒风中等待开门。在博物馆里,殷鸿福一坐就是一天,就连星期天,他也如期而至。同事们看到他瘦瘦的身材,为他的身体担忧,他却笑着说:"我天天都练习跑步。"他知道,只有努力研究和工作,才能缩小祖国与美国的科技差距,祖国的同行们还等着好消息呢。博物馆的费恩克馆长称他为"中国学者的一位优秀代表。"两年进修转眼就要结束了,殷鸿福决定按期回国。美国一家很有名气的大石油公司希望他留在该公司的研究部工作,和殷鸿福一起合作研究的学者也极力挽留他:"中国是一个惯性很大的巨轮,想推动这巨轮的,要当心被它碾扁。"殷鸿福笑着回答说:"总是要有人去推动这个巨轮吧!"

"金钉子"是全球界线层型剖面和点的俗称,被誉为地质学的奥林匹克金牌。《国际年代地层表》公布全球只有100多枚,谁能摘下,谁就是世界领先。"金钉子"研究首先是标准问题。100多年以来,国际上采用牙形石"*Hindeodus parvus*"作为界定二叠纪—三叠纪的古生物标准。"学术上不能盲从,我相信中国一定能做出世界水平的标准。"20世纪70年代,殷鸿福开始在华南地区开展二叠系—三叠系界线的研究,他先后在青、甘、川、鄂、黔、桂、西藏和秦岭等地区进行野外考察。50岁那年,殷鸿福带病在岷山考察时,因体力不支,不慎摔倒,造成了韧带断裂和膝盖粉碎性骨折,两年后他又重新活跃在野外科考工作中。1986年,殷鸿福提出以牙形石"微小欣德刺"的首次出现作为三叠纪开始的标志。面对各国专家的质疑,做剖面选点、开展区域调查、全球对比生物地层、破解美德专家抵制、赢得国际三轮投票……2001年,他终于把这枚"金钉子"钉在了浙江煤山。

谈到为什么要搞"金钉子"时,殷鸿福说,我国改革开放后才开始搞地层研究,比国际上晚了十多年。二叠系—三叠系界线是全球公认的"硬骨头",我国地质条件得天独厚,中国学者有责任攻克这枚"金钉子"。这颗"金钉子"打响了殷鸿福在国际地层研究中的第一枪,同样也是中国地层学在国际上的精彩发声。

案例三:退而不休余辉红

殷鸿福深信:十年树木,百年树人,教书育人是教师的天职。在地质教育方面,早在1964年初他就与人合作出版了我国第一部生态学教材《古生态学教程》。他曾先后担任了原地矿部古生物学课程指导委员会主任和教育部地球科学教学指导委员会主任等职,积极倡导古生物学及地质学的教育改革。殷鸿福作为院士,多年来坚持给本科生授课。除指导了一批又一批的大学生外,他还培养了约50名研究生。殷鸿福在培养研究生时,总是身体力行、言传身教，并十分注意选题的前沿性，使学生一开始就站在较高的起点。在研究过程中，他一方面要求学生重视野外地质实践以掌握扎实的第一手资料，又放手让学生自己去"闯"，以培养学生的创新精神，最后他严格把关，对于一些细小的学术问题都从不马虎，以培养研究生严谨科学作风。

他对于所审阅的论文、申报表、履历表等，一贯要求务实，力戒虚报、浮夸，不讲情面，尤其对自己的学生，以此在研究团队内树立老实人不吃亏的风气，抵御急功近利歪风的侵蚀。他认为，搞科学研究，就要从一个一个的词抓起，来不得半点马虎。目前，殷鸿福已先后培养了5名国家杰出青年科学基金获得者，有的先后担任了国际地球生物学会主任委员会委员、国际牙形石协会主席、国际三叠系分会副主席，3个国际IGCP项目的主席等职务。2人获得全国五一劳动奖章，2人是全国优秀科技工作者，5人获得了国家自然科学奖二等奖，1人获得全国首届创新争先奖，2人成为全国政协委员。

殷鸿福从不摆院士的架子。连续多年来，他都会给地质学专业的本科生讲授《普通地质学》这门课（图4）。许多本科生在听完殷鸿福院士的《普通地质学》后都这样评价，"他讲课十分严谨、细致，并且对学生特别热情"。他还是《科学方法论》全校研究生课的一名主讲人，深受欢迎，被邀在武汉诸高校演讲。"973"项目及国家重点研发计划项目负责人、国家杰出青年科学基金获得者——谢树成，他的本科、硕士和博士论文都是殷鸿福指导的。他协助殷鸿福开展微生物成矿研究，并主持了4次国际地球生物学会议，现任该学会3位主任委员会委员之一。谢树成说："在研究上，殷老师最显著的特点是思路开阔，勇于开创新领域。"

图4 殷鸿福院士讲解化石

童金南是生物地质与环境地质国家重点实验室主任，他也是高考恢复后首批考入中国地质大学（武汉）的大学生。1982年，他开始在地大攻读硕士研究生，成为殷鸿福的"开山弟子"。他说："老师的人格魅力和科学精神对我的求学以及今后的为人师都影响深远，他是我的一盏

第六章　殷鸿福：坚守地质初心成就"金钉子"的地大教育巨匠

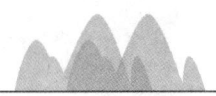

明灯。"出生于1983年的宋海军，2003年被中国地质大学（武汉）录取时，对于地质、古生物等是陌生的。殷鸿福院士为新生们主讲《普通地质学》课程，让宋海军找到了方向。宋海军至今都清楚地记得殷鸿福在课堂上说：地质科学是开启地球奥秘的钥匙，我们就是要找到这个钥匙。正是在殷鸿福的大弟子童金南的持续培养下，宋海军攻读博士学位，到海外留学，留校任教，目前已经成为专业领域知名的年轻教授，是国家优秀青年基金获得者。王奉宇是90后，他从小就喜欢收藏各种石头，2014年填报大学志愿时，就毫不犹豫地报考地质学专业。从2015年下学期，他就选定宋海军作为导师，在假期主动出野外，发现了稀见的三叠纪腕足动物化石新属种，发表于国际学术期刊。他入选中国大学生2018年十大年度人物。从殷鸿福到王奉宇，四代地质人，时间长度跨越了近70年，"接力"谱写了一曲薪火相传地质之歌，在校内外传为佳话。殷鸿福一直关心学生的学习和生活，他经常助学，彰显名师爱心。这些年来，他向学校捐助的奖学金共计40多万元。此外，他还多次向不同学生和组织进行了捐助，他还向学校图书馆捐献一大批极具学术价值的外文书刊。

殷鸿福不仅努力从事地质教学与科研工作，还投身到科学普及工作中。他是武汉自然博物馆名誉馆长，多次担任各种科普活动和竞赛的顾问、评委会主席等，每年都会到大中小学从事科普讲座，累计达数十次，广受欢迎。他出版的《寻找恐龙的伙伴》《生物演化与人类未来》《地球的过去与未来》等科普书曾多次获奖。在他看来，科学普及与科学教育、科学研究同等重要，参与科普工作，也是院士肩负的责任和义务。

回首60年的治学之路，2018年度全国最美教师殷鸿福有太多的感悟。他经常说道："问道争朝夕，治学忌功利。"这是对学生们的勉励，也是自勉。在教学与研究的道路上，他是意志坚定的攀登者，他总是把登上的山顶作为开辟新路的起点，一步步从宇宙洪荒的地球深处走来，使自己由沙粒逐渐演化成民族的脊梁。

（二）案例点评

实现中华民族伟大复兴的中国梦是一项光荣而艰巨的事业。中华民族伟大复兴，绝不是轻轻松松、敲锣打鼓就能实现的，必须付出艰苦的努力。只有历经千难万险，敢于面对挫折，勇于修正错误，才会攻克难关。

案例主要展现了地层古生物学家殷鸿福为了找寻国家最需要的煤和铁，毅然走上地质的道路。他将"问道争朝夕，治学忌功利"奉为治学精髓，甘坐17年"冷板凳"；他不忘初心，为国内地质学教研接轨国际作出了重要贡献；他以"修身报国"为志，以"创新求实"为路，不断开拓新的研究领域；他在耄耋之年仍坚守自己的岗位，为学科、学校和国家的发展奉献终身。殷鸿福的事迹表明实现理想并不容易，他在没有经费，也没有仪器的困难条件下，艰苦奋斗才获得了如今的成就。他用自己的实际行动证明了，只有在中国特色社会主义制度下，才能够实现国家的繁荣富强和人民的幸福安康。殷鸿福的事迹激励着一代又一代中国人，科学认识理想和现实的差距，不断增强信心，勇于实践，坐得住冷板凳，为实现中华民族伟大复兴的中国梦而努力奋斗。

（三）教学建议

整体案例可用于第二章第三节第一目"科学把握理想与现实的辩证统一"的教学。以殷鸿福的一生历程为轴,讲述他从一个没爬过高山、没蹚过远路、"跑两步就喘"的文弱书生,到耄耋之年依然穿梭在高山峡谷,进行野外科考的地质学家,最终成为攻克地质古生物学"卡脖子"难题的中国科学院院士的事迹,引导学生感知"理想和现实是对立统一的"。通过殷鸿福教授把失败当成自我的一种磨炼,在条件不足的条件下认真研究、不谈功利的事迹,使学生认识到理想的实现具有长期性、艰巨性和曲折性,从而启发学生意识艰苦奋斗的重要性,联系自身实际进行思考,明确自己作为新时代青年人的使命和担当。

二、教学分析

（一）教学目标

理论知识目标:通过对案例一、二的学习,科学把握理想与现实的辩证统一,理解理想的实现并不是一帆风顺的,了解艰苦奋斗的重要意义,不断提高理论认知。

价值取向目标:通过本节课的学习,使学生切实感受到殷鸿福院士在地质古生物学领域的卓越成就。以殷鸿福的事迹引导学生辩证看待理想与现实的关系,理解实现理想具有长期性、艰苦性、曲折性,从而启发学生将个人的发展与国家和社会的需求相结合,为实现中华民族伟大复兴的中国梦贡献自己的青春和智慧。

（二）教学重难点

1. 科学把握理想与现实的辩证关系（重点）。
2. 实现理想具有长期性、艰苦性和曲折性（重点）。
3. 艰苦奋斗是实现理想的重要条件（难点）。

三、教学思路与方案设计

（一）教学思路

课堂教学内容分为三部分:一是"科学把握理想与现实的辩证关系",二是"实现理想具有

第六章 殷鸿福：坚守地质初心成就"金钉子"的地大教育巨匠

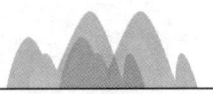

长期性、艰苦性和曲折性"，三是"艰苦奋斗是实现理想的重要条件"。首先，教师邀请学生依次上台分享自己的未来蓝图，进而提问：同学们，在你们生活中会存在明明有自认为正确的方向，更理想化的方法，却做不到的情况吗？你们又如何平衡这种矛盾呢？

第一部分"科学把握理想与现实的辩证关系"的教学，教师以殷鸿福的一生历程为轴，讲述他从一个没爬过高山、没蹚过远路、"跑两步就喘"的文弱书生，到耄耋之年依然穿梭在高山峡谷，进行野外科考的地质学家，最终成为攻克地质古生物学"卡脖子"难题的中国科学院院士的事迹，引导学生感知"理想和现实是对立统一的"。

第二部分"实现理想具有长期性、艰苦性和曲折性"的教学，结合殷鸿福的生动案例，他以其个人的经历向我们展示了失败是如何成为一种内在的力量，一种自我提升和磨炼的催化剂。以此使学生认识到理想变为现实不是一帆风顺的，往往会遭遇波澜和坎坷，引导学生理解"实现理想具有长期性、艰苦性和曲折性"。

第三部分"艰苦奋斗是实现理想的重要条件"的教学，以殷鸿福的故事为主要脉络，结合案例，挑选正反方辩手，进行小组辩论互动，提问：当今社会许多大学生摆出"躺平"姿态，那么当代青年还需要艰苦奋斗吗？请同学们发表看法。以辩论赛的形式引出"艰苦奋斗是实现理想的重要条件"。

（一）教学方案

教学步骤	教师活动	时间/分
导入新课	【理想畅谈会】 　　每个人心中都有一个属于自己的未来蓝图，一个充满了理想与追求的梦想世界。教师邀请学生依次上台分享自己的未来蓝图，可以包括人生理想、职业目标、生活愿景、个人成长等方面。分享结束后，其他学生可以提问或发表感想。 　　教师提问：在追求理想的过程中，思想活跃的青年大学生容易对理想与现实的矛盾产生困惑，这就需要我们正确认识理想与现实的关系，辩证看待理想与现实的矛盾。同学们，在你们生活中会存在明明有自认为正确的方向，更理想化的方法，却做不到的情况吗？你们又如何平衡这种矛盾呢？	5
简介教学目标	教师向学生简要介绍本次课程教学要达到的目标。	2
呈现教学材料，引导学生学习	【知识点一】理想和现实是对立统一的 【师生互动】 　　学生观看《人物·故事》（20220428）"破译岩层密码"关于殷鸿福的事迹部分片段，教师提问：殷鸿福面对理想与现实之间的矛盾是如何平衡的？我们应当如何辩证看待理想与现实的矛盾？	25

教学步骤	教师活动	时间/分
	【案例分析】 　　理想与现实是对立统一的。结合案例一、二，殷鸿福从青年时代便立下志向，毅然选择了地质矿产与勘探这一艰苦但国家急需的专业。然而，当他真正踏入这一领域，现实总是充满挑战，高山的险峻、远路的艰难、身体的极限，这些都是他必须面对的现实困境。但殷鸿福在高山峡谷间穿梭，不仅克服了身体的局限，更是在实践中不断积累经验，最终攻克了地质古生物学领域的难题，成为了中国科学院院士。殷鸿福将"问道争朝夕，治学忌功利"奉为治学精髓，甘坐17年"冷板凳"；不忘初心，为国内地质学教研接轨国际作出了重要贡献；以"修身报国"为志，以"创新求实"为路，不断开拓新的研究领域，用70年奋斗，为祖国地质事业在全球地质史上钉上了一颗"金钉子"，也把自己的人生打磨成了一颗金钉子。 　　理想为殷鸿福不断前进指明了方向，而现实则为他提供了实践历练的平台和机会。正是这种对立与统一的辩证关系，使得殷鸿福院士能够在科学的道路上不断前进，最终达到了人生的巅峰。 　　教师总结：理想信念是一个思想认识问题，更是一个实践问题。理想不等于现实，理想的实现往往要通过一条并不平坦的曲折之路，有赖于脚踏实地、持之以恒地奋斗。实践才是通往理想彼岸的桥梁。	
呈现教学材料，引导学生学习	【知识点二】实现理想具有长期性、艰苦性和曲折性 【师生互动】 　　结合殷鸿福的事迹，分小组讨论并举例说明殷鸿福在地质研究中遇到了哪些困难？面对困难他又是如何做的？ 　　根据学生回答，教师总结并讲解理想的实现是一个过程，实现理想具有长期性、艰苦性和曲折性。 【案例分析】 　　殷鸿福以其个人的经历向我们展示了失败是如何成为一种内在的力量，一种自我提升和磨炼的催化剂，以此让学生认识到理想变为现实不是一帆风顺的，往往会遭遇波澜和坎坷，引导学生理解"实现理想具有长期性、艰苦性和曲折性"。 　　实现理想具有长期性。"为祖国找矿"的号召，在年轻的殷鸿福内心埋下了一颗种子。高考填报志愿时，"最听话"的殷鸿福做出了一个令人大跌眼镜的决定——"越是苦的，越是国家需要的专业，我越是报"。殷鸿福在《正确选定志愿，使我学习得好》中写道："我以自己能终身做一个地质工作者为祖国服务而感到幸福和自豪。"这句话，生动诠释了他对理想的长期追求。他没有把地质工作看作是一种职业，而是把它看作是一种使命，一种终身的追求。他愿意为之付出一生的努力，为之奋斗不息。 　　实现理想具有艰苦性。"舍得了功名，耐得住寂寞，坐得稳冷板凳"，这是中国地质大学殷鸿福院士给当代学术开出的"药方"。殷鸿福在研究生学习阶段，毅然踏上了科考之路，足迹遍布鄂、桂、青海祁连山和贵州山区。他深入这些偏远地区进行大量的实地考察和研究，最终成功修改并重建了贵州省三叠系生物地层框架。这一成果不仅为他的毕业论文《贵州三叠系生物地层问题》提供了坚实的基础，也奠定了他在地质学界的地位。	8

教学步骤	教师活动	时间/分
呈现教学材料，引导学生学习	实现理想具有曲折性。1961年，殷鸿福毕业后选择留校任教，开始了长达半个世纪的教育生涯。开始的17年里，他担任助教，虽然身处动荡年代，学校辗转多地，但他始终坚守在讲台上。这17年里，他并未发表任何论文，但仍静下心钻研学问。1964年，殷鸿福与同事共同编写了中国第一部古生态学教材《古生态学教程》，为后来的研究者提供了宝贵的参考资料。在资金匮乏的年代，他用自己微薄的薪水支持科研，自学多门外语，并巧妙地利用相机拍摄资料以节省开支。 　　教师总结：殷鸿福教授的种种事迹反映理想的实现往往要通过一条并不平坦的曲折之路，实现理想具有长期性、艰苦性、曲折性，有赖于脚踏实地、持之以恒地奋斗。殷鸿福的事迹启发我们，理想的实现是一个过程。一般来说，理想越是远大，它的实现过程就越复杂，需要的时间也就越漫长。实现理想，创造未来，必须有战胜种种艰难险阻的坚定不移的信心和坚忍不拔的毅力。 【知识点三】艰苦奋斗是实现理想的重要条件 【师生互动】 　　结合案例，以殷鸿福的故事为主要脉络，挑选正反方辩手，进行小组辩论，教师提问：当今社会许多大学生摆出"躺平"姿态，那么当代青年还需要艰苦奋斗吗？以辩论赛的形式引导学生感知"艰苦奋斗是实现理想的重要条件"。 【智慧对决，辩场争锋】 　　正方辩手：我们坚信，当代青年仍需艰苦奋斗。殷鸿福先生的事迹，正是我们最好的例证。面对二叠系—三叠系界线这块全球公认的"硬骨头"，殷鸿福坚持不懈地进行地质研究，攻克这枚"金钉子"，最终为我国地质事业发展作出了巨大贡献。他的成功，离不开艰苦奋斗的精神。 　　反方辩手：从智能手机到智能家居，从自动驾驶汽车到虚拟现实，AI已经渗透到我们生活的方方面面，人工智能技术极大地改变了我们的生活方式，服务于我们的生活。我们理解艰苦奋斗的重要性，但认为当今社会，许多领域已经高度发达，青年们有更多的选择和机会，不必再像过去那样艰苦奋斗。 　　教师总结：艰苦奋斗并不只是老一辈的事，艰苦奋斗是成就人生事业不可或缺的条件。物质生活条件的改善、社会观念的变化，只是赋予艰苦奋斗以新的时代内涵和实践要求，但艰苦奋斗的精神是永远不会过时的。	
教学小结	教师简要梳理本节课教学内容，并强调重点内容。	2
课后作业	【故事分享会】 　　学生自行组队，拍摄采访先锋人物或杰出校友，如成功实现理想的创业者、在某一领域有突出成就的专家、正在努力奋斗的青年等，探讨人物在追求理想过程中的经历、感悟与成长。	3

四、教学方法推荐

"科学把握理想与现实的辩证统一"的教学适宜运用案例式教学法和启发式教学法。

这部分内容主要讲述了殷鸿福在面对重重质疑和艰苦研究环境的情况下,经历了无数次失败,最终确定了"金钉子"标准的故事。在教学过程中,教师采用了案例式教学法,选择了殷鸿福的真实故事,这种教学方式的说服力较强,使得原本严谨而枯燥的知识变得更加具体、形象和易于理解,同时也能在学生心中引起深刻的共鸣。教师通过殷鸿福的故事,引导学生学习他坚定信念、不慕名利、艰苦奋斗的"金钉子"精神。此外,教师以殷鸿福的故事为主线,提出了一个问题:在当今社会,许多大学生选择"躺平",那么当代青年是否还需要艰苦奋斗?通过辩论赛,学生们可以交流和分享各自的观点和看法,这有助于加深他们对艰苦奋斗的理解和认识,以辩论促进思考,推动进步。

第七章 张国旗：以"赤子情怀"探水造福家乡的地大楷模

一、教学案例——张国旗

张国旗，1968年出生在山西陵川县，1989年毕业于中国地质大学水文与工程地质专业，历任陵川县水务局办公室干事、水资办副主任、工程科科长（图1）。先后当选第三届晋城市人大代表、第四届陵川县政协委员、第五届陵川县政协常委，2000年3月加入中国共产党。十多年来，为了陵川水利事业的发展，为了帮助山区群众解决吃水困难，张国旗同志栉风沐雨，寒来暑往，不辞辛劳，不畏艰险，走遍了全县的沟沟壑壑、山庄窝铺，为全县顺利实现饮水解困目标作出了巨大贡献。2001年5月15日，张国旗同志在陵川县西石门村进行水井井下探测作业时，突遇井壁坍塌，为了保护与他一起下井的西石门村党支部书记和村委主任，他以身殉职，年仅33岁。

故事并没有结束。2017年11月，中国地质大学（武汉）环境学院成立以英雄校友张国旗命名的班级——张国旗班，致力于培养政治强、本领高、作风硬、敢担当的生态环保铁军，德智体美劳全面发展的社会主义建设者和接班人，培养担当民族复兴大任的时代新人。2022年，张国旗的儿子张云飞也考入中国地质大学。自此，地大不仅是父亲张国旗的母校，也是张云飞的母校。张云飞接过英雄父亲的接力棒，开始系统学习水文地质学，阔步人生新征程。

图1　张国旗（1968—2001年）

生命化作清风去,留得精神激后人。他的雕像静静伫立在中国地质大学(武汉)环境学院内,凝望着芸芸后辈。他用光辉的一生书写了扎根基层、建设祖国的华丽篇章,影响着一代代青年学子,也激励着一代代陵川人民。

(一)案例呈现

案例一:化作春泥更护花

1968年,张国旗出生在山西陵川县附城村,9岁丧母,14岁丧父,由经济不宽裕的哥哥姐姐养大。太行山地区石灰岩分布广泛,山高陡峻,峡谷深切,降水易渗漏,大部分地下水汇流成河水后流向华北平原。陵川县就是地处太行山区的一个国家级贫困县。这里常年干旱,人畜饮水困难,姑娘们只有出嫁时才能去县城洗一次澡。张国旗不会忘记乡亲们起早摸黑到村外1km远的沟里担水吃的情景,不会忘记全县严重缺水的地方要走几十里山路才能找到水。从那时,他就坚定了为家乡人民找水的理想信念。

1985年,张国旗以全县第三名的成绩考入中国地质大学后,如饥似渴地钻研水文地质专业的知识。据他当时的辅导员、现任武汉工程科技学院校长的储祖旺回忆,张国旗是一名十分朴素、本分的农村伢,话不多,学习十分刻苦。大学毕业分配时,山西省水利勘测设计院到学校点名要过他,晋城市水利局也把他列入重点接收对象,可他却义无反顾地回到了最需要他的故乡陵川县,在水务局当了一名普通的工程技术人员。13年间,他几次遇到"走出大山"的机遇,特别是1994年,晋城市水利局的一位领导想调他到市里工作,三番五次征求他的意见,他都没有动心。有些大学毕业的同学也曾劝他到外面赚大钱,都被他婉言谢绝了。在张国旗的心里,广大山区群众饮水困难牵着他的心,他说他一直没有忘记当初上大学的初衷,他要尽自己最大的努力帮乡亲们告别缺水的生活。

张国旗被同事们称为"拼命三郎"。1994年,锡崖沟村修建水电站,他白天在百丈深的崖壁上勘测,晚上挑灯夜战撰写地质报告,6天时间完成了1个月的工作量。1998年,平城镇在南营河煤矿矿井中寻找饮用水水源,他头戴矿灯,不顾危险,蹚着一米多深的积水走遍每个巷道,直到获得完整、准确的数据,设计出施工方案。1999年,陵川县城蓄水南池清淤净化。为计算工程量需先行测点,他头顶烈日,蹚着淹没膝盖的淤泥,忍着沼气刺鼻气味到达26个测点。2000年,陵川县被列为山西省首批农村饮水解困的重点县之一。作为县水务局工程科科长的张国旗,每项工程的方案制定、工程设计、资料审核、现场勘测都亲力亲为。一年多时间,他没有休息过一个整天。一个人带着简单的工具,翻山越岭,勘察找点,不畏艰难。张国旗运用专业知识,让太行山陵川县18个乡的村民们结束了祖祖辈辈"吃水难"的厄运,让人们喝上了干净、放心的甘甜水,而他自己也成长为陵川县的水利专家。

2001年5月15日,张国旗在西石门村检测新砌成的77m水井,进行提引水的技术测设作业,他和村支书、村委主任一起乘吊笼下了井,大约10分钟后,井里传出轰隆一声闷响,铁钢绳剧烈抖动,井壁坍塌,为保护一起下井的两名村干部,张国旗被石头砸中头部以身殉职,年仅33岁。

2006年,以张国旗为原型的故事片《红山雨》在全国上映(图2),感动了所有人。中国地质大学数十名山西籍学生在内部群上发起"为张国旗树立雕像的倡议",还印了不少海报在校园中张贴,得到校领导的大力支持和广大师生的响应,学校在第59次校务会上对此事予以批复。时任副校长的王焰新自始至终大力支持此项活动,并以个人名义捐款2000元,地大山西籍学子捐款近2000元,山西籍校友郭晖捐款4万元。2007年5月1日,张国旗雕像树立在了学校工程楼后,他成为了学校永远的一分子,他的精神也永远留在了地大。

图2 《红山雨》首映式现场

张国旗去世后,陵川县投入3亿多元基本解决了全县人畜饮水问题,当地群众都喝上了安全、方便的自来水,未完成的遗愿已经达成,他在天之灵也应倍感欣慰了。

案例二:水文地质学的父子传承

2022年9月2日,中国地质大学(武汉)新生开学季,在报到的新生群体中,一名31岁的硕士研究生新生,在校园内的一尊雕像前,深深地三鞠躬后,默默地说道:"爸爸,我来到您生前的母校深造,您放心吧,我一定会认真学习,成为像您一样的人……"。

这尊雕像是该校水文地质专业优秀校友张国旗,而这个鞠躬的人,则是他的儿子张云飞,也将进入环境学院水文地质专业学习。儿子继承父亲遗志,接续学习水文地质学。

张国旗殉职的这一年,他的儿子张云飞才10岁。张云飞说,爸爸走的时候自己还小,记得亲人们当时悲痛无比,母亲整天以泪洗面,但是日子还是要往前过,最终从悲伤中走了出来。"向张国旗学习"成为幼年的他耳边听到最多的一句话。母亲教导张云飞:"孩子,你将来长大了,也要成为像你爸爸那样的人"。这句话沉甸甸的,一直记在他的心中。

在张云飞的心目中,父亲张国旗是一个了不起的人。20世纪90年代,从重点大学毕业到县城工作的人不算太多。亲朋好友很是不解,张国旗为什么不去省城上班,窝在小小的县城里,经常往村里跑,弄得一身泥。在大城市工作,对孩子将来学习也好啊。对于这一点,幼小的张云飞也问过父亲,父亲望着远方的太行山,若有所思地说:"只有把知识和才华,献给最需要的地方,这样的人生才最有价值。"年幼的张云飞不懂爸爸在说啥,继续追问。父亲说:"你现在还小,长大了就懂了。"

父亲张国旗喜欢读书,张云飞印象很深。小时候,一家三口挤在母亲工作单位的一个不大的教室,地面是坑坑洼洼的老旧水泥地,屋顶还漏雨。张云飞说:"那时父母工资不高,经济拮据。可父亲非常喜欢读书,他不仅读水文地质专业的书,还喜欢文史类的书。有一次,父亲花了半个月的工资,买了一套《资治通鉴》,每天晚上,我和母亲都睡了,爸爸都在灯下津津有味地阅读。"由于书太多,狭窄的家中放不下,于是床边加了30cm宽的木板,专门给父亲放书用。

也许是受到父亲张国旗的耳闻目染,张云飞隐隐对地理和地质产生了一些兴趣。2010年高考时,张云飞也想过报考父亲的母校中国地质大学(武汉),可惜高考发挥失常,与父亲的母校失之交臂,被云南一所大学的地理信息系统专业录取。他尽管心里有些遗憾,好在这个专业也属于地学大类。上大学时,对于地质学基础之类的书籍,他扎扎实实啃过几本。2014年大学毕业后,张云飞并没有依靠爸爸曾经的光环,而是依靠自己独立找工作。

2021年清明节,张云飞和妻女应邀来到中国地质大学(武汉)张国旗雕像前进行祭扫活动(图3),第一次面对面看着父亲的雕像,张云飞落泪了。他突然意识到,不该满足现有的小日子,觉得应该做点什么。经过一番深思,他作出决定:一边工作一边备考,力争考上父亲的母校,攻读水文地质学专业研究生。然而,现在的考研竞争激烈异常,加上张云飞大学毕业工作了多年,重新捧起书本复习,需要超常的毅力。有几天,他打起退堂鼓。母亲和妻子见他情绪不对劲,不停地鼓励他、支持他。他再次鼓起勇气,全力以赴投入复习备考中。当遇到水文地质学领域的一些知识难点,他通过微信向远在武汉的老师们虚心求教。最终,他过关斩将,成功被中国地质大学(武汉)环境学院录取。

今后,这里不仅是父亲张国旗的母校,将来也是他的母校。他接过英雄父亲的接力棒,开始系统学习水文地质学,阔步人生新征程。张云飞坦言,水文地质知识体系尽管掌握了很多,但是和研究生培养的高标准、高要求还有些差距,但是只要抓紧时间刻苦钻研,一定能弥补不足。谈到今后的职业设想,他斩钉截铁地说:"从事水文地质工作,成为像父亲张国旗那样的人。"20多年前父亲张国旗那句意味深长的话,在耳边回响:"只有把知识和才华,献给最需要的地方,这样的人生才最有价值。"

图3 张云飞在父亲张国旗的塑像前

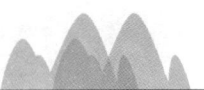

案例三：精神之光照亮育才之路

张国旗的故事和精神，一直激励着中国地质大学（武汉）的学生们。2018年，该校环境学院将专业教育和思想政治教育相互融合，并以英雄校友命名，组建张国旗班及其党支部，旨在培养学生们争做"红专能优"的新时代生态环保铁军。

传承红色基因，坚定前行意志。"永葆赤子情怀，争做时代先锋。"这是时任校长王焰新对张国旗班的寄语，也是对英雄校友张国旗短暂一生的概括，更是对每一位地大环境人提出的要求。自2018年行动计划实施以来，环境学院先后成立张国旗班党支部、团支部，组建张国旗班志愿团、宣讲团、实践团，开展主题鲜明、形式多样的系列教育活动，整合育人资源，汇聚育人合力，扎实有效推进行动计划，"人人争做张国旗，人人都是张国旗"的氛围日益浓厚。为了擦亮"张国旗"这张精神名片，近年相继组建了张国旗精神宣讲团、张国旗班实践团、张国旗班志愿团，开展各类社会实践、志愿服务，100多名大学生志愿者在山西陵川、吉林白城、湖北恩施、湖南衡阳、云南楚雄、青海海北等地助力科教扶贫，引起社会各界关注。2021年，张国旗班党支部还入选教育部第三批全国样板支部培育创建单位。张国旗班党支部、团支部先后两次赴山西陵川县，踏访张国旗生前成长和工作足迹，聆听其生前同事讲述国旗故事。在张国旗因公献身20周年之际，环境学院组织召开座谈会，邀请张国旗之子张云飞、张国旗大学同班同学和生前的同事，共同纪念缅怀张国旗。环境学子在张国旗这一精神旗帜的指引下，将他的精神不断传承和发扬下去。

打通学科资源，课程思政范式成效显著建设。"美丽中国，宜居地球"是中国地质大学的不懈追求。张国旗班行动计划聚焦提升生态环保人才培养质量，重视教育教学，并依托学院环境学科特色和优势，近年来积极推进水土气生环一体化育人建设，大力推进跨学科教育、跨学科研究、跨学科治理，菁英班、卓越工程师班、实验班等培养模式多点发力，人才培养质量显著攀升。

孕育思政文化，打造特色品牌。张国旗班行动计划始终在积极营造浓厚的文化氛围，打造特色思政文化品牌，滋养环境文化根系。学校倾力打造"1+6"思政育人载体，如《我最喜爱的习近平总书记的一句话》系列明信片，将新思想、新理念播撒在学生的心中；每年编印《师生野外实习风采展》，记录环境学子在山水林田湖草间躬行的身影；院刊《学院党建与环境文化》，至今已编印34期，记录学院党建工作动态；创作的院歌《艰苦朴素　求真务实》人人传唱，唱出环境人的豪迈；《张国旗班行动计划画册》浓缩着环境学子的成长历程。

行遍大江南北，志愿服务书写出彩青春。哪里有环境学子的身影，哪里就有张国旗的旗帜。近年来，百余支张国旗班实践团围绕"三大攻坚战"、乡村振兴、长江大保护国家战略和"学习之路"系列教育奔赴全国各地，深入开展社会实践，足迹已遍布30余省市。走进基层、走进群众、走进一线，踏上张国旗故土山西省陵川县追寻国旗精神；走进陕西省延川县梁家河村追寻领路人成长之路；前往"两山论"发源地安吉县天荒坪镇余村探索生态文明建设奥秘；沿江而下在青海格尔木、湖北襄阳、江苏苏州农村等地调研长江流域能源结构情况。从山西陵川到湖北恩施,从吉林白城到广西百色,从北戴河到周口店再到秭归,张国旗班实践团用脚步丈量祖国大地,把青春融进祖国山河。

新华网、人民网、光明日报、中央电视台、中国青年报、中国教育报等媒体多次宣传报道张国旗班行动计划。2018年,时任湖北省委常委、宣传部部长、高校工委书记王艳玲在校调研期间,高度肯定张国旗班行动计划构建的"红专能优"育人体系,称赞张国旗班行动计划在大学生思想政治教育中发挥了引领示范作用。

岁月如镜,鉴照国旗精神;初心如炬,辉映育才之路。作为中国地质大学唯一以英雄校友命名的班级,张国旗班自成立之初就以传承和弘扬张国旗精神为己任,不断学习先进、赶超先进,在培育"红专能优"的生态环保铁军和担当复兴大任的时代新人道路上砥砺前行。

(二)案例点评

个人理想的实现,不仅在于自我奋斗,更在于担当时代责任与历史使命。把个人理想融入社会理想之中,在为实现社会理想而奋斗的过程中实现个人理想,这是大学生成长成才的必由之路。

案例主要讲述了三段故事,一是地大校友张国旗放弃在大城市工作的好机会,毅然返回家乡,解决家乡人民吃水难的问题,在井下探测时为了解救他人而牺牲的故事;二是张国旗之子张云飞继承父亲遗志,接续学习水文地质学,发挥人生价值的故事;三是地大成立张国旗班,以传承和弘扬张国旗精神为己任,不断学习先进、赶超先进,希望学子永葆赤子情怀,争做时代先锋的故事。从张国旗到张云飞再到张国旗班体现地大人精神的传承,通过这三段故事使学生自觉传承张国旗精神,将个人理想融入社会理想,在创新创业中增长智慧才干,在艰苦奋斗中锤炼意志品质,在实现中国梦的生动实践中实现人生价值。

(三)教学建议

案例中张国旗的部分可用于第二章第三节第二目"坚持个人理想与社会理想的有机结合"的教学。结合张国旗的资料和图片展现他放弃省城工作回乡解决村民吃水难,扎根基层,用自身知识为老百姓办实事的事迹,使学生理解个人理想与社会理想的辩证关系,将个人理想融入社会理想之中,在创新创业中增长智慧才干。

案例中张云飞和张国旗班事例部分可用于第二章第三节第三目"为实现中国梦注入青春能量"部分的教学。结合张云飞接过父亲接力棒以及张国旗班传承红色基因,进行志愿服务等一系列活动来号召广大同学要学习张国旗校友,用专业知识回报家乡、服务基层、服务社会的可贵精神,争做新时代优秀青年,为中华民族伟大复兴贡献自己的一份力量。

二、教学分析

（一）教学目标

理论知识目标：通过对张国旗事迹的学习，帮助学生了解个人理想与社会理想的辩证关系，自觉将个人成长与社会发展联系起来，在实现中华民族伟大复兴的过程中实现自身理想。

价值取向目标：通过本节课的学习，使学生认识到要继续传承张国旗精神，勇于追求个人理想，把个人的学习进步同祖国的繁荣昌盛紧紧联系在一起，激发起为民族复兴和人民幸福的强烈责任感和使命感，把理想信念之花结出丰硕的成长成才之果。

（二）教学重难点

1. 个人理想与社会理想的辩证关系（重点）。
2. 当代大学生如何为实现中国梦注入青春能量（难点）。

三、教学思路与方案设计

（一）教学思路

课堂教学内容分为两部分：一是"个人理想与社会理想的辩证关系"，二是"当代大学生如何为实现中国梦注入青春能量"。

第一部分"个人理想与社会理想的辩证关系"的教学，教师讲述张国旗同志在短暂的人生历程中，始终把党和人民的事业看得高于一切，坚持扎根山区，服务群众，为水利事业无私奉献的事迹，引导学生正确认识"个人理想与社会理想的关系"。

第二部分"当代大学生如何为实现中国梦注入青春能量"的教学，结合案例二、案例三张国旗之子张云飞继承父亲遗志，接续学习水文地质学，发挥人生价值及中国地质大学（武汉）成立张国旗班，不断学习先进、赶超先进，希望学子永葆赤子情怀，争做时代先锋的故事，帮助学生明确作为新时代青年人的使命和担当，为实现中国梦注入青春力量。

(二)教学方案

教学步骤	教师活动	时间/分
导入新课	【播放视频】 　　观看以张国旗为原型的故事片《红山雨》(精彩片段1)。该片段讲述了由关晓彤饰演的小女孩向爷爷询问村中雕像是谁的故事,以此引发学生的兴趣和好奇心。教师提问:根据你们对视频片段的理解,这座雕像是哪位重要人物?为什么村民们对这座雕像持有如此高的敬意和尊重?	3
简介教学目标	教师向学生简要介绍本次课程教学要达到的目标。	2
呈现教学材料,引导学生学习	【知识点一】坚持个人理想和社会理想的有机结合 【播放视频】 　　播放电影《红山雨》(精彩片段2),该视频讲述了张国旗同志为解决陵川县农村饮水问题,每天栉风沐雨、不辞辛劳,在井下探测作业时不幸以身殉职的故事。 【师生互动】 　　结合案例一,请同学们分小组讨论,在张国旗的故事中,面对人生的分岔路,他是如何抉择的?张国旗的事迹又是如何体现个人理想与社会理想的有机结合的?根据学生回答,教师以代表性观点为依据,进行讲解。 【案例分析】 　　张国旗同志在短暂的人生历程中,始终把党和人民的事业看得高于一切,坚持扎根山区,服务群众,为水利事业无私奉献的事迹,引导学生正确认识"个人理想与社会理想的关系"。 　　个人理想是指处于一定历史条件和社会关系中的个体对于自己未来的物质生活、精神生活所产生的向往和追求。个人理想以社会理想为指引。结合案例一,陵川县是地处太行山区的一个国家级贫困县。这里常年干旱,人畜饮水困难,全县严重缺水的地方要走几十里山路才能找到水。张国旗回想乡亲们起早摸黑到村外1km远的沟里担水吃的情景,便坚定了为家乡人民找水的理想信念。1985年,张国旗以全县第三名的成绩考入中国地质大学后,如饥似渴地钻研水文地质专业的知识。面对人生的岔路口,张国旗几次遇到"走出大山"的机遇,可他却义无反顾地回到了最需要他的故乡陵川县,致力于解决当地乡亲吃水难的问题。在张国旗的心中,广大山区群众的饮水困难牵着他的心,山区群众最需要的地方就是他的第一志愿。他说他一直没有忘记当初上大学的初衷,他要尽自己最大的努力帮乡亲们告别缺水的生活。	15

第七章 张国旗：以"赤子情怀"探水造福家乡的地大楷模

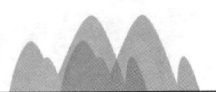

教学步骤	教师活动	时间/分
呈现教学材料，引导学生学习	社会理想是指社会集体乃至社会全体成员的共同理想。社会理想是个人理想的汇聚和升华。张国旗被同事们称为"拼命三郎"，始终坚持扎根山区，服务群众，把党和人民的事业看得高于一切。2001年5月15日，张国旗同志在陵川县西石门村进行水井井下探测作业时，突遇井壁坍塌，为了保护与他一起下井的西石门村党支部书记和村委主任，他以身殉职，年仅33岁。2006年，以张国旗为原型的故事片《红山雨》在全国上映。中国地质大学数十名山西籍学生在内部群上发起"为张国旗树立雕像的倡议"并且得到校领导的大力支持和广大师生的响应。张国旗去世后，陵川县投入3亿多元基本解决了全县人畜饮水问题，当地群众都喝上了安全、方便的自来水，张国旗未完成的遗愿已经达成。 　　读书不是为了远离贫困的家乡，而是让家乡远离贫困。当一些年轻人手持简历，在城市敲开一扇扇求职之门时，却有一群年轻人选择了"逆行"，他们怀着一份信念、一个梦想，从城市回到乡村，在乡村振兴的浪潮中牢牢地向"下"扎根，锲而不舍地追寻内心的热爱。都市大道的车水马龙，讲述着城市的繁华；乡间小路的瓜果芬芳，述说着大地的富足。对于众多农村地区而言，培养一名大学生是极为不易的成就，而那些学成后愿意回归故里，致力于农村发展的大学生，更是难能可贵。山西省陵川县附城村的张国旗同志，正是这样一位杰出的青年代表。他毅然选择回归农村，深耕于这片土地，成为引领村民"饮水"的领路人。 【师生互动】 　　教师提问：结合张国旗的事迹，从个人理想与社会理想的关系角度，谈谈你对"离开了祖国需要、人民利益，任何孤芳自赏都会陷入越走越窄的狭小天地"这句话的理解。 　　教师总结：得其大者可以兼其小。个人只有把人生理想融入国家和民族的事业中，才能最终成就一番事业。坚持个人奋斗目标与国家、民族的奋斗目标相统一，把个人理想融入社会理想之中，在为实现社会理想而奋斗的过程中实现个人理想，这是大学生成长成才的必由之路。	
	【知识点二】为实现中国梦注入青春力量 　　张国旗将个人理想与国家需要相结合，扎根基层，发挥自身价值。大学生要在社会理想的指引下，珍惜韶华，奋发有为，勇于追求个人理想，在实现社会理想的过程中努力实现个人理想。承上启下，以案例二、案例三引出知识点二。 【师生互动】 　　故事还没有结束，结合案例二、三张云飞及张国旗班的故事，请学生们分小组讨论：你们认为哪些精神品质或价值观念是值得我们学习和传承的"张国旗精神"？如何将这些精神品质和价值观念融入你们的日常生活中去，并使其成为一种持久的、自觉的行为准则？	20

教学步骤	教师活动	时间/分
呈现教学材料，引导学生学习	以小组讨论的形式引导学生感知"为实现中国梦注入青春力量"。 【案例分析】 　　通过引入案例二、三张国旗之子张云飞继承父亲遗志，接续学习水文地质学，发挥人生价值的故事以及中国地质大学（武汉）成立张国旗班，不断学习先进、赶超先进，希望学子永葆赤子情怀，争做时代先锋的故事，帮助学生明确自己作为新时代青年人的使命和担当，为实现中国梦注入青春力量。 　　立鸿鹄志，做奋斗者。结合案例二，张云飞作为张国旗的儿子，在父亲殉职后，他立志要继续父亲未竟的事业，传承父亲的精神。父亲张国旗的话时常在耳边回响："只有把知识和才华，献给最需要的地方，这样的人生才最有价值"。张云飞接过英雄父亲的接力棒，开始系统学习水文地质学，阔步人生新征程。张云飞坦言，水文地质知识体系尽管掌握了很多，但是和研究生培养的高标准高要求还有些差距，不过只要抓紧时间刻苦钻研，一定能弥补不足。谈到今后的职业设想，他斩钉截铁地说："从事水文地质工作，成为像父亲张国旗那样的人。" 　　心怀"国之大者"，敢于担当。结合案例三，作为中国地质大学唯一以英雄校友命名的班级，张国旗班自成立之初就以传承和弘扬张国旗精神为己任，不断学习先进、赶超先进，在培育"红专能优"的生态环保铁军和担当复兴大任的时代新人道路上砥砺前行。张国旗班积极响应国家的号召，投身于科教扶贫等社会公益事业，开展主题鲜明、形式多样的系列教育活动，用实际行动为国家的发展和社会的进步贡献力量。"人人争做张国旗，人人都是张国旗"的氛围日益浓厚。这种勇于担当，无私奉献的精神，正是对"国之大者"的深刻理解和践行。 　　自觉躬身实践，知行合一。结合案例三，张国旗班自创立起便积极响应国家的号召，投身于科教扶贫等社会公益事业，开展主题鲜明、形式多样的系列教育活动，用实际行动为国家的发展和社会的进步贡献力量。行遍大江南北，哪里有环境学子的身影，哪里就有张国旗的旗帜。近年来，百余支张国旗班实践团围绕"三大攻坚战"、乡村振兴、长江大保护国家战略和"学习之路"系列教育奔赴全国各地，深入开展社会实践，足迹已遍布 30 余省市。 　　教师总结：张国旗、张云飞、张国旗班是地大人精神的写照，这种精神的传承从未停止。张国旗放弃省城工作回乡创业，张云飞工作多年继续学习水文地质，张国旗班始终践行初心，砥砺前行，这正是"为实现中国梦注入青春能量"的生动诠释。青年的前途离不开国家的前途，没有国家的前途也就没有青年的前途。大学生肩负实现中华民族伟大复兴的中国梦的历史重任，只有把实现理想的道路建立在脚踏实地的奋斗上，才能放飞青春梦想，实现人生理想。	
教学小结	教师简要梳理本节课教学内容，并强调重点内容。	2
课后作业	【观影悟道】 　　观看《红山雨》或一部与人生、理想、成长等主题相关的电影，并结合电影内容，写一篇 500 字以上的感悟文章。	3

四、教学方法推荐

"坚持个人理想与社会理想的有机结合""为实现中国梦注入青春能量"部分的教学适宜运用案例式教学法和讨论式教学法。

这部分内容主要讲述了地大校友张国旗放弃省城的工作回乡解决村民吃水难的问题,在工作中为救人光荣牺牲的故事;张云飞继承父亲遗志,工作多年后回父亲母校攻读水文地质学的故事;地大成立张国旗班传承张国旗精神的故事。教师教学过程中采用案例式教学法,选取了地大1989届水文地质与工程地质专业毕业生张国旗及他的儿子张云飞的故事以及地大环境学院张国旗班作为素材,增强学生分析和解决问题的能力,使学生认真贯彻地大"艰苦朴素、求真务实"的校训。采用师生互动的形式,教师通过提问和互动引导学生积极主动思考,组织学生进行小组讨论,进而帮助学生更好地掌握知识,步步推进,从理论到自身实践,帮助学生传承张国旗精神,志存高远、脚踏实地、埋头苦干,为实现中华民族伟大复兴贡献自己的青春和力量。

第八章 王富洲：以"攀登精神"完成人类首次从珠峰北坡登顶的地大校友

一、教学案例——王富洲

王富洲（1935—2015年），中国著名登山运动员，河南省周口市西华县址坊镇南流村人，1958年毕业于北京地质学院，同年参加登山运动，登上苏联境内海拔7134m的列宁峰（图1）。1959年登上新疆境内海拔7546m的慕士塔格峰，同年获运动健将称号。1960年5月25日从北坡成功登上地球最高的山峰——珠穆朗玛峰。王富洲是世界首位从北坡登顶珠穆朗玛峰、同时也是中国首位登上珠峰的登山运动员，中国科学探险协会常务副主席兼秘书长，中国登山协会顾问，前中国登山协会主席。2015年7月19日，王富洲因病去世，享年80岁。

回顾王富洲的一生，他坚持干好登山这一件事，7134m的列宁峰，7546m的慕士塔格峰，7500m的贡格尔久别峰，8012m的希夏邦马峰，8844m的珠穆朗玛峰，一座座高峰、一次次攀登，为了心中的理想和信念，他都无畏前行。王富洲肩负着强烈的政治责任感和历史使命感，洋溢着不畏艰险、不怕牺牲的英雄气概。他以大局为重、担当作为、淡泊名利的实际行动，铸就了爱国奉献、刻苦训练、团结战斗、无私忘我、勇于攀登的中国登山精神，也鼓舞和激励着一代代人向着世界科学高峰奋勇前进。

图1　王富洲（1935—2015年）

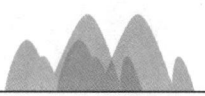

（一）案例呈现

案例一：敢为人先，为国争光登珠峰

中国完成人类首次从北坡登顶珠穆朗玛峰（简称珠峰）的最初计划其实与苏联有关。时间回溯到20世纪50年代，成立不久的新中国百废待兴，群众体育运动蓬勃发展，但在登山运动方面一片空白。为了促进体育运动交流的友好往来，1955年5月，在苏联全联盟工会中央理事会的邀请下，中华全国总工会派出了4名学员赴苏联学习现代高山登山技术。第二年春天，苏方又派2名登山教练来华，在北京西郊八大处培训了新中国最早的一批（40多名）登山运动员。培训结束后，中国成立了以这批学员为主要队员的第一支登山队——中华全国总工会登山队。1958年，王富洲被选拔为参加攀登珠峰的登山队员并正式加入该登山队。

1957年11月，苏联向中共中央寄出一封建议信，信中提到组织苏中联合登山队，在1959年3—6月登上珠峰，并以此作为中华人民共和国十周年纪念的献礼。收到来信后，周恩来总理考虑到我国西藏边境目前不能开放，本想婉转谢绝。1958年4月5日，在时任国务院副总理兼任体委主任贺龙元帅的积极支持和建议下，周总理批示"可以考虑。"1958年夏天，中苏双方在北京新侨饭店会谈，共同制订了攀登珠峰的三年行动计划：1958年侦察，1959年试登，1960年登顶，并达成共识，高山装备、高山食品由苏方负责，中方负责全部人员、物资从北京至珠峰山下的运输，以及较低海拔的物资装备。

而后不久，中苏关系持续恶化，苏联相继撤出援华技术专家与科技设备，中苏联合攀登珠峰的计划最终沦为泡影。此时的中国正处于困难时期，更何况，中国正在与尼泊尔就两国边界勘定进行谈判，双方在珠穆朗玛峰的归属上还存在一定的争议，他们认为，中国人从来没有登顶过珠峰，珠峰根本就不能算是中国的领土。

事实上，人类第一次登上珠峰顶峰是在1953年，英国和瑞士登山队先后从尼泊尔境内的南坡成功登顶珠峰。但那时在中国境内的珠峰北坡，始终无人自此登上世界之巅，英国人数次在北坡折戟，以至于他们得出结论，想从北坡攀登这座"连飞鸟也无法飞过"的山峰，"几乎是不可能的"。在这种情况下，登顶珠峰如果能够成功，对于鼓舞全国人民，战胜暂时困难，打破"中国人连珠峰都没有登顶过"的叫嚣狂言，显示中华民族的英雄气概，无疑具有重要意义。而且，在另一邻国印度也准备此时从南坡攀登珠穆朗玛峰的情况下，中国登山队攀登珠穆朗玛峰就是势在必行、行必成功的一场较量。

"他们不干，我们自己干！"在苏联中途退出登顶计划后，贺龙副总理坚定地说道，"任何人休想卡我们的脖子。中国人民就是要争这口气，你们一定要登上去，为国争光。"经过多次讨论，最终下定决心由中国登山队从北坡独立攀登珠峰。1960年2月，为完成登顶珠峰这个重要的使命，来自全国各地各行业的214人齐聚西藏，正式组成了中国珠穆朗玛峰登山队，并对此做出了充分准备。为了确保主力队员的体力不会被过早消耗，登山队组织了一支192人的

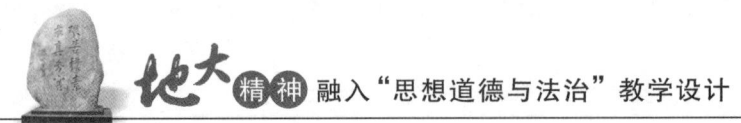

先遣队,并先后建立起大本营和位于海拔5400m、5900m和6400m的3个高山营地,储备了大量装备、食品,及至1960年4月25日,已然分别在海拔7007m和8500m处建立了四号营地和突击营地。同时登山队员们亦组织进行三次高山行军。

第一号高山营地设立在5400m的东绒布冰川的右侧碛上。3月25日,登山队抵达珠峰脚下的大本营,开始第一次行军。在五星红旗迎风飘扬中,一场由中国人征服世界最高峰的战役就此打响。缺氧、冻伤,三次行军,登山队员越来越少,登山队一度陷入沮丧的低潮。在焦急的情绪中,周恩来总理对中国登山队深切问候,并称:"要重新组织力量攀登顶峰。"接着,贺龙副总理向大本营传达了新的命令:"要不惜一切代价,重新组织攀登。剩下几个人算几个人,哪怕剩下最后一个人也要登上去!"5月13日,正式确定了以许竞为突击队队长,王富洲为副队长、第一候补突击队长,贡布、刘连满、屈银华等为突击队员,一共13人组成的第四次高山行军。"不拿下顶峰誓不收兵!"5月17日清晨,绒布河谷上空云雾弥漫,在海拔5120m的登山队大本营广场上举行的突击登顶誓师大会上,王富洲和队员们手握国旗,庄严宣誓,整装待发。当晚,登山队员们全部抵达海拔6400m营地。其后经过3天的艰难跋涉,最终抵达海拔7600m营地。然而在刚刚抵达营地不久,就发生了一件让人意想不到的事情,唯一的报话机掉落,登山队员们接收不到营地的指挥和传递的信息。克服一切困难,一定要把祖国的五星红旗插上珠穆朗玛峰。5月23日下午,担任突击主峰任务的许竞、王富洲、贡布、刘连满率先到达海拔8500m处的突击营地,与等候在这里的负责拍摄登顶的屈银华会合。这时,他们才发现,营地储存的食品、氧气等物资的相关信息都有误。10瓶氧气,有2瓶已经空了。因为每个人需要背着2瓶氧气,因此,5个人中有一个人无法继续登顶。最后,大家决定刘连满留在营地,其余4人继续向上突击。5月24日9时,王富洲、贡布等人自海拔8500m处的突击营地开始向上突击。然而刚走没多远,担任队长的许竞晕倒,第一候补队长王富洲临危受命。他们立刻赶回了营地,让运输队员屈银华换下许竞。继而,王富洲带着贡布、屈银华、刘连满3位队员完成最后300m最艰险的攀越行程。

8600m,8700m,肩负着光荣使命,王富洲与队员们向着珠峰峰顶冲击。终于,他们来到了矗立在8700m处的"第二台阶","飞鸟也无法逾越"的"第二台阶"是通往珠峰的最后一道难关,它旁边深不见底的悬崖就是令登山者"谈谷色变"的诺尔顿大峡谷。1922—1938年,英国人先后7次在这里折戟沉沙,其中就包括享誉国内外的著名登山家玛珞里和欧文。那是个光滑的垂直条壁,一共高30m,最难爬的地方有6m多。王富洲他们通过观察,找到了一条纵向岩石裂缝,他们决定沿着这条裂缝登上"第二台阶"。裂缝之上,便只剩下那最后6m高的光滑峭壁。岩壁的光滑,远远出乎王富洲他们的预料。岩壁之上,王富洲与队友们冒着−30℃的酷寒向上攀越。在王富洲的保护下,运动健将刘连满在前面开路。他在左边岩壁上打了两个钢锥,用双手抓住岩壁,脚尖蹬着岩面,使出浑身力气一寸一寸地向上爬去。然而岩石较碎,不受力,但凡身体稍微一歪,便会立刻摔回原地。刘连满爬了不到2m,便摔了下来。时间就这样一分一秒地流逝。"25日天气将要变坏",这是王富洲他们先前所得到的气象预报,因此必须赶紧爬上去!在这紧要关头,刘连满想到了搭人梯的办法。他自告奋勇,蹲伏在岩壁下,让屈银华踩着自己的肩膀往上爬。而屈银华怕鞋上的三齿钉扎伤刘连满,脱下了脚上的高山靴,只穿着单袜往上爬。在那样的高寒地带,在-30℃的酷寒之下,脱去高山靴即意味着冻伤,可屈银华依旧义无反顾,为此他最后严重冻坏双脚。屈银华先是在1.7m左右的位置打进了一个冰锥,形成支点。而后站在刘连满的肩膀上,在3m多高的位置又打进了一个冰锥。同时,另一名队员贡布也将冰镐插入岩缝之中,形成了另一个支点。屈银华一脚冰镐、一脚冰锥,穿入绳子做好自我保护,第一个爬了上去。后续队员们也是继续"搭人梯",一个托着一个,沿着屈银华爬过的路线向上爬去。最终,在历经五六个小时的奋战之后,4人成功跨越"第二阶梯"。

图为中国队1975年在登珠峰时所拍,梯子也是1975年所搭。后来外国队通过梯子很方便地就登上"第二台阶",他们称此为"中国梯"

4人在崖上休息片刻后便继续前行。然而,担任开路任务的刘连满这时却倒下了。他因为先前消耗体力太大,两腿已然无法支撑住身体。在这种情况下,4人在海拔8700m左右的环境下召开了党小组扩大会议。最终,王富洲决定将刘连满安置在一个避风的大岩石旁的弧形坳槽中,然后带领屈银华、贡布继续攀爬。无论如何都要完成登顶任务!当登山队攀越到海拔8830m左右之时,危机又接踵而至。本就物资不充沛的王富洲3人氧气基本用光,寒冷、疲惫、高原反应等不断向他们袭来,而他们却只能依靠空气中微弱的氧含量维持生命。尽管举步维艰,但他们此刻仍旧负重前行。"只有前进,不能后退",秉持着坚定的信念,凌晨4点左右,在经受缺氧、寒冷、饥饿、干渴等生死考验之后,世界最高峰——珠穆朗玛峰的峰顶终于被中国登山队员所征服!他们在世界巅峰展开中华人民共和国国旗,豪情万丈。在下坡前,他们将毛泽东半身雕像用五星红旗包裹着,放置在了顶峰西北角的岩石缝中。

这是中国人第一次登顶珠峰,也创造了人类首次从北坡登顶的纪录,此前从未有人征服过这条"死亡之路"。消息传出,顿时举国沸腾。1960年6月7日,西藏各界代表万余人齐聚拉萨,为凯旋的登山英雄们举行了盛大的欢迎仪式。26日下午,在北京工人体育场,国家体委、中华全国总工会和共青团中央举行了7万多人参加的盛大庆祝会,董必武、贺龙、罗瑞卿等党和国家领导人亲自到场,庆祝中国登山队登顶珠峰。人民日报发表社论,高度肯定了"无高不可攀,无坚不可摧"的登山精神,鼓舞了全国人民建设社会主义的斗志。著名文学家郭沫若亦题诗一首《喜闻攀上珠穆朗姆峰》:"英雄肝胆夷天险,集体精神旷代功!"祝贺中国登山队立下的旷世奇功!

在拉萨,各界人士召开胜利大会。在那个时代,作为国家官方媒体的人民日报一共只发过两次号外:一次,是1964年罗布泊的原子弹成功试爆;而另一次,则是1960年的中国登山队成功登顶世界最高峰——珠穆朗玛峰!对于那个年代的中国人而言,无论是1960年的登顶珠峰,还是1964年的原子弹成功试爆,都是引发民族自豪感的英雄壮举!

"我当时参加登山队,是为了完成国家交给的任务,那时候是一定要登上顶峰,要树雄心、立壮志,不把珠穆朗玛踩在脚下誓不罢休。"王富洲在后来的回忆中说道。"1960年,正是我国最困难的时期。我们肩负着党和国家的重托及人民的企盼,首次成功征服珠穆朗玛峰。那时候,中国人首次征服珠峰的壮举极大鼓舞了全国人民战胜困难的士气。""国家那时遭灾,连毛主席都很长时间吃不上肉,登山队的供应能好到哪里去了,平常大概也就吃个半饱,只有在真的登山前才能吃饱肚子,也谈不上营养搭配。那时登山队没有专门的营养师,只有解放军的炊事员。但是,我们很满足,能登上珠穆朗玛峰靠的是全国人民的无私支援。"

舍生忘死为国家,克服困难终凯旋。在人类首次从珠峰北坡成功登顶的壮举中,为国争光的王富洲闻名全国,自此成为中国人民叫起来朗朗上口、充满自豪感的名字。而以王富洲、屈银华、贡布3位登山英雄为代表的中国登山队用生命、意志、信念和勇气践行了忠于祖国、无私奉献、勇攀高峰的时代使命,谱写出了一曲爱国主义和民族精神的时代赞歌,铸就了中国乃至世界登山史上的不朽丰碑。

案例二:无畏忘我,攀登精神传承不息

战胜过世界最高峰的王富洲是新中国登山事业的奠基人和开创者之一,是长期奋战在登山前线的优秀登山家,但在上大学前,王富洲从来没有见过山,更没有爬过山。河南省西华县一个名叫南流渡口的村庄,是王富洲的家乡。1935年,王富洲在这里出生。该地地处豫东平原,土壤肥沃,但天灾人祸使得在这里生活的王富洲一家艰难地讨生活。王家祖祖辈辈以种地为生,王富洲在家中排行老二,自小便要帮助家里维持生计,承担各种农活。"我8岁那年在村里上了小学。我边念书边劳动,从小就有劳动的习惯。随着年龄的增长,割草,放牛,地里的活我全会干了。"对于幼时岁月,王富洲这样回忆道:"那些打不倒我的,终将使我更强大",少年的磨炼,使得王富洲的心性更加坚韧,努力向前、奋斗的信念愈加强劲。

1951年,王富洲以优异成绩考入河南省淮阳中学,然而同年,王富洲的父亲去世,全家的重担落在他母亲身上。

1954年,在中国共产党的领导下,"一五"计划正在如火如荼地开展。为了培养更多适用于经济建设的人才,国家制定了优厚的教育政策。国家出钱培养大学生!王富洲听到这个消息之时,激动之心,无以言表。他誓要"努力学习,报效祖国!"也是这一年,王富洲考入北京地质学院石油系,成为村里两个仅有的大学生之一。

第八章 王富洲：以"攀登精神"完成人类首次从珠峰北坡登顶的地大校友

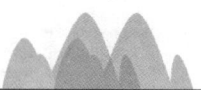

1958年起，北京地质学院将登山运动列为地质专业的必修课，每年结合测量实习在北京香山组织登山现场教学，同时在周口店开展登山训练。王富洲生活在一望无际的豫东平原，从没爬过山的年轻人，开始了他与登山运动的第一次接触。

1958年6月，在王富洲毕业前夕，刚组建不久的中国登山队需要选拔参加中苏联合登山队一起攀登珠穆朗玛峰的登山队员，北京地质学院派出6名体育老师、2名专业教师和4名毕业生到香山登山训练班参加集训，他们成为北京地质学院开展登山运动最初的骨干。王富洲就是这个时候以良好的身体素质和心理素质条件入选，并加入国家登山队，从此与登山结缘，参与到中华人民共和国登山事业的开拓与拼搏中。

在香山登山营集训时，最严厉的是爬"鬼见愁"，教练员要求队员们不但要在限定的时间内跑上跑下，有时还要背着人攀登。王富洲说："只有一丝不苟地按照教练要求做，不怕多流汗，不怕多吃苦，才能练出真功夫。"他一直鼓励自己"坚持！再坚持！登珠峰比这还要苦，一定要顶住。"秉持着这样的信念和劲头，每次训练，王富洲总能很好地完成教练规定的指标。

1958年8月下旬，中国派遣包含王富洲在内的46名登山运动员前往苏联和苏联队员同登帕米尔高原上海拔7134m的列宁峰。王富洲下定决心：他是代表中国人来的，决不给中国人丢脸。9月7日，中苏各17名队员登上了列宁峰顶，王富洲是其中之一。在颁奖仪式上，苏联人把证书第一个颁给了王富洲。1959年，王富洲参加的中国男女混合登山队在新疆境内慕士塔格山的攀登训练中，成功登顶海拔7546m的慕士塔格山顶峰，创造了登山队集体安全攀登海拔7500m以上高山人数最多的世界纪录，也创造了女子登山高度的世界纪录和女子攀爬海拔7500m以上高山人数最多的世界纪录。1960年5月25日，国家登山队首次成功登顶世界第一高峰珠穆朗玛峰，王富洲是成功登顶的3人之一。"这一成绩的取得是用生命和鲜血换来的，其中可歌可泣的事迹难以用几句话来表达。追忆这段经历不胜感慨，如果没有当年老师和领导的辛苦培养、关怀和谆谆教诲，也就没有这一荣誉的取得"。王富洲追忆过去岁月，如是说道。他言语中对地大师长的教导满是感恩。

"干了这么点事，给我这么多荣誉，我想不到。有点害怕。接受不了。"面对荣誉，王富洲谦逊地说道。成功登顶珠峰的突出成就，让王富洲闻名遐迩，成为新中国登山事业中当之无愧的佼佼者。然而王富洲将荣誉看得很淡，他喜欢登山，而他也不负众望，继续跨出了征服名山大川的脚步。1961年，王富洲在治好冻坏的双手和双脚后，又拿起冰镐，登上了7500m的贡格尔久别峰。1964年，王富洲作为中国登山队副政治委员，带领9名队员成功登顶海拔8012m的希夏邦马峰。中国登山队征服了最后一座未被人类登顶的海拔8000m以上的高山，并创造了10名队员集体登上8000m以上高峰的世界纪录！1975年，王富洲作为中国登山队党委书记兼政委，再次出征珠峰。而这次集体登顶珠峰人数之多，科考成绩之大，在世界登山史上前所未有。最终，潘多等9名队员自北坡登顶珠峰，并配合测绘工作者第一次实地测绘了世界第一高峰珠穆朗玛峰的海拔高度——8848.13m，而这一数据也被当作国际标准，被世界各国普遍承认和采用。另外，同行的藏族女同胞潘多成为自北坡登顶珠峰的世界女性第一人。1993年，王富洲任国家体育总局登山运动管理中心主任、中国登山协会主席。在新的岗位上，他继续发扬无私奉献的"人梯"精神，积极培养年轻运动员。1995年6月，王富洲正式退休。几十年里,他带领中国登山队攀上一座座高峰,用自己的实际行动为祖国和人民赢得了崇高荣誉。1959年获得运动健将称号,1960年、1964年两次获得体育运动荣誉奖章,1981年获国家级教练称号。

王富洲的一生就是一部山的集锦,而他总能记得每一次登山的缘由和故事。在家人眼里,他无疑是一座"大山",屹立不倒;而在他自己心里,他又是那个不断攀越高峰的攀登者。由于长期从事登山活动,王富洲落下了手指残疾、脑血栓与视力障碍等病症,但他仍关心着中国登山事业的未来。也有人曾问王富洲:"您后悔过吗?哪怕只有一点儿,哪怕只有一次?"王富洲明确表明了自己参加登山队的初衷:"我参加登山队,就是为了完成党和国家交代的任务,那时候是一定要登上顶峰,要树雄心、立壮志的。和我一起登上珠穆朗玛峰的人有的被冻掉了耳朵,有的被冻掉了鼻子,还有的10个脚趾都被冻掉了。有些同志都献出了生命,我的伤残算不了什么!当时,大家有一个共同的口号'英雄气概山河,敢笑珠峰不高'。同志们在登山过程中也提出来要发扬团结精神,右胳膊摔断了,用左胳膊帮助同志,团结成一股绳,不登上珠穆朗玛的顶峰决不罢休。"王富洲的心已经紧紧地熔铸在国家与集体之上。

(二)案例点评

案例一讲述了王富洲和中国登山队员们在中国精神的激励下,创造人类首次从北坡登顶珠峰的壮举。新中国成立初期,面临着严重经济困难和严峻外交形势,王富洲和中国登山队员们为了国家荣誉,为了解决中国与尼泊尔关于珠穆朗玛峰归属问题,毅然决然地接受了从北坡登顶珠峰的任务。登顶珠峰的任务无疑是艰难的,中国登山队不仅要面临登山技术落后的难题,也要忍受登山物资匮乏的窘境。但是王富洲和中国登山队员们在中国精神的激励下,克服了连"飞鸟也无法逾越"的"第二台阶",摆脱了与营地断联的困境,在经受缺氧、寒冷、饥饿、干渴等生死考验之后,征服了世界最高峰——珠穆朗玛峰,结束了中国人登顶珠穆朗玛峰尴尬的空白历史,实现了人类历史上首次从北坡登顶珠峰的壮举,为世界登山史写下了光辉的一页,也正式确定了珠峰北坡为中国领土,极大地推动了我国疆界的最终确定。

案例二讲述了王富洲在中国精神的砥砺下为祖国登山事业奋斗一生的事迹。在成功登顶珠峰的背后,王富洲经历了难以想象的艰辛和痛苦。王富洲在上大学前根本没有见过山,也没有爬过山。但是为了响应国家建设的需要,毅然决然加入了国家登山队。在攀登珠峰前的训练中,王富洲秉持着不怕苦、不怕累的信念和劲头,一丝不苟地完成登山教练规定的训练指标,练就了登山的真功夫。在攀登珠峰的过程中,登山队没有先进的技术装备,没有提前铺设好的保护绳,没有成熟的攀登路线可参考,吃的是泡面,喝的是白开水,用的话报机是欧洲军队淘汰的旧装备,但是王富洲凭借着百折不挠的劲头,成功走完了艰难的历程,实现了登顶珠峰的目标。在胜利攀登珠峰后,王富洲落了一身病,但他并未停下为国攀登的步伐,继续跨出了征服名山大川的脚步。王富洲用奋斗创造了人间奇迹;王富洲用奋斗为中国人民赢得了崇高的荣誉;王富洲用奋斗树起了世界登山史上的里程碑。

（三）教学建议

案例一、二可用于第三章第一节第二目和第四目"中国精神的丰富内涵""凝聚兴国强国的磅礴伟力"的案例教学。

引入案例一中王富洲和中国登山队员们在中国精神的激励下，创造人类首次从北坡登顶珠峰的壮举，使学生感悟到中国精神的丰富内涵表现为伟大创造精神。通过引入案例二中王富洲在中国精神的激励下为祖国登山事业奋斗的一生，使学生感悟到中国精神的丰富内涵表现为伟大奋斗精神。通过引入案例一中国登山队员们团结一致征服"飞鸟也无法逾越"的"第二台阶"的事迹，使学生感悟到中国精神的丰富内涵表现为伟大团结精神。通过引入案例一中国登山队在中国精神的激励下，秉持着山再高，往上攀，总能登顶的信念，实现从北坡成功登顶珠峰的伟大梦想的事迹，使学生感悟到中国精神的丰富内涵表现为伟大梦想精神。

通过引入案例一中国人民在中国精神的激励下团结一致，无私支援中国登山队的事迹，使学生理解中国精神是凝聚中国力量的精神纽带，这种中国精神在当今社会仍然发挥着重要的凝聚作用。通过引入案例一中王富洲和中国登山队员们在中国精神的激励下，创造人类首次从北坡登顶珠峰的壮举，使学生理解中国精神是激发创新创造的精神动力，这种中国精神仍然是当今实现梦想、应对挑战、创造未来的动力。通过引入案例一中国登山队员们为了能够在国际上确定珠峰北坡为中国领土，克服万难，为国攀登的事迹，使学生理解中国精神是推进复兴伟业的精神支柱，这种中国精神对于当今实现中华民族伟大复兴的中国梦发挥着巨大作用。

二、教学分析

（一）教学目标

理论知识目标：明确中国精神的丰富内涵，理解中国精神是凝聚兴国强国的磅礴伟力。

价值取向目标：通过王富洲的案例使大学生将中国精神转化为青春行动，勇做弘扬和践行中国精神的时代先锋，为国家富强、民族振兴、人民幸福贡献自己的智慧和力量。

（二）教学重难点

1. 中国精神的丰富内涵（重点）。
2. 凝聚兴国强国的磅礴伟力（难点）。

三、教学思路与方案设计

(一)教学思路

课堂教学内容分为两部分:一是"中国精神的丰富内涵",二是"凝聚兴国强国的磅礴伟力"。

教学第一部分"中国精神的丰富内涵"。教师布置前置作业,学生课前观看《极限海拔》,激发学生学习兴趣,对课堂内容提前把握。教师课上通过展示中国地质大学(武汉)陈华文创作的《攀登者》彩色绘本,导入教学内容。然后引入案例一中王富洲和中国登山队员们在中国精神的激励下,创造人类首次从北坡登顶珠峰的壮举,使学生感悟到中国精神的丰富内涵表现为伟大创造精神。引入案例二中王富洲为了祖国的登山事业奋斗的一生,使学生感悟到中国精神的丰富内涵表现为伟大奋斗精神。引入案例一中国登山队员们团结一致征服"飞鸟也无法逾越"的"第二台阶"的事迹,使学生感悟到中国精神的丰富内涵表现为伟大团结精神。引入案例一中国登山队秉持着山再高,往上攀,总能登顶的信念,打破了"中国人连珠峰都没有登顶过"的叫嚣狂言,实现了从北坡成功登顶珠峰的伟大梦想,使学生感悟到中国精神的丰富内涵表现为伟大梦想精神。

教学第二部分"凝聚兴国强国的磅礴伟力"。引入案例一中国人民在新中国成立初期,团结一致,无私支援中国登山队的事迹,使学生明确全国人民身上的这种强大的精神力量汇聚形成了中国精神,这种中国精神是凝聚中国力量的精神纽带,对当今全面建设社会主义现代化国家仍然发挥着重要作用。引入案例一中王富洲和中国登山队员们在登山装备和技术同时缺乏的情况下,依旧创造了从北坡登顶珠峰的奇迹,使学生理解中国精神是激发创新创造的精神动力,这种中国精神仍然是当今实现梦想、应对挑战、创造未来的动力。引入案例一王富洲和中国登山队员们为了能够在国际上确定珠峰北坡为中国领土,而克服万难、为国攀登的事迹,使学生理解中国精神是推进复兴伟业的精神支柱,这种中国精神对实现中华民族伟大复兴的中国梦发挥着巨大的作用。

(二)教学方案

教学步骤	教师活动	时间/分
导入新课	【展示绘本】 展示中国地质大学(武汉)陈华文创作的《攀登者》彩色绘本。 教师提问:有哪些地大人攀登过珠穆朗玛峰?最早的人是谁呢?由此引入王富洲的案例。	3

第八章　王富洲：以"攀登精神"完成人类首次从珠峰北坡登顶的地大校友

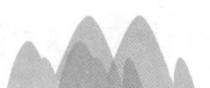

教学步骤	教师活动	时间/分
简介教学目标	【教学目标】 教师向学生简要介绍本次教学要达到的目标。	2
呈现教学材料，引导学生学习	【知识点一】中国精神的丰富内涵 　　在几千年的历史进程中，中国人民用勤劳和智慧书写了辉煌的中华历史，也培育铸就了独特的中国精神，为中国繁荣发展和人类文明进步提供了强大的精神动力。伟大创造精神、伟大奋斗精神、伟大团结精神、伟大梦想精神，传承中华民族的宝贵精神基因，汲取时代的丰厚精神滋养，是中国精神内涵的生动展现。 　1.伟大创造精神 【案例分析】 　　引入案例一中王富洲和中国登山队员们在中国精神的激励下，创造人类首次从北坡登顶珠峰的壮举，使学生感悟到中国精神的丰富内涵表现为伟大创造精神。 　　教师讲解：新中国成立初期面临着严重经济困难和严峻外交形势。王富洲和中国登山队员们为了国家荣誉，为了解决中国与尼泊尔关于珠穆朗玛峰归属问题，毅然决然地接受了从北坡登顶珠峰的任务。登顶珠峰的任务无疑是艰难的，中国登山队不仅要面临登山技术落后的难题，也要忍受登山物资匮乏的窘境。但是王富洲和中国登山队员们在中国精神的激励下，克服了连"飞鸟也无法逾越"的"第二台阶"，摆脱了与营地断联的困境，在经受缺氧、寒冷、饥饿、干渴等生死考验之后，征服了世界最高峰——珠穆朗玛峰，结束了中国人登顶珠穆朗玛峰尴尬的空白历史，创造了人类历史上首次从北坡登顶珠峰的壮举，为世界登山史写下了光辉的一页，也正式将珠峰北坡确定为中国领土，极大地推动了我国疆界的最终确定。 　　教师总结：中国登山队员们的壮举，体现了伟大创造精神。伟大创造精神是中国人民变通求新、革故鼎新、与时俱进等思想观念和实践智慧的集中体现。 　2.伟大奋斗精神 【案例分析】 　　引入案例二中王富洲在中国精神的激励下为祖国的登山事业奋斗一生的事迹，使学生感悟到中国精神的丰富内涵表现为伟大奋斗精神。 　　教师讲解：在成功登顶珠峰的背后，王富洲经历了难以想象的艰辛和痛苦。王富洲在上大学前根本没有见过山，也没有爬过山，但是为了响应国家建设的需要，毅然决然加入了国家登山队。在攀登珠峰前的日常训练中，王富洲秉持着不怕苦，不怕累的信念和劲头，一丝不苟地完成登山教练规定的训练指标，练就了登山的真功夫。在攀登珠峰的过程中，中国登山队没有成熟的攀登路线可参考、没有提前铺设好的保护绳可依靠，没有先进的技术装备可使用，吃的是泡面，喝的是白开水，但是王富洲凭借着百折不挠的劲头，实现了登顶珠峰的目标。在胜利攀登珠峰后，王富洲落下一身病，但他并未停下为国攀登的步伐，继续跨出了征服名山大川的脚步。王富洲用奋斗创造了人间奇迹；王富洲用奋斗为中国人民赢得了崇高的荣誉；王富洲用奋斗树起了世界登山史上的里程碑。	28

教学步骤	教师活动	时间/分
呈现教学材料，引导学生学习	教师总结：王富洲为祖国登山事业奋斗的一生，展示了伟大奋斗精神。伟大奋斗精神是激励中国人民在征服与改造自然、面对强敌入侵等困难和险境时敢于斗争、勇于拼搏、坚忍不拔、永不言败的动力源泉。 3.伟大团结精神 【案例分析】 　　引入案例—中国登山队员团结一致征服"飞鸟也无法逾越"的"第二台阶"的事迹，使学生感悟到中国精神的丰富内涵表现为伟大团结精神。 　　教师讲解：在珠峰北坡约8600m的地方，有一个30多米高的几乎垂直的峭壁，为了征服这块陡崖，中国登山队员团结一心，舍己为人，刘连满放弃自己登顶的机会，甘当人梯，让队友从他的肩膀上爬上去。而屈银华不忍心队友的肩膀被登山靴扎伤，脱掉了御寒的靴子，又因为脱鞋后太滑踩不稳而脱掉了鸭绒袜，导致自己的双脚被严重冻伤，失去了十个脚趾。中国登山队就是依靠着这种"搭人梯"的团结力量，征服了被外国登山队称为连"飞鸟也无法逾越"的"第二台阶"。 　　教师总结：中国登山队员团结一致征服"飞鸟也无法逾越"的"第二台阶"的事迹，展示了伟大团结精神。伟大团结精神体现了中国人民团结一心、同舟共济、同心同德、守望相助的精神品质。 4.伟大梦想精神 【案例分析】 　　引入案例—中国登山队秉持着山再高，往上攀，总能登顶的信念，实现了中国人从北坡成功登顶珠峰的伟大梦想，这些事迹使学生感悟到中国精神的丰富内涵表现为伟大梦想精神。 　　教师讲解：20世纪50年代，新中国百废待兴，登山运动方面一片空白。在这种情况下，登顶珠峰的梦想如果能实现，对于鼓舞全国人民，打破"中国人连珠峰都没有登顶过"的叫嚣狂言，显示中华民族的英雄气概，无疑具有重要意义。王富洲和中国登山队员们为了实现这个梦想，秉持着山再高，往上攀，总能登顶的信念，实现了中国人从北坡成功登顶珠峰的伟大梦想，他们在世界巅峰展开中华人民共和国国旗，将毛泽东半身雕像用五星红旗包裹着，放置在了顶峰西北角的岩石缝中。此次壮举显示了中国人民百折不挠、坚韧不拔的气概，反映了中国人民勇于追求梦想和实现梦想的执着精神。 　　教师总结：中国登山队员们成功从北坡登顶珠峰的事迹展示了伟大梦想精神。伟大梦想精神体现了中国人民敢于有梦、勇于追梦、不畏险阻、顽强拼搏的精神品质。	

第八章 王富洲：以"攀登精神"完成人类首次从珠峰北坡登顶的地大校友

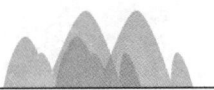

教学步骤	教师活动	时间/分
呈现教学材料，引导学生学习	【知识点二】凝聚兴国强国的磅礴伟力 1.凝聚中国力量的精神纽带 【案例分析】 　　引入案例一中国人民在新中国成立初期，团结一致、无私支援中国登山队的事迹，使学生理解这种中国精神是凝聚中国力量的精神纽带，这种中国精神对当今全面建设社会主义现代化国家仍然发挥着重要作用。 　　教师讲解：中国登山队挑战从北坡登顶珠峰的时候正值国家的困难时期，人民的温饱问题都没有解决，但是全国人民汇聚起万众一心、众志成城的强大精神凝聚力，一直无私支援中国登山队。可以说没有中国人民的无私支援，中国登山队就不可能成功登顶珠峰。 　　教师总结：中国人民在新中国成立初期，团结一致、无私支援中国登山队的事迹，展示了在社会主义革命和建设时期，中国精神是凝聚中国力量的精神纽带。当今，全面建设社会主义现代化国家，是一项伟大而艰巨的事业，前途光明，任重道远。我们必须有万众一心、众志成城的强大精神凝聚力。人民群众是历史发展和社会进步的主体力量，团结奋斗是中国人民创造历史伟业的必由之路。坚持和发展中国特色社会主义、实现中华民族的伟大复兴，最根本的力量在人民，最强大的力量在团结凝聚起来的人民。"大鹏之动，非一羽之轻也；骐骥之速，非一足之力也。"没有强大的精神力量，就会重演中国近代以来四分五裂、一盘散沙的悲剧。弘扬中国精神，对于维系中华民族的生存与发展、维护国家统一和民族团结发挥着重要的凝聚作用。 2.激发创新创造的精神动力 【案例分析】 　　引入案例一中王富洲和中国登山队员们在登山物资和技术同时缺乏的情况下，依旧创造了从北坡登顶珠峰的奇迹，使学生理解中国精神是激发创新创造的精神动力，这种中国精神仍然是当今实现梦想、应对挑战、创造未来的动力。 　　教师讲解：王富洲和中国登山队员们在攀登珠峰的过程中，没有先进的技术装备、没有成熟的攀登路线可参考、没有提前铺设好的保护绳，吃的是泡面，喝的是白开水，但是他们秉持着山再高，往上攀，总能登顶的信念，创造了从北坡登顶珠峰的奇迹，打破了"中国人连珠峰都没有登顶过"的叫嚣狂言，诠释出了中华民族的英雄气概。 　　教师总结：王富洲和中国登山队员们在登山物资和技术同时缺乏的情况下，创造了从北坡登顶珠峰的奇迹，诠释了中国精神是激发创新创造的精神动力，在社会主义革命和建设时期，这种中国精神发挥着重要的作用。例如，党和人民顺应科学技术发展潮流，在国防科技、民用科技、生物技术等领域创造了"两弹一星""杂交水稻""人工合成牛胰岛素"等突破性成就。当前，我们正在从事的中国特色社会主义事业是一项前无古人的创造性事业，中国精神作为兴国强国之魂的价值和意义更为凸显。实现梦想、应对挑战、创造未来的动力，只能从发展中来、从改革中来、从创新中来。推进新时代的伟大事业，必须有创新创造、向上向前的强大精神奋发力，勇于变革、勇于创新，永不僵化、永不停滞，使全体人民始终保持昂扬向上的精神状态。	

教学步骤	教师活动	时间/分
呈现教学材料,引导学生学习	3.推进复兴伟业的精神支柱 【案例分析】 　　引入案例一王富洲和中国登山队员们为了能够在国际上确定珠峰北坡为中国领土,而克服万难、为国攀登的事迹,引导学生理解中国精神是推进复兴伟业的精神支柱,这种中国精神对当今实现中华民族伟大复兴的中国梦发挥着巨大的作用。 　　教师讲解:在新中国成立初期,为解决中国与尼泊尔关于珠穆朗玛峰的归属问题,中国登山队在失去苏联援华登山技术专家与科技设备的情况下,依旧坚持挑战从北坡登顶珠峰。王富洲和中国登山队员们,克服万难,实现了人类历史上首次从北坡登顶珠峰的壮举,为世界登山史写下了光辉的一页,也正式确定了珠峰北坡为中国领土,极大地推动了我国疆界的最终确定。 　　教师总结:在社会主义革命和建设时期,王富洲和中国登山队员们为了能够在国际上确定珠峰北坡为中国领土,克服万难、为国攀登,体现了他们身上有坚如磐石的信仰。在这种信仰的影响下,我们党领导人民在旧中国一穷二白的情况下,努力探索符合中国国情的社会主义建设道路,建立起比较完整的工业体系和国民经济体系,为在新的历史时期发展中国特色社会主义提供了宝贵经验和物质基础。世界上没有一个民族能够亦步亦趋走别人的道路实现自己的发展振兴,也没有一个民族会在心神不定、游移彷徨中成就自己的光荣和梦想。实现中华民族伟大复兴的中国梦,需要我们正确认识当代世界和中国发展大势,正确认识中国特色和国际比较,增强民族自尊心和自信心,坚定不移走自己的路,使全体人民拥有坚如磐石的精神和信仰力量,坚定不移把中国特色社会主义事业不断推向前进。	
知识拓展	【地大精神】 　　中国地质大学(武汉)的精神图谱。 　　攀登精神:地大登山科考工作者始终扎根中国、胸怀世界,为国家尊严而登山,为服务科考而登山,在艰苦的条件下挑战身体的极限,以"无坚不可摧"的强大意志、"山高人为峰"的精神境界,勇攀自然界的一座座高峰,一次次书写新的"登山神话",一次次创造新的"中国记录",为我国登山运动事业作出了重要贡献。同时,一代代地大人跋山涉水、卧冰踏雪,敢啃"硬骨头"、敢闯"无人区",勇攀科学高峰。在地大人为国攀登的过程中,逐渐孕育了"扎根中国、胸怀天下、勇攀高峰、追求卓越"的攀登精神,滋养和影响了一代代地大人。2022年,学校建设落成《攀登》雕塑,将攀登精神以视觉艺术的形式呈现出来。2024年,讲述地大攀登故事、弘扬地大攀登精神的"为国攀登"思政大课在人民网云开讲,超过400万人观看,引起广泛关注。	6

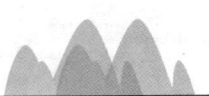

教学步骤	教师活动	时间/分
知识拓展	南迁办学精神：1952年，应国家建设急需，在毛泽东同志"开发矿业"的伟大号召下，在李四光先生"新中国办起了惊天动地的事业"的宣告中，北京地质学院诞生了。1970年，学校南迁，辗转多地，最后定址武汉。全体师生艰苦奋斗、自力更生，克服了难以想象的困难，开始了"乌兰牧骑式"的多点办学，边迁校、边建校、边招生、边教学、边科研，风雨兼程重建教育体系，实现目标重心转移，在中国精神的滋养下，与荆楚文化和武汉精神相互交融，形成了"胸怀大局、初心如磐、艰苦创业、勇攀高峰"的南迁办学精神。 校训精神：中国地质大学校训"艰苦朴素　求真务实"是校友温家宝于1994年10月19日回母校后为学校题的词。"艰苦"，就是要发扬艰苦奋斗的精神，不畏艰难困苦，勇攀科学和人生的高峰，奋力达到光辉的顶点。"朴素"，就是要保持朴素无华的本色，言行诚实、生活简朴，不虚假、不奢侈、不浮夸，永葆真情、永做真人。"求真"，就是要坚定追求真理的信念，不迷信权威，不因循旧习，努力探索和实践，揭示自然的奥秘、社会的法则和人生的真谛。"务实"，就是要发扬务实前行的作风，不图虚名、不骛虚声，唯以求真的态度，做踏实的功夫，永远向前看、向前做、向前行。	
教学小结	教师简要梳理本节课教学内容，并强调重点难点内容。	3
课后作业	【绘本画家】 学生课后观看"为国攀登"思政大课，并AI绘图——地大精神图谱。	3

四、教学方法推荐

  对"中国精神的丰富内涵"部分知识的教学适宜采用案例式教学法和启发式教学法。从教学内容来看，本部分讲述了伟大创造精神、伟大奋斗精神、伟大团结精神、伟大梦想精神4个部分，内容较多，如果仅仅局限于课本教材所列出的内容来授课，很容易使课堂空洞、没有说服力。因此，利用中国地质大学知名校友王富洲的事迹能够激发学生学习的积极性、增加课堂活力。王富洲和中国登山队员们在中国精神的激励下，创造人类首次从北坡登顶珠峰的壮举，引导学生理解中国精神的丰富内涵表现为伟大创造精神。从王富洲为了祖国的登山事业奋斗的一生，引导学生理解中国精神的丰富内涵表现为伟大奋斗精神。中国登山队员团结一致征服连"飞鸟也无法逾越"的"第二台阶"的事迹，引导学生理解中国精神的丰富内涵表现为伟大团结精神。中国登山队秉持着山再高，往上攀，总能登顶的信念，实现了从北坡成功登顶珠峰的壮举，引导学生理解中国精神的丰富内涵表现为伟大梦想精神。

  对"凝聚兴国强国的磅礴伟力"部分知识的教学适宜采用案例式教学法和启发式教学法。从教学内容来看，本部分讲述了中国精神是凝聚中国力量的精神纽带、激发创新创造的精神

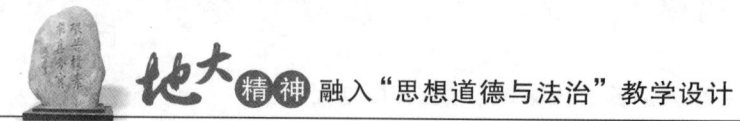

动力、推进复兴伟业的精神支柱 3 个部分。用中国人民在新中国成立初期,团结一致,无私支援王富洲和中国登山队员们从北坡登顶珠峰的事迹,引导学生理解中国精神是凝聚中国力量的精神纽带,这种精神对当今全面建设社会主义现代化国家仍然发挥着重要作用。王富洲和中国登山队员们在登山物资和技术同时缺乏的情况下,依旧创造了从北坡登顶珠峰的奇迹,引导学生理解中国精神是激发创新创造的精神动力,这种中国精神仍然是当今实现梦想、应对挑战、创造未来的动力。从王富洲和中国登山队员们为了能够在国际上确定珠峰北坡为中国领土,而克服万难、为国攀登的事迹,引导学生理解中国精神是推进复兴伟业的精神支柱,这种精神对实现中华民族伟大复兴的中国梦发挥着巨大的作用。

第九章 欧阳自远：实现从"地"到"天"神奇跨越的嫦娥之父

一、教学案例——欧阳自远

欧阳自远(1935年—)，天体化学与地球化学家、中国月球探测工程首任首席科学家，中国科学院院士、发展中国家科学院院士、国际宇航科学院院士（图1）。2014年11月4日，国际小行星命名委员会将由中国国家天文台发现并获得国际永久编号的第8919号小行星正式命名为"欧阳自远星"，以表彰他为中国月球探测事业所做出的杰出贡献。

欧阳自远作为学术界的泰斗，其学术成就和贡献在多个领域均达到了顶尖水平。他不仅是一位国际宇航科学院院士，还获得了第十四届世界杰出华人奖，并被誉为"嫦娥之父"，这些荣誉和称号充分体现了他在航天领域的杰出贡献和影响力。即使到了耄耋之年，欧阳自远仍然保持着对科学的热情和对探索的渴望。他的这种精神不仅激励着年轻的科研工作者，也成为了中国科学界的一面旗帜。

图1 欧阳自远（1935年—）

（一）案例呈现

案例一：仰望星空，攻克难关开辟空间时代

"去唤醒沉睡的高山"

1935年，欧阳自远出生在山水秀美、人才辈出的江西吉安。出生时，他的舅舅正好读到《论语》中的"有朋自远方来，不亦乐乎？"欧阳自远的名字由此而来。彼时，沉浸在喜悦中的长

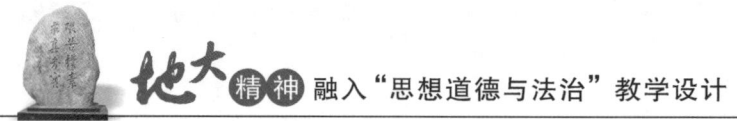

辈们不会想到,这个小男孩长大以后会"入地上天",将探索的目光投向广袤的宇宙。

1952年,新中国首次高考拉开序幕,数万名考生走进考场,17岁的欧阳自远是其中之一。欧阳家世代行医,欧阳自远的父母希望他报考医学专业,但他却有自己的想法。"1952年考大学,当时我们国家非常贫穷落后,广播里响着'年轻的学子们,你们要去唤醒沉睡的高山,让它们献出无尽宝藏',我就是被这句话深深地打动了。"谈及当年的选择,欧阳自远微笑着说道,他的思绪似乎一瞬间又回到了那广袤的土地上,那些他不畏艰苦也要探索的山地。看到孩子想为中国工业发展作贡献的决心,欧阳自远的父母最终选择支持他的决定。于是,欧阳自远报考了北京地质学院(中国地质大学前身)金属与非金属矿产勘探系。

背上行囊远赴北京,大学期间的专业学习对他产生了深远的影响。1956年欧阳自远于北京地质学院毕业。此后,他以优异成绩考上了中国科学院地质研究所矿床学副博士研究生,开始研究长江中下游铁矿与铜矿的成因与找矿方向。1957年,他第一次独自到安徽和湖北的矿区进行地质调查和研究,下到矿井坑道里观察矿脉,描述岩层,采集样品带回研究所进行分析测试,其撰写的论文,为长江中下游矽卡岩矿床的理论研究和寻找提供了重要依据。

欧阳自远始终觉得,当一个人把自己的目标、追求与国家命运紧紧联系在一起时,就能够拥有无限的推动力和积极性。在工作中,他也一直践行着这句话。他的多项研究为我国科技事业发展起到了关键性的作用,其中,他研究核爆对地质和矿物的影响,为我国核试验领域作出卓越贡献。1964年,他接受中国人民解放军国防科学技术委员会(简称国防科委)的委托,组织了一支多学科相结合的综合研究队伍,负责我国地下核试验场和试验前后的地质综合研究。张爱萍(时任国防科委副主任)将军找到他,对他说:"你是学地质的,也学过核物理,周恩来总理作了指示,核爆炸实验'绝对不能污染地下水',否则'你我都是中国的罪人'。"回忆这个场景,欧阳自远眼神明亮了起来,"多么大的压力啊!但我有了这个劲儿,天大的困难都能够克服。"虽已耄耋之年,他仍声若洪钟。此后,他相继参与并完成了第一次、第二次地下核试验、高空核爆炸、触地核爆炸试验等方面的重要研究任务。

从"地"到"天"的跨越

在欧阳自远办公室的墙上,挂着一幅巨大的全月球影像图。这张图由"嫦娥二号"的立体相机拍摄,是迄今为止分辨率最高、应用最广泛的全月球影像图。

从地球化学家到天体化学家、中国天体化学领域的开创者,再到中国探月工程的首任首席科学家,欧阳自远实现了从"地"到"天"的一个神奇跨越。1957年,苏联发射了第一颗人造地球卫星,拉开了人类空间时代的序幕。1958年,苏联和美国开始探测月球。虽然此时的中国百废待兴,但他的心里已经埋下了未来探索太空的种子,思考中国的太空时代何时到来,该如何准备。没有太空样本,欧阳自远将目光转向了陨石。在欧阳自远口述、滕斐整理的《嫦娥奔月:中国月球探测工程首任科学家欧阳自远的故事》一书中,记录了他与陨石结缘的故事。

1958年,欧阳自远接触到了他生命中的第一颗陨石。当时,在广西南丹发现了一种不能够被熔炼成钢铁的"铁矿石",当地技术人员把样品带回北京,向中国科学院地质研究所专家请教。欧阳自远仔细研究后发现,这不是"铁矿石",而是铁陨石。这次与陨石的意外结缘,也让他开辟了一条新的研究道路。1976年的吉林陨石雨则为欧阳自远提供了深入研究陨石的契机,也是他在天体研究中的重要转折点。提到吉林陨石雨这迄今为止世界上规模最大的陨石坠落事件,欧阳自远幽默地说道,"当时五个县噼里啪啦掉了很多石头,像大火球一样落下,村民们吓坏了,以为是敌人在袭击我们。但巧的是,没有砸坏老乡的一片瓦。"在中国科学院的组织下,地球科学、天文科学和力学研究所联合国内多所高等院校的专家组成了一个全国性的联合科学考察组,由欧阳自远带队,对吉林陨石进行了世界上规模最大的深入而系统的综合研究,并先后与美国、德国、瑞士和日本等国密切合作,发表了一系列具有国际先进水平的论文。

1978年,欧阳自远获得了研究美国宇航员从月球表面带回的岩石的机会。难得的科研机会也让他认识到,随着科技的发展,月球的战略意义和科学、经济价值都将高于当时国际上热衷的南极开发。1992年,中国载人航天工程立项,欧阳自远从中看到了月球探测的希望。1994年,欧阳自远等专家开始论证探月工程的可行性。2004年,第一期绕月探测正式立项,并正式命名为"嫦娥工程",欧阳自远被任命为中国探月工程首席科学家。2007年10月24日18时5分,"嫦娥一号"绕月探测卫星在西昌发射升空。11月5日上午11时37分,"嫦娥一号"第一次近月制动成功,卫星速度定格在2.06km/s。那一刻,欧阳自远和总指挥栾恩杰、总设计师孙家栋情不自禁地拥抱到了一起,他眼睛泛着泪花,哽咽地说:"绕起来啦,绕起来啦……"此后,作为探月工程二期先导星的"嫦娥二号"探测器成功发射;"嫦娥三号"探测器成功落月,实现了中国航天器首次地外天体软着陆;"嫦娥四号"探测器实现了人类历史上首次对月球背面的软着陆就位探测;"嫦娥五号"月球探测器实现了首次地外天体自动采样返回……

案例二:科研报国,领航嫦娥奔月取壤

1935年,欧阳自远出生在江西古城吉安。有着强烈求知欲和好奇心的他,从小就对星空产生了浓厚的兴趣。1952年报考大学时,恰逢新中国提出实现国家工业化,号召广大青年"唤醒沉睡的高山,献出无穷的宝藏",这让他热血沸腾,毅然决然响应国家号召,报考了当时国家最需要的地质学专业。从北京地质学院(现中国地质大学(北京))毕业后,他又报考了中国科学院地质研究所,成为研究矿床成因与找矿方向的副博士研究生。

欧阳自远利用一切机会开始自学天文学、月球科学和行星科学等方面的专业知识。他一方面收集整理、综合分析研究美苏两国探测月球与行星的科学目标、技术路线、载荷性能和探测成果;另一方面开始研究各类地外的物质,如陨石、宇宙尘埃、月球和火星的岩石等,建立相关的实验室,并结合国情,着手梳理中国开展月球和火星探测的战略目标、发展步骤和规划。历经35年的不懈努力,1993年,欧阳自远正式请求国家组织专家对开展月球探测进行评审论证:首先是对"中国开展月球探测的必要性与可行性研究"进行论证;继而是对"中国开展月球探测的发展战略与长远规划研究"的论证;最后进行"中国首次月球探测的科学目标、载荷配置和可实现性研究"的专家论证。1994—2003年,历次论证都得到了各个专家委员会的一致同意和支持。

2004年1月,"嫦娥一号"探月计划正式获批,已近古稀之年的欧阳自远成为这项计划的首席科学家,肩负起制定中国首次月球探测科学目标设计的重任。2007年,中国发射了第一个月球探测器"嫦娥一号",成功绕月探测16个月,取得了月球空间环境、全球性地形地貌、地质构造、土壤厚度分布、岩石与矿产的类型和分布等方面的一系列科学探测重大成果。2010年,中国发射了"嫦娥二号"探测器,绕月运行8个月,首次绘制了全月球最高分辨率为7m的地形图和三维立体图,全面提高了"嫦娥一号"各项探测数据的精度。在完成月球探测任务后,"嫦娥二号"又受控飞往距离地球150万km的日地引力平衡的L2轨道,连续工作235天,取得了人类首次完备的太阳爆发和太阳活动纪录。此后,"嫦娥二号"再立新功,飞往700万km之外的图塔蒂斯小行星进行交会探测,首次取得了小行星形状、大小与表面特征图像。当前,"嫦娥二号"已成为一颗绕太阳运行的人造小天体。2013年,"嫦娥三号"首次实现了中国探测器软着陆月球风暴洋虹湾地区,进行着陆器的就位探测和月球车的巡视探测。这是国际上首次开展"观天、看地和测月"探测。2019年初,"嫦娥四号"成为人类首次成功登陆月球背面的探测器。除正常开展月球背面的地形地貌、岩石成分、表面环境探测外,"嫦娥四号"充分利用月球背面特殊条件,首次探测来自深空的低频和甚低频信息、月球背面中子和辐射剂量、中性原子等,首次发现了月球深部古老的月幔岩石,揭开了古老月背的神秘面纱。

2020年,"嫦娥五号"先后经历了两次发射起飞(地球与月球)、两次着陆(月球与重返地球)、近月空间无人自动交会对接、在月面铲取和钻孔取样品、首次将月壤和月岩碎块(1731g)带回地球等操作环节,完成了迄今中国月球探测最复杂、最艰巨的一次任务,并成功收官。有国外媒体评价说这是"中国迄今为止最雄心勃勃的探月使命",是"风险最大的太空任务之一"。2020年12月17日,"嫦娥五号"返回器带着1731g月球土壤和陨石碎块样本,稳稳降落在内蒙古四子王旗着陆场。国家立即组织全国各相关高等院校和研究院所,开展实验室的系统测试与研究。在短短的几个月内,研究成果相继在《科学》《自然》等国际国内重要科学杂志上发表。

从"嫦娥一号"到"嫦娥五号",欧阳自远见证了中国探月工程的每一个环节。

1978年,美国赠送给中国1g月球土壤,欧阳自远协同相关实验室,只用其中0.5g进行研究就发表了14篇论文,加深了对月球演化历史的理解。40多年后,我们自主采回了1731g的月球土壤和月岩碎块,并取得了举世瞩目的研究成果。

欧阳自远表示,我们的宗旨是:别人做过的基础性科学探测,我们也必须要做,而且一定要比别人做得好;别人没有做过的、又具有重大科学意义的项目,我们也必须做出创新性的重大成果。

"深空探测,探月只是一个起点,我们的目光已朝向更广阔的太阳系空间。"欧阳自远说,"嫦娥五号"成功"挖土"归来,让中国未来更有底气去火星、小行星等地外天体探测并采样返回,更有信心去探索太阳系的星辰大海。

他认为,探月精神是对中国"两弹一星"精神、载人航天精神的继承。"有多少当年参与'两弹一星'的科学家,默默无闻地奋斗了一辈子,最后怀揣着科学理想走到生命的尽头,直到埋骨戈壁滩都没能看到自己的梦想实现。而我已经能看到梦想在遥远的太空深处展现的淡

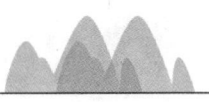

淡轮廓。"作为我国天体化学学科的开创者、月球探测工程的首任首席科学家,欧阳自远始终强调,"是国家的发展与重大需求,引导和培育我成长。"

在欧阳自远看来,中国的载人登月肯定会有,但必须与无人月球探测阶段相衔接。"2035年前,我国将建成月球科研站,择机实施载人登月探测以及建设有人驻留的月球基地,开发利用月球能源、资源与环境。月球上不仅太阳能非常丰富,还有很多矿产资源。月球没有大气、没有磁场,这一特殊环境可用于生产一些生物制品和新材料。月球还将成为载人登陆火星的转运站。我们还将进行火星与小行星取样返回,还要开展行星穿越探测,探测木星及其卫星系统。中国要向太阳系的星辰大海挺进,这是我们的目标。"欧阳自远说。

(二)案例点评

案例一讲述了欧阳自远时刻将个人的发展同国家的发展进步紧密关联,不断为国家的科技事业贡献力量的事迹。欧阳自远自从青年起便将自己的科研道路与国家需要紧紧联系在一起。在报考大学时,他违背了家中希望他承继医学祖业的意愿,毅然决然地报考了当时国家最需要的地质学专业,立志为中国工业发展作贡献。在工作中,他也将自己的目标、追求与国家命运紧紧联系在一起。早期,他在地质研究方面的成果为我国科技事业发展起到了关键性的作用。后来又时逢苏联和美国探测月球,还在矿洞里观察矿脉和岩石的欧阳自远意识到中国也需要抓紧开辟太空领域了。于是,他把精力放到了陨石、月球和行星地质研究上,开始利用一切机会自学专业知识,要为中国空间时代的早日到来做准备。历经45年的不懈努力,"嫦娥一号"探月计划正式获批,已近古稀之年的欧阳自远成为这项计划的首席科学家,肩负起制定中国首次月球探测科学目标设计的重任。欧阳自远这种时刻把自己的目标、追求与国家命运紧紧联系在一起的信念,彰显了以爱国主义为核心的民族精神。

案例二讲述了中国探月工程的发展历程。1978年,欧阳自远得到美国赠送给中国的1g月球土壤,拉开了我国探月工程的序幕;1992年,中国载人航天工程立项,欧阳自远从中看到了月球探测的希望;1994年,欧阳自远等专家开始论证探月工程的可行性;2004年,第一期绕月探测正式立项,正式命名为"嫦娥工程",欧阳自远被任命为中国探月工程首席科学家;2007年,中国发射了第一个月球探测器"嫦娥一号",成功绕月探测16个月;2010年,中国发射了"嫦娥二号"探测器,绕月运行8个月;2013年,"嫦娥三号"探测器成功落月,实现了中国探测器首次地外天体软着陆;2019年初,"嫦娥四号"探测器实现了人类历史上首次对月球背面的软着陆就位探测;2020年,"嫦娥五号"月球探测器实现了首次地外天体自动采样返回;如今,中国对月球有了更深层的认知,但是探索的脚步仍然没有停歇。探月是一项极其复杂艰巨的任务,中国能在月球探测领域取得成就源于欧阳自远和中国航天工作者们多年的奋斗。

(三)教学建议

案例一、二可用于第三章第一节第四目"弘扬以爱国主义为核心的民族精神""弘扬以改革创新为核心的时代精神"的案例教学。

通过引入案例一中欧阳自远时刻将个人的发展同国家的发展进步紧密联系,不断为国家的科技事业贡献力量的事迹,引导学生感受欧阳自远身上以爱国主义为核心的民族精神。通过梳理案例二中国探月工程时间轨迹,使学生明白探月是一项极其复杂和艰巨的任务,中国能在月球探测领域由弱变强,逐渐发展到世界一流水平,就是源于欧阳自远和中国航天工作者们夜以继日的奋战,坚定地走独立自主的研发之路,引导学生弘扬以改革创新为核心的时代精神。

二、教学分析

(一)教学目标

理论知识目标:明确以爱国主义为核心的民族精神和弘扬改革创新为核心的时代精神。

价值取向目标:通过欧阳自远的案例使学生将中国精神转化为青春行动,勇做弘扬和践行中国精神的时代先锋,为国家富强、民族振兴、人民幸福贡献自己的智慧和力量。

(二)教学重难点

1. 弘扬以爱国主义为核心的民族精神(重点)。
2. 弘扬以改革创新为核心的时代精神(难点)。

三、教学思路与方案设计

(一)教学思路

课堂教学内容分为两部分:一是"弘扬以爱国主义为核心的民族精神",二是"弘扬以改革创新为核心的时代精神"。

教学第一部分"弘扬以爱国主义为核心的民族精神"。通过月球土壤的故事,导入教学内容。引入案例一欧阳自远时刻将个人的发展同国家的发展进步紧密联系,不断为国家的科技事业贡献力量的事迹,引导学生弘扬以爱国主义为核心的民族精神。

教学第二部分"弘扬以改革创新为核心的时代精神"。通过梳理案例二中国探月工程的时间轨迹,使学生明白探月是一项极其复杂和艰巨的任务,中国能在月球探测领域由弱变强,逐渐发展到如今世界一流水平,创造了中国月球探测领域的奇迹,就是源于欧阳自远和中国航天工作者们夜以继日地奋战,坚定地走独立自主的研发之路,引导学生弘扬以改革创新为核心的时代精神。

(二)教学方案

教学步骤	教师活动	时间/分
导入新课	【师生互动】 　　教师讲解:2020年12月17日,"嫦娥五号"返回器带着1731g月球土壤和陨石碎块样本,稳稳降落在内蒙古四子王旗着陆场,完成了迄今中国月球探测最复杂、最艰巨的一次任务,并成功收官。 　　教师提问:中国第一次接触到月球土壤是什么时候? 　　根据学生回答,教师总结:中国第一次接触到月球土壤样品是在1978年。当时正处于美苏冷战时期,为了争夺第一的位置,美国投入大量人力、财力到航天事业中。短短3年,美国就登月了6次,总计带回382kg的月岩。根据NASA(美国国家航空航天局)的记录,美国一共向145个国家赠送了月球土壤。当时中国也获赠了1g月球土壤,其实在当时,这1g也是十分珍贵的,毕竟中国当时还没有登月的实力。	5
简介教学目标	教师向学生简要介绍本次课程教学要达到的目标。	2
呈现教学材料,引导学生学习	【知识点】实现中国梦必须弘扬中国精神 1.弘扬以爱国主义为核心的民族精神 【案例分析】 　　引入案例一中欧阳自远时刻将个人的发展同国家的发展进步紧密联系,不断为国家的科技事业贡献力量的事迹,引导学生感受欧阳自远身上以爱国主义为核心的民族精神。再通过教师提问,使学生了解20世纪面对国外的封锁,中国航天领域的艰难发展历程,启发学生今后面对难题时坚定信心、克服万难。 　　教师讲解:欧阳自远始终觉得,当一个人把自己的目标、追求与国家命运紧紧联系在一起时,就能够拥有无限的动力和积极性。在工作中,他也一直践行着这句话。早期,他在地质研究方面的成果为我国科技事业发展起到了关键性的作用。后来又时逢苏联和美国探测月球,还在矿洞里观察矿脉和岩石的欧阳自远意识到中国也需要抓紧开辟太空领域了。于是,他把精力放到了陨石、月球和行星地质研究上,开始利用一切机会自学专业知识,要为中国空间时代的早日到来做准备。历经45年的不懈努力,"嫦娥一号"探月计划正式获批,已近古稀之年的欧阳自远成为这项计划的首席科学家,肩负起制定中国首次月球探测科学目标设计的重任。	30

教学步骤	教师活动	时间/分
呈现教学材料，引导学生学习	教师总结：欧阳自远这种时刻把自己的目标、追求与国家命运紧紧联系在一起的信念，彰显了以爱国主义为核心的民族精神，值得所有同学传承和弘扬。使学生明确民族精神是一个民族在长期共同生活和社会实践中形成的，为本民族大多数成员所认同的价值取向、思维方式、道德规范、精神气质的总和，是一个民族赖以生存和发展的精神支柱。在五千多年的历史发展进程中，中华民族形成了以爱国主义为核心的伟大民族精神。 【师生互动】 　　教师讲解：要知道探月是一项极其复杂和艰巨的任务，不光需要投入大量的人力、物力、财力和技术支持，需要保障航天员的安全，也需要考虑政治、外交和国际环境的因素。 　　提问：20世纪的国际环境对中国的航天领域有什么影响？ 　　教师总结：中国在20世纪末受到了美国对中国航天领域的封锁，禁止NASA与中国航天机构开展任何形式的航天合作。面对国外对中国航天领域的封锁，欧阳自远和中国航天科研人员坚定地走独立自主研发之路，经过多年以来夜以继日地奋战，我国的航天技术由弱变强，逐渐发展到如今世界一流水平，捍卫了国家的尊严和荣誉，生动展现了以爱国主义为核心的民族精神，为中国人民克服艰难险阻、实现中华民族伟大复兴提供了不竭精神力量。 2.弘扬以改革创新为核心的时代精神 【案例分析】 　　通过梳理案例二中国探月工程的时间轨迹，使学生明白探月是一项极其复杂和艰巨的任务，中国能在月球探测领域由弱变强，逐渐发展到如今世界一流水平，创造了中国月球探测领域的奇迹，就是源于欧阳自远和中国航天工作者们坚定地走独立自主的研发之路，引导学生弘扬以改革创新为核心的时代精神。 　　教师讲解：在人类历史的探索之路上，登月球一直是一个展示国家科技实力、开创新篇章的壮举。然而在20世纪，美国对中国航天领域却进行了严格的封锁，禁止NASA与中国航天机构开展任何形式的航天合作。欧阳自远在这种情况下，坚定地走独立自主的研发之路，利用一切机会自学天文学、月球科学和行星科学等方面的专业知识，为开辟中国的空间时代做准备。1978年，欧阳自远得到美国赠送给中国的1g月球土壤，拉开了我国探月工程的序幕；1992年，中国载人航天工程立项，欧阳自远从中看到了月球探测的希望；1994年，欧阳自远等专家开始论证探月工程的可行性；2004年，第一期绕月探测正式立项，并正式命名为"嫦娥工程"，欧阳自远被任命为中国探月工程首席科学家；2007年，中国发射了第一个月球探测器"嫦娥一号"，成功绕月探测16个月；2010年，中国发射了"嫦娥二号"探测器，绕月运行8个月；2013年，"嫦娥三号"探测器成功落月，实现了中国航天器首次地外天体软着陆；2019年初，"嫦娥四号"探测器实现了人类历史上首次对月球背面的软着陆就位探测；2020年，"嫦娥五号"自主采回了1731g的月球土壤和月岩碎块，并取得了举世瞩目的研究成果。如今，中国对月球有了更深层的认知，但是探索的脚步仍然没有停歇。	

· 102 ·

第九章 欧阳自远：实现从"地"到"天"神奇跨越的嫦娥之父

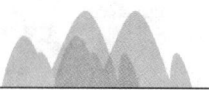

教学步骤	教师活动	时间/分
呈现教学材料，引导学生学习	教师总结：时代精神是一个国家和民族在新的历史条件下形成和发展的，体现民族特质并顺应时代潮流的思想观念、价值取向、精神风貌和社会风尚的总和。改革开放以来，党带领人民在继承和弘扬伟大民族精神的基础上，立足新的时代条件，形成了以改革创新为核心的时代精神。欧阳自远的亲身经历告诉我们创新的道路是艰难的，创新是要站在巨人肩膀上，对难题寻找新的解决途径或方案，但是只要坚定信心、克服万难，便能彰显以改革创新为核心的时代精神。改革开放40多年来，党带领人民取得举世瞩目的巨大成就，靠的就是这种不断改革创新的进取精神。在以改革创新为核心的时代精神勉励下，青年也在寄托着民族复兴梦想的事业中贡献自己的力量，参加"嫦娥五号"任务的青年人才平均年龄 32.5 岁、"长征三号"甲系列运载火箭总体设计团队平均年龄不到 30 岁、北斗卫星团队核心人员平均年龄 36 岁、"墨子号"量子卫星团队平均年龄不到 35 岁、中国天眼 FAST 团队平均年龄仅 30 岁、"蛟龙号"潜水器团队平均年龄 32 岁、中欧班列始发技术维修团队平均年龄不到 30 岁……从提升科技自立自强能力建设现代化产业体系的最前沿，到全面深化改革扩大高水平对外开放的第一线，处处活跃着敢闯敢干的青春身影，迸发出敢拼敢赢的青春力量，在各行各业创造无限可能。 【师生互动】 提问：因为探月耗费了巨大的物资，所以有人说"登月无用，不如拿来改善民生"，这种说法有道理吗？ 教师讲解：人类航天活动是促进人类文明进步的活动，是人类发展到一定阶段的必然趋势，航天活动越发达，人类就会越进步，这与改善民生没有矛盾。航天活动对人类文明的提升有两个方面的作用，一个是增加了对天体、地球形成和演化运行规律的认识，这种认识越深刻，越能够指导人类规避风险，发展文明，对人类今后生存延续起到本质上的帮助；二是航天技术是人类社会的顶尖技术，这些技术并非单纯用在航天，而都渐渐转化为社会生活通用技术。现代的通信、GPS 导航、医疗设施等生活一切方面的科技发展都有航天技术的影子，如微波炉最早用在空间站上，就连纸尿裤最初也是研发出来供航天员使用的。 教师总结：青年弘扬以改革创新为核心的时代精神，就是要树立突破成规、大胆探索、敢于创造的思想观念，从不合实际、不合规律的观念和体制的束缚中解放出来，从错误和教条式的思想观念中解放出来。弘扬以改革创新为核心的时代精神，就是要增强不甘落后、奋勇争先、追求进步的责任感和使命感，以"落后就会挨打"的危机感和忧患意识自我警醒，以只争朝夕的奋发精神和竞争意识自我激励。弘扬以改革创新为核心的时代精神，就是要保持坚韧不拔、自强不息、锐意进取的精神状态，有"敢啃硬骨头""敢涉险滩"的闯劲，有"咬定青山不放松"的韧劲，有"生命不息，奋斗不止"的拼劲。	

教学步骤	教师活动	时间/分
知识拓展	【探月精神】 　　随着2004年嫦娥工程启动,探月计划的首席科学家欧阳自远与研制建设的全体人员不畏艰难、勇于创新,创造了月球探测的中国奇迹。孕育形成了"追逐梦想、勇于探索、协同攻坚、合作共赢"的"探月精神",并于2021年9月被党中央第一批纳入中国共产党人精神谱系。一代又一代地大人比肩接踵,继承和弘扬"探月精神",全力探索天空的奥秘。 　　地大行星科学研究所所长肖龙作为"嫦娥五号"钻取子系统飞控专家组成员,参与了"嫦娥五号"取土作业的两项关键任务——模拟月壤和采样点地质地貌地图绘制。肖龙团队从2009年开始做模拟月壤。10年间,他带领团队北至黑龙江,南到海南,收集各种岩石和土壤,研制出成分、颗粒、形态等都与月球相似的模拟月壤,共60多个种类。经过反复筛选和上千次的试验,其中10多种最终被确认为试验用月球土壤。该团队先后提供了100多吨用于月面采样工程技术验证的模拟月壤。 　　2020年,"嫦娥五号"样品舱带回了1731g月球样品,这是我国首次完成地外天体样品采集。中国地质大学(武汉)获得"嫦娥五号"首批月球样品,取得一系列研究成果,并得到了国际社会的认可。学校相关研究团队的研究成果在《自然·天文学》(Nature Astronomy)等期刊上发表了多篇文章。	5
教学小结	教师简要梳理本节课教学内容,并强调重点和难点。	1
课后作业	【脚踏实地】 　　学生课后参观中国地质大学逸夫博物馆行星与地球展厅。	2

四、教学方法推荐

　　对"实现中国梦必须弘扬中国精神"部分知识的教学适宜采用案例式教学法和启发式教学法。从教学内容来看,本部分讲述了弘扬以爱国主义为核心的民族精神、弘扬以改革创新为核心的时代精神两个部分,如果仅仅局限于课本教材所列出的内容来授课,很容易使课堂空洞、没有说服力。因此,教师利用中国地质大学知名校友欧阳自远的事迹能够激发学生学习的积极性、增加课堂活力。通过欧阳自远时刻将个人的发展同国家的发展进步紧密联系、不断为国家的科技事业贡献力量的事迹,引导学生弘扬以爱国主义为核心的民族精神。通过欧阳自远和中国航天工作者们坚定地走独立自主的研发之路的事迹,引导学生弘扬以改革创新为核心的时代精神。

第十章 郝诒纯：从为党潜伏的特工到地学报国的杰出女性

一、教学案例——郝诒纯

郝诒纯（1920—2001年），湖北咸宁人，地质学与古生物学家，中国科学院院士（图1）。1936年加入中国共产党，1943年毕业于国立西南联合大学地质地理气象学系，1946年清华大学地层古生物学研究生毕业，1980年当选为中国科学院学部委员（院士），2001年6月13日逝世。曾任中国地质大学教授、九三学社中央副主席、全国妇联副主席。长期致力于生物地层学、古生物学和微体古生物学科研和教学。主持完成《松辽平原白垩－第三纪介形虫》《西宁民河盆地中侏罗世－第三纪地层及介形虫、轮藻化石》等重要著作。开展微体古生物的古海洋学及海洋地质学研究，主持完成《冲绳海槽第四纪微体古生物群及其地质意义》等专著。

纵观郝诒纯的一生，她始终没有忘记立志报国的初心，将自己的一生都奉献给了党的事业，将自己的命运与国家所需紧密相连。她大爱无疆、育人不倦的风骨与赤诚为国、竭力报国的情怀，为地大人点亮了理想之光，补足了精神之钙，激励着一代又一代有志青年在矢志奋斗中谱写新时代的青春之歌。

图1　郝诒纯（1920—2001年）

(一)案例呈现

案例一:心怀祖国,花季少年心向党

1920年9月,郝诒纯在湖北武昌出生。她的父亲是饱读圣贤书的前清秀才郝绳祖,曾追随孙中山先生参加过辛亥革命,是同盟会会员。董必武与郝绳祖是同盟会时期的战友,北洋军阀统治时期郝绳祖与董必武、李汉俊等共产党人一同在湖北从事秘密革命活动。1926年郝绳祖为躲避国民党反动派追捕只身逃离武汉时,曾将妻子儿女托付给董必武照顾。父亲为革命奔忙的身影给年幼的郝诒纯留下难忘的印象,在父亲的熏陶下,郝诒纯幼时就懂得"国家兴亡,匹夫有责"的道理。

大革命失败之后,1928年起革命高潮迭起,郝诒纯和同学们也积极参加了许多革命集会,会场上常常听周恩来、恽代英、董必武、叶挺等革命领导人的演讲,这对郝诒纯后来走上革命道路起到了很大作用。

1935年,"一二·九"抗日救亡运动爆发时,就读于北平师范大学女附中的郝诒纯,参加了这场爱国学生运动。她作为学生代表,积极参加宣讲活动和游行,组织读书会、报告会,努力传播革命的火种。

1936年,地下党外围组织"中华民族解放先锋队"成立,郝诒纯是最早的队员之一,因其突出表现,她被委任为北平西城区区队长,参加党所组织领导的游行示威、下乡宣传以及各种抗日救亡活动。同年,这位热情的"小革命"就被吸纳为党员,年仅16岁就担起了一个共产党人为中华民族解放而斗争的责任。

"七七事变"后,为了保护在北平工作的地下党员,郝诒纯根据上级命令转学到天津,在姚依林(曾任中央政治局常委、国务院副总理)及其夫人周彬的直接领导下工作,并和周彬在同一党支部。她们办无线电学习班,掩护地下党,发展进步学生。之后,郝诒纯参加中共"民先"支部,担任组织委员,投身地下党的秘密工作。

1938年,郝诒纯南下考入西南联大(图2)。读书期间,她代表中共进步力量,两次击败三青团(三民主义青年团)、国民党学生,夺得学生自治会的领导权,在学生中传播进步思想。为适应当时的政治形式,西南联大地下党发起组织了党的外围组织"群社",郝诒纯是"群社"的发起人之一,和其他学生负责人一起组织开展形势报告会、下乡宣传等抗日进步活动,深入开展抗日救亡活

图2 1938年,郝诒纯考入西南联合大学历史系的入学照片

第十章 郝诒纯：从为党潜伏的特工到地学报国的杰出女性

动。她参与组织的反对国民党政府腐败现象的"反孔祥熙游行"，从西南联大发起并走向全国，让陷入困顿的学生运动重燃希望。

郝诒纯的婚姻也颇具传奇色彩。在西南联大时，各方势力借青年知识分子大批奔赴延安之际，向中共派出渗透者，迷惑了昆明一些青年学生。当时昆明地下党组织已掌握这伙人的背景，告诫党员及相关进步人士远离他们。但郝诒纯身为学生自治会主席，不得不与之打交道。这伙人中有两个男青年追求郝诒纯，两人之间还动手打架，给郝诒纯带来了负面影响。在如此不利的情形下，郝诒纯找到黄元镇商议对策。黄元镇当时是昆明地下党组织安排的单线秘密联络人，也是郝诒纯的上级、"一二·九"运动和南下昆明的战友。经上级党组织批准，为了摆脱这伙人的纠缠，也为了党的事业安全，郝诒纯与黄元镇举行了高仿真"订婚"仪式。后因为联系工作和往来频繁，两人逐渐互生真情爱意。1944年10月，郝诒纯与黄元镇正式在昆明结婚，结为夫妻。他们互敬互爱，始终如一，相濡以沫数十年（图3）。

图3 80岁的郝诒纯与爱人黄元镇合影

案例二：一心为党，不畏艰险勇潜伏

1945年，《双十协定》墨迹未干，蒋介石就发布了进攻解放区的密令，调集百万大军在华北、华东和东北大打出手，图谋迅速控制交通要道，抢占东北各大城市。为了保卫人民抗战的胜利果实，壮大人民革命力量，党中央先后从各解放区抽调11万人的军队和2万名干部进入东北。

在这种形势下，美国总统杜鲁门派遣马歇尔将军作为总统特使，来华调解国共双方的冲突。1946年1月5日，国共双方达成关于停止国内军事冲突的协定，签订了《关于停止国内军事冲突的协定》。1月10日,国共双方正式签订停战协定,分别下达"停战令"。

同时,为实现停战协定,避免军事冲突,在北平设立的由共产党代表叶剑英、国民党代表郑介民、美国代表罗伯逊组成的军事调处执行部(简称"军调部"),负责监督停战协定的执行。"军调部"办公地点设立在北平协和医学院。中共代表处级以上、直接参加谈判的人员与国民党、美国代表两方相关人员都住在北京饭店,机要、电台的同志则住在离协和医学院不远的翠明庄饭店。

根据协议,"军调部"三方工作、生活及安全等保障均由国民党方面负责。因此,中共代表团驻地周围布满了国民党的特务和暗哨。为便于开展工作,中共代表团与国民党方面斗智斗勇,让国民党特务的种种阴谋无法得逞。除此之外,中共代表团还通过"军调部"向党中央传送了许多重要信息,为解放区输送了大批干部和物资,让这里成了白色统治包围下的一个红色据点。

此时的郝诒纯,因在西南联大时就是深受我党信任的赫赫有名的学生领袖,也有着不易被国民党方面怀疑的特殊家庭背景,被党组织委派打入敌人内部担负情报收集的任务。在国民党特务的种种盯梢和防卫下,在国民党军方风声鹤唳全城狙杀的白色恐怖中,郝诒纯曾冒着极大的危险,先后两次设法将国民党当局拟定逮捕的共产党员名单,机智勇敢地抄出并辗转交给了中共地下党组织,保护了党的组织和革命同志。

"军调部"存在的短短一年零一个月时间里,为调停国共军事冲突、缓和中国政治紧张局势做出了一定的努力,给中国人民带来了和平希望。其间,在国民党特务机关的监视和捣乱下,在美方代表对国民党赤裸裸的偏袒下,中共代表团通过艰苦努力和尖锐复杂的斗争,有力配合了中共中央对国民党当局的政治和军事斗争,使党的和平建国方针获得国内外进步舆论的支持,取得了政治上的主动地位,也支援了中共北平地下党组织,促进了北平革命斗争的发展。

心中有魂,脚下生根。从北平"军调部"潜伏风云中走出的郝诒纯以强烈的爱国主义精神和大无畏的革命精神,铸造了一代知识分子的忠诚和风骨。她在危机困难面前挺身而出,在保护我党的关键时刻,用不怕牺牲、不怕艰险的胆识与魄力,为信仰奔走的坚定和勇敢,生动展示了对革命忠贞不屈的意志和对党忠诚、为党分忧的担当精神。

案例三:专心学术,投身地学图报国

1939年,在西南联大入学不到一年,郝诒纯便做了一个令人震惊的决定:从历史系转到地质系。

地质学是野外实践训练和室内理论训练并重的学科。起初,身边的同学并不看好郝诒纯的决定,认为这个外形瘦弱、娟秀的女孩子吃不了苦。但郝诒纯心里很清楚,对地质学的向往不是一时兴起。早在初中时期,她的地理老师——后来北京师范大学著名的教授王均衡先生在课堂上为郝诒纯埋下了学习地质学的种子。

王均衡先生是一位颇有爱国热情的老师,每次在课堂上提到中国的矿产资源正在遭受帝国主义掠夺时,他那愤慨的表情,给少年郝诒纯留下了深刻印象。这种表情,她并不陌生。在郝诒纯的记忆中,幼年时期父亲经常召集一些人在家里开秘密会议,他们都是老同盟会的成员,那种痛心和愤慨的表情经常会在他们脸上出现。在家庭氛围的影响下,郝诒纯显得比同龄的女孩更独立、更坚毅。

进入西南联大后,郝诒纯发现这里是学习地质科学的殿堂。她再次萌发了要学习地质的念头。

让郝诒纯坚定这个念头的,是西南联大的教授袁复礼。一个偶然的机会,郝诒纯和几位同学一道访问了知名地质学家——袁复礼。袁老师向大家介绍了我国优越的地质条件,指出发展我国地质科学,能够促进本国找矿勘探事业的发展,振兴国民经济。讲到我国地质科学的发展和矿产资源的开发处处受帝国主义文化、经济的侵略和钳制时,袁老师的痛心与愤慨,激起了学生的共鸣。给郝诒纯印象最深的是,当她问到女生学地质是否太艰苦时,袁老师引用两句中国古训解释说:"'有志者事竟成','世上无难事,只怕有心人',只要立志坚定,专心致志,想办法克服困难,男生、女生都能学好地质。"

袁复礼先生的鼓励,让郝诒纯彻底下定了学习地质的决心。作为一名爱国青年学生,她把自己的学习和祖国振兴联系到了一起。她深知,祖国将来的经济建设离不开地下资源。她相信抗战胜利后,会把地下资源的开采从外国人手中夺回来。所以,在西南联大读了一年历史系以后,她毅然转入地质地理气象学系学习。从此,她和地质结下不解之缘。

地质学注重野外实践训练,需要消耗较多的体力,女生学习困难自然会多一些。郝诒纯不愿放弃选学地质的初衷,体力不行,她就通过郊外跑步、练习登山、跨沟渠、跳田埂等方式加强锻炼,努力增强自己的体能,做到翻山越岭不掉队,甚至有时还会超过一些男子。当时,女子学习地质专业不光要克服生活上的困难和野外工作的艰苦,还要面对一系列的性别歧视,她常常因"女人不能下矿井"的无理理由被拒之门外。部分女同学因此放弃了地质学习,倔强的郝诒纯不为所动。"找矿报国"的壮志支持着她,神秘的大地吸引着她,困难、艰苦、歧视难不倒她,郝诒纯执拗地留了下来。

1943年,郝诒纯毕业,任云南省建设厅地质调查所技士。她一面工作,一面发奋学习,同年考取了清华大学研究生。1945年,因成绩优异,郝诒纯获得中国地质学会马以思纪念奖金。

案例四:潜心教学,新办专业育英才

抗战胜利后,郝诒纯申请进入北京大学担任地质系助教,却以"地质系从不招女助教"为由被北大招录部门拒绝了。当时北大地质系的主任正是郝诒纯在西南联大的导师,后在他的力荐下,这位成绩优异的学生才被顺利录用。很快,郝诒纯就以刻苦的态度和极强的专业能力,向北大证明了她的实力,并跻身北大校务委员会,成为最年轻的委员。彼时的郝诒纯还不到30岁。

1952年,全国高等院校调整,郝诒纯被调至北京地质学院,先后担任讲师、副教授、教授。作为骨干教师,郝诒纯在学校基础地质学科建设中发挥了重要作用。

1956年,杨遵仪、郝诒纯和陈国达合编出版《古生物学教程》,这是我国第一本高等学校古生物学教材。1959年,郝诒纯协助杨遵仪创办了我国第一个地层古生物学专业,编写出我国第一本《微体古生物学》教材,并亲自为地层古生物专业学生授课。该教材后来获得全国教材奖特等奖。在郝诒纯的大力推动下,微体古生物学在我国发展成为一门系统的独立学科,为我国培养了大批地层古生物专业人才。

在教学中,郝诒纯对研究微体古生物的新理论、新方向也十分敏感和关注。她是我国开创钙质超微化石研究的专家之一,填补了微体古生物方面的空白。而在她的指导下,计算机技术也首次被引入微体古生物的科研和教学,不仅完成了几个门类的数据库,还制作出了新生代浮游有孔虫的自动化鉴定软件。

曾学鲁老师说郝诒纯在学术上有两大特点:实践性和灵感性。她非常重视第一手资料,她认为道听途说的资料是站不住脚的。郝诒纯说:"没有自己取得的第一手资料就不敢动手作文章,不敢下结论。"她认为,从事科学研究,要从实际出发,从对第一手资料的分析研究中老老实实地得出结论。认识自然,要尽最大努力;下结论时,认识多少说多少话。因此,她一直坚持出野外,坚持亲手做实验。20世纪60年代初,郝诒纯领导科研组3次参加大庆找油会战并进行教学、科研和生产三结合的野外考察与研究。她曾三赴松辽,三下大港,三去新疆,亲自采样品、测剖面,她的足迹遍及祖国的西北、东北、华北和华中的许多油田与矿山。执着的追求,严谨的学风,使她在科学研究中获得了丰硕的成果。

郝诒纯为发展我国古生物学特别是微体古生物学作出了杰出的贡献,1978年被评为湖北省先进科教工作者,1980年当选为中国科学院学部委员(院士),1999年先后获何梁何利基金科学与技术进步奖、李四光地质科学荣誉奖。

案例五:受命入社,统一战线展风采

郝诒纯说:"我是院士,是终身为国家服务的,只要活着一天,就要工作一天。"无论在地质事业上,在党的事业上,她始终无怨无悔,尽职尽责做到最好。新中国成立初期,负责统战工作的董必武就找郝诒纯谈话,建议她加入民主党派,做党外知识分子工作。1951年郝诒纯正式加入九三学社,积极参政议政,广泛开展社会活动。

从1983年起,郝诒纯历任九三学社第七、第八、第九届中央委员会副主席,中国人民政治协商会议第六届全国委员会常委,第七、第八届全国人民代表大会常务委员会委员,第八届全国人大教科文卫专门委员会副主任。在社会工作中,她始终坚持中国共产党领导的多党合作和政治协商制度,在重大政治问题上立场坚定、旗帜鲜明,为振兴中华和祖国统一作出了重要贡献。

从1988年起,郝诒纯又先后当选中华全国妇女联合会的第六、第七届副主席。为争取女干部、女知识分子的合法权益,全面提高妇女素质、培养女性人才,提出了多项议案、建议和意见。

1993年,郝诒纯被选为九三学社北京市委员会主任委员和北京市第十届人民代表大会常务委员会副主任。在担任北京市人大常委会副主任期间,为推动北京市文化卫生体育和民主法制建设作出了卓有成效的贡献。

郝诒纯身兼数职,教学、科研、社会活动日益繁忙,但她从不叫苦叫累,用实际行动履行了作为一名党员、一位教师的职责。即使到了晚年,她仍然孜孜不倦、冲锋在前,为国家大事,为祖国的科学事业和教育事业内外奔波、开拓发展,把全部身心献给了党,献给了国家,献给了她热爱的地质事业。正如张弥曼院士在郝诒纯八十华诞庆祝会上讲道:"我觉得一个人的一生能过到像郝老师这样,在各个方面能做到这样,确实让人敬仰,让人羡慕,特别是对年轻人来说。"

2001年6月13日,郝诒纯因病去世。凡与郝诒纯共事过的人,言语间总是对她充满敬意,定称呼一声:"先生"。这是人们对郝诒纯勇攀学术高峰的崇敬,更是对先生颇具风骨的人生姿态的最大肯定。

(二)案例点评

案例一讲述了郝诒纯心怀祖国,花季少年心向党的事迹。郝诒纯从小就懂得"国家兴亡,匹夫有责"的道理,她的父亲曾经追随孙中山参加辛亥革命,所以受父亲思想的熏陶,郝诒纯参加了很多革命集会,常听周恩来、董必武、叶挺革命党人的演讲。"一二·九"抗日救亡运动爆发时,她作为学生代表,积极参加宣讲活动和游行,组织读书会、报告会,努力传播革命的火种。"七七事变"后,为了保护在北平工作的地下党员,郝诒纯根据上级命令转学到天津,办无线电学习班,掩护地下党,发展进步学生。抗日战争时,她组织开展形势报告会、下乡宣传等抗日进步活动。

案例二讲述了郝诒纯一心为党,不畏艰险勇潜伏的事迹。抗战胜利后,郝诒纯出生入死,先后两次设法将国民党当局拟定逮捕的共产党员名单,机智勇敢地抄出并辗转交给中共地下党组织,保护了组织和同志的安全。

案例三讲述了郝诒纯专心学术,投身地学图报国的事迹。在西南联大时,郝诒纯将自己的学习和祖国振兴联系到了一起,她深知中国地质科学的发展和矿产资源的开发处处受帝国主义的侵略和钳制。所以,在西南联大历史系读了一年以后,她毅然转入地质地理气象学系学习,立志在抗战结束后从外国人手中夺回地下资源的开采权。她克服性别歧视和野外工作的艰苦,坚持奔走于荒山野岭、河流大川,不辞辛苦地为祖国建设寻找宝藏。

案例四讲述了郝诒纯潜心教学,新办专业育英才的事迹。新中国成立后,郝诒纯作为学者,在基础地质学科建设中发挥了重要作用,出版了一系列的古生物学教材,使微体古生物学在我国发展成为一门系统的独立学科,为我国培养了大批地层古生物专业人才。

案例五讲述了郝诒纯受命入社,统一战线展风采的事迹。在新中国成立后,郝诒纯作为统战工作者,积极参政议政,广泛开展社会活动,在重大政治问题上立场坚定、旗帜鲜明,为振兴中华和祖国统一作出了重要贡献。郝诒纯作为第六、第七届妇联主席,为保障女干部、女知识分子的合法权益,全面提高妇女素质、培养女性人才,提出了多项议案、建议和意见。

(三)教学建议

案例一、二、三、四、五可用于第三章第二节第一目"坚持爱国爱党爱社会主义相统一"的教学。引入案例一、二、三讲述郝诒纯在新民主主义革命时期参加爱国运动以及以学报国的事迹，使学生明确新民主主义革命时期爱国主义的主要表现。引入案例四、五讲述郝诒纯在新中国成立后作为学者、统战工作者、妇联主席为国家贡献力量的事迹，使学生明确社会主义革命、建设、改革年代爱国主义的主要表现。结合案例一、二、三教师提问："在中国特色社会主义新时代，爱国主义的主要表现"，以此启发学生理解中国特色社会主义新时代爱国主义的主要表现。

引入案例一、二、三、四、五使学生意识到不同历史时期的爱国主义虽然内涵和表现方式有所不同，但本质上是爱国爱党爱社会主义的高度统一，都统一于实现中华民族伟大复兴中国梦的鲜活实践之中。

二、教学分析

（一）教学目标

理论知识目标：了解不同历史条件下爱国主义不同的内涵和特点，明确爱国爱党爱社会主义统一于实现中华民族伟大复兴的历史进程。

价值取向目标：通过郝诒纯的案例增强大学生对祖国的热爱、对党的热爱、对社会主义的热爱，以一生的真情、一辈子的顽强奋斗来践行爱国主义。

（二）教学重难点

1. 不同历史条件下的爱国主义（难点）。
2. 坚持爱国爱党爱社会主义相统一（重点）。

三、教学思路与方案设计

（一）教学思路

课堂教学内容分为两部分：一是"不同历史条件下的爱国主义"，二是"坚持爱国爱党爱社会主义相统一"。

教学第一部分"不同历史条件下的爱国主义"。通过播放《觉醒年代：致敬五四，致敬青春》视频，导入教学内容。引入案例一、二、三郝诒纯在新民主主义革命时期参加爱国运动以及以学报国的事迹，使学生明确新民主主义革命时期爱国主义的主要表现。引入案例四、五郝诒纯在新中国成立后作为学者、统战工作者、妇联主席为国家贡献力量的事迹，使学生明确社会主义革

第十章 郝诒纯：从为党潜伏的特工到地学报国的杰出女性

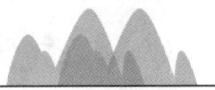

命、建设、改革年代爱国主义的主要表现。通过教师提问"在中国特色社会主义新时代，爱国主义主要表现为什么"，引导学生明确中国特色社会主义新时代爱国主义的主要表现。

教学第二部分"坚持爱国爱党爱社会主义相统一"。教师通过提问"不爱社会主义不等于不爱国""不爱党不等于不爱国"，启发学生理解不同历史时期的爱国主义虽然内涵和表现方式有所不同，但本质上是爱国爱党爱社会主义的高度统一，都统一于实现中华民族伟大复兴中国梦的鲜活实践之中。

（二）教学方案

教学步骤	教师活动	时间/分
导入新课	【播放视频】 播放《觉醒年代：致敬五四，致敬青春》视频，该视频讲述了五四运动的由来和历史意义。 教师讲解：近代以来，中华民族陷入内忧外患的悲惨境地，面临空前的民族危机，中国社会各阶层仁人志士开启了寻求"救亡图存"的道路。为了拯救民族危亡，中国人民奋起反抗，仁人志士奔走呐喊，太平天国运动、戊戌变法、义和团运动、辛亥革命接连而起，各种救国方案轮番出台，但都以失败而告终。1919年爆发的五四运动是一个具有划时代意义的事件，它标志着中国新民主主义革命的开端，在这一革命时期，涌现出了许多爱国青年。郝诒纯就是这个时期的爱国革命青年之一。	3
简介教学目标	【教学目标】 教师向学生简要介绍本次课程教学要达到的目标。	2
呈现教学材料，引导学生学习	【知识点一】不同历史条件下的爱国主义 1. 新民主主义革命时期的爱国主义——"救国" 【案例分析】 引入案例一、二、三郝诒纯在新民主主义革命时期参加爱国运动以及以学报国的事迹，使学生明确新民主主义革命时期爱国主义的主要表现。 教师讲解：郝诒纯从小就懂得"国家兴亡，匹夫有责"的道理，她的父亲曾经追随孙中山参加辛亥革命，所以受父亲思想的熏陶，郝诒纯参加了很多革命集会，常听周恩来、董必武、叶挺革命党人的演讲。"一二·九"抗日救亡运动爆发时，她作为学生代表，积极参加宣讲活动和游行，组织读书会、报告会，努力传播革命的火种。"七七事变"后，为了保护在北平工作的地下党员，郝诒纯根据上级命令转学到天津，办无线电学习班，掩护地下党，发展进步学生。后来她考入西南联大，把自己的学习和祖国振兴联系在一起，于是从历史系转到地质系，立志在抗战结束后从外国人手中夺回地下资源的开采权。在抗日战争中，作为爱国学生，她积极组织开展形势报告会、下乡宣传等抗日进步活动。抗战胜利后，先后两次设法将国民党当局拟定逮捕的共产党员名单，机智勇敢地抄出并辗转交给中共地下党组织，保护了党组织和同志的安全。	30

教学步骤	教师活动	时间/分
呈现教学材料，引导学生学习	教师总结：郝诒纯在新民主主义革命时期的"救国"事迹，使我们明确新民主主义革命时期爱国主义的主要表现为在党的领导下，克服万难、前仆后继，推翻帝国主义、封建主义和官僚资本主义的反动统治，把黑暗的旧中国改造成光明的新中国，为实现中华民族"站起来"而奋斗。 2.社会主义革命、建设、改革年代的爱国主义——"兴国""富国"。 【案例分析】 　　引入案例四、五郝诒纯在新中国成立后作为学者、统战工作者、妇联主席为国家贡献力量的事迹，使学生明确社会主义革命、建设、改革年代爱国主义的主要表现。 　　教师讲解：新中国成立后，郝诒纯作为学者，在基础地质学科建设中发挥了重要作用，出版了一系列的古生物学教材，使微体古生物学在我国发展成为一门系统的独立学科，为我国培养了大批地层古生物专业人才。郝诒纯作为统战工作者，积极参政议政，广泛开展社会活动，在重大政治问题上立场坚定、旗帜鲜明，为振兴中华和祖国统一作出了重要贡献。郝诒纯作为第六、第七届妇联主席，为保障女干部、女知识分子的合法权益，全面提高妇女素质、培养女性人才，提出了多项议案、建议和意见，她重视、关心妇女工作，领导和带动广大知识妇女为国家建设和扶贫助困作出了重要贡献。 　　教师总结：郝诒纯在社会主义革命、建设、改革年代的"兴国""救国"事迹，使我们明确在社会主义革命、建设、改革年代，爱国主义主要表现为在党的领导下，建立和巩固社会主义基本制度，坚持社会主义初级阶段基本路线，赋予社会主义制度强大的生命力和活力，为实现中华民族"富起来"而奋斗。 3.中国特色社会主义新时代的爱国主义——"强国"。 【师生互动】 　　提问：在中国特色社会主义新时代，爱国主义有哪些主要表现？ 　　教师讲解：党的十八大以来，中国特色社会主义进入新时代。这一时期中国共产党围绕"坚持和发展什么样的中国特色社会主义、怎样坚持和发展中国特色社会主义"这一时代课题，开启了实现中华民族伟大复兴中国梦的爱国主义新篇章。在中国特色社会主义新时代，爱国主义主要表现为在党的领导下全面建成小康社会，开启全面建设社会主义现代化国家新征程，为实现中华民族"强起来"而奋斗。 　　教师总结：不同历史条件下所形成的爱国主义具有不同的内涵和特点。爱国主义的丰富性和生命力，正是通过它的历史性和现实性来表现的。从历史的角度看，爱国与爱党、爱社会主义相统一是在近代以来180多年的斗争中逐步形成的。从现实角度看，祖国的命运和党的命运、社会主义的命运是密不可分的；党的坚强统一领导，是中国繁荣发展的根本政治保障；中国共产党是爱国主义精神最坚定的弘扬者和实践者；中国特色社会主义是当代中国发展进步的根本制度保证。	

第十章 郝诒纯：从为党潜伏的特工到地学报国的杰出女性

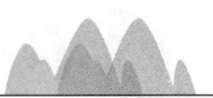

教学步骤	教师活动	时间/分
呈现教学材料，引导学生学习	【知识点二】坚持爱国爱党爱社会主义相统一 【师生互动】 　　教师通过提问，启发学生理解不同历史时期的爱国主义虽然内涵和表现方式有所不同，但本质上是爱国爱党爱社会主义的高度统一，都统一于实现中华民族伟大复兴的中国梦的鲜活实践之中。 　　提问：有人说"不爱社会主义不等于不爱国""不爱党不等于不爱国"，这种说法对吗？学生分组讨论。 　　教师讲解：这种说法是错误的。爱国爱党爱社会主义是一致的。我们爱的"国"是中国共产党领导的社会主义中国。拥护国家的基本制度，遵守国家的宪法法律，维护国家安全和统一，捍卫国家利益，为国家繁荣发展贡献自己的力量，是爱国主义的基本要求。通过了解郝诒纯在国家危难中将个人命运与民族命运紧密结合、寒窗求学与救亡图存紧密结合的事迹，在新中国建设中将学术研究与国家利益紧密结合、政治责任与民族复兴紧密结合的事迹，让同学们明白不同历史时期的爱国主义虽然内涵和表现方式有所不同，但本质上是爱国爱党爱社会主义的高度统一，都统一于实现中华民族伟大复兴的中国梦的鲜活实践之中。 　　教师总结：爱国，不能停留在口号上，而是要把自己的理想同祖国的前途、民族的命运紧密联系在一起。新时代大学生不仅要在认识上深刻理解爱国爱党爱社会主义的高度统一，更要以实际行动体现对祖国的热爱、对党的热爱、对社会主义的热爱。扎根人民，奉献国家，以一生的真情投入、一辈子的顽强奋斗来践行爱国主义。	
知识拓展	【传习初心】 　　播放视频：习近平讲述的故事——"爱国三问"。 　　教师讲解："你是中国人吗？你爱中国吗？你愿意中国好吗？"八十多年前，南开大学校长张伯苓提出振聋发聩的"爱国三问"，这"三问"，一问民族血脉，二问家国情怀，三问责任担当，其言谆谆，其意切切，直击青年学生的灵魂，点燃了热血青年救亡图存的爱国斗志。在风雨飘摇的旧中国，种下自强图存的新希望。2019年1月，习近平总书记来到天津南开大学考察时讲到张伯苓"爱国三问"，他说"爱国三问"既是历史之问，也是时代之问、未来之问。 　　新时代青年需要答好这"三问"，无愧于先辈所付，无愧于人民所托，无愧于子孙所愿。抚今追昔，"爱国三问"仍需一代一代问下去，时刻反躬自省，奋发有为，方可行稳致远！	5
教学小结	教师简要梳理本节课教学内容，并强调重难点内容。	3
课后作业	【拍摄视频】 　　回顾祖国细数不尽的高光时刻，请同学们以小组为单位，根据不同历史时期爱国主义的不同表现，用镜头再现中国青年百年瞬间"经典站位"，并剪辑成为超燃转场视频。	2

四、教学方法推荐

　　对"不同历史条件下的爱国主义"部分的教学适宜采用案例式教学法和启发式教学法。从教学内容来看,本部分讲述了新民主主义革命时期,社会主义革命、建设、改革年代,中国特色社会主义新时代的爱国主义,时间跨度较大,如果仅仅局限于课本教材所列出的内容来授课,很容易使课堂空洞、没有说服力。因此,教师利用中国地质大学杰出人物郝诒纯的事迹激发学生的学习兴趣,增加课堂活力。通过新民主主义革命时期郝诒纯参加爱国运动以及以学报国的事迹,引导学生理解新民主主义革命时期爱国主义的主要表现。通过郝诒纯在新中国成立后作为学者、统战工作者、妇联主席为国家贡献力量的事迹,引导学生理解社会主义革命、建设、改革年代的爱国主义的主要表现。通过提问"在中国特色社会主义新时代,爱国主义主要表现为什么",引导学生理解中国特色社会主义新时代爱国主义的主要表现。

　　对"坚持爱国爱党爱社会主义相统一"部分知识的教学适宜采用讨论式教学法。从教学内容来看,本部分讲述了坚持爱国爱党爱社会主义相统一。通过小组讨论"有人说'不爱社会主义不等于不爱国''不爱党不等于不爱国'",能在有限的课堂时间里,发挥学生的主体地位,最大程度激发学生的课程参与度,使学生在交流分享中更好地理解课堂内容,引导学生理解不同历史时期的爱国主义虽然内涵和表现方式有所不同,但本质上是爱国爱党爱社会主义的高度统一,都统一于实现中华民族伟大复兴中国梦的鲜活实践之中。

第十一章 李德威：弥留之际仍为国为民的科学追梦人

一、案例教学——李德威

李德威（1962—2018 年），男，湖北省麻城市人，中国地质大学（武汉）地球科学学院教授，博士生导师（图 1）。李德威从事青藏高原研究近 30 年（截至 2013 年），先后发表学术论文 110 余篇，学术专著 3 部，负责国家科研课题 30 多项。经过多年实地调查，1992 年，李德威提出以盆山耦合、下地壳流动为核心的"层流构造假说"，一举打破"板块构造假说"，是挑战"板块构造假说"的第一人，以非常简洁的模式和合理的动力来源完整地解释了青藏高原上的各种现象。2011—2012 年，李德威两次以执行主席的身份参加香山科技会议，先后获得"跨世纪学术带头人""中国地质调查成果奖二等奖""国家科技进步特等奖"等诸多荣誉。李德威所提出的地球系统动力学理论，已成为国际地学界的热点。2018 年 9 月 14 日，李德威因病逝世，享年 56 岁。

图 1　李德威（1962—2018 年）

李德威出生于一个普通的农村家庭，但他的心中却有着一个不平凡的梦想——成为一名科学家。在追逐梦想的道路上，李德威遇到了许多困难和挑战。青藏高原的绝壁、狂风，可可西里的野狼，艰苦的野外生活条件，都曾让他面临巨大的考验。然而，作为一个执着于梦想、执着于科学报国的追梦人，他从未放弃过，一直坚定地走向自己的目标。

(一)案例呈现

案例一:最后的牵挂

56岁的生命戛然而止,弥留之际他写下一纸十字的绝笔:"开发固热能 中国能崛起"。9月12日上午,躺在重症监护室病床上,李德威艰难写下这10个字时的心境,如今已很难准确揣摩。彼时,他再次从昏迷中苏醒,似有话要说却吐字不清,医护人员连忙递上纸和笔。他很难握住笔,但仍坚持着,颤抖地写下两行字。见医护人员辨认不清,他又使尽全身力气重写。歪歪斜斜10个字,他写了10多分钟。两天后,他溘然长逝,想给妻儿说的话,到最后都没说完……

凝视他在青藏高原雪山上的留影,从那张娃娃脸上透出的高原红中,不难断定,这位中国地质大学(武汉)构造地质学家,心中定有座喜马拉雅——将"喜马拉雅"作为自己QQ、微信昵称,他与青藏高原有着不解之缘:每到野外作业季节,候鸟般飞赴世界屋脊开展科考,25年几乎无中断;逝世后一半骨灰撒葬雪域高原……

无论是研究大地构造、地震预测,还是探索干热岩固热能,他从未放弃攀登地学高峰的理想。有人说他傻,但他认定的研究,冷板凳再冷也坚持坐下去,孜孜以求,初心不改,正如他的QQ签名:"思问题所急,想国家所需"。"德威曾对我说,'我不怕死,只是我的理想还没有实现,只是我对不起你们母子'。"说起丈夫李德威,武汉大学人民医院医生夏芳几度哽咽,"我救了那么多人,却没能救回他……"大规模系统开发优质干热岩,取热能的同时还能减灾减排,是李德威生前一大夙愿。他本已看到梦想在招手。依托自己建立的干热岩系统理论,他锁定海南琼北地区作为干热岩重点勘查区,设计实施了一口干热岩开发试验井,2018年3月钻探出超过185℃的干热岩。这是我国东部第一口参数井,意义非凡,引起业界强烈反响。

谁承想,病魔此时也已悄然伸出了魔爪。5月5日,李德威强撑着主持了海南干热岩学术研讨会,作完报告满头虚汗。当晚9时,他在朋友圈里转发会议相关文章时感叹:"瞬间变老,雄心不死"。夏芳回忆,从2017年11月开始,丈夫就咳嗽、间断性低烧,几个月都没好,但因忙于海南钻井项目,一直没有就医。直到2018年4月,她把李德威强行"拖"进了医院,检查结果是肺炎。住了8天他就吵着出院,飞奔到海南筹办研讨会。忙完会回到家,李德威一直低烧不退,十分虚弱,再次住进医院,6月在北京被确诊罹患罕见的嗜血细胞综合征。在医院陪伴丈夫度过其人生最后的4个月,夏芳除了心疼,还是心疼——"他求生意愿特别强。化疗、骨穿,他都不喊疼,大把大把的药二话不说就咽下去……""但只要精神好一点就开始工作,我们偷偷把他的电脑藏起来,他就发脾气……"不是不惜命,他只是更惜时!夏芳懂丈夫心思:干热岩固热能,被公认为极具战略潜力的可再生清洁能源,是全球追逐的新能源热点,所以他抓紧一切时间工作。8月底,他执意从北京转院回武汉。"回来了我才发现,他就是为了方便继续带学生、继续他的科研。"夏芳说。此时的李德威,病情严重,需要隔离。他不顾与

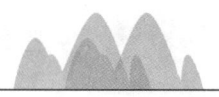

外界接触被感染的风险,两次把自己的科研团队召进病房开组会。有一次刚吐了血,短暂休息了一会,转身又打电话指导学生做研究。在李德威进重症监护室前的当天上午,中国地质大学(武汉)地球科学学院副教授刘德民最后一次见到了自己的老师。"李老师说,他还有3本书没有写完,嘱托我们一定要把干热岩的研究继续下去。"刘德民叹道:"他在与时间赛跑,一心想抓住最后的时间,安排好身后的科研。"他是带着遗憾走的。

案例二:25年世界屋脊科考

"干自己喜欢的事又能干好,就是最幸福的"。9月27日,李德威再一次"回"到他心心念念的青藏高原。这次,他是被刘德民等同事、学生带上了雪域高原。"今后,您可以在这里快乐安心地勘探地热、进行科研……"大家轻轻捧起花瓣和骨灰,撒向冈底斯山下的拉萨河。骨灰一半撒葬青藏高原,一半落葬老家湖北麻城,是李德威的遗愿。青藏高原早已和他的生命融为一体。

1990年,他首次踏上青藏高原。此后25年,他几乎每年都奔赴这个世界第三极开展地质调查和研究。"20世纪80年代以来,全世界地质学家都对青藏高原的理论研究感兴趣,但在每次学术会议上,都是外国专家唱主角。"与李德威共事多年,中国地质大学(武汉)地球科学学院教授王国灿深知这位同行的高原情结为什么浓。因其独特的地质结构和形成演化,青藏高原被国际地学界公认为研究和创新发展地球科学理论的"最佳野外实验室"。从羌塘到喜马拉雅,从可可西里到阿尔金山,从阿里班公错到雅鲁藏布江大拐弯,25年来,他行程数万里,踏遍青藏高原和阿尔金山脉主要构造带。"大部分工作地点是无人区。李老师野外工作从来不遥控指挥,都是一起去调查、跑路线,往往最长最难爬的线路都是他在跑。"精瘦的李德威登山像只山羊,快得很,被学界同行、学生誉为"小山羊"。

高寒缺氧,用双脚丈量茫茫高原,挑战生命极限,这种滋味常人无法体会。李德威的儿子李喆13岁开始到中国棋院学围棋,现在北京大学读研究生,从小与父母聚少离多,直到父亲在北京住院治疗期间,他才第一次得知父亲在野外科考11次历险。李喆将这些病榻前的琐话悄悄录下来,永久珍藏。1995年,李德威与学生穿越西藏羌塘地区时,车轮突然陷入泥潭。"我就想找牧民来帮忙。没想到,走进牧民的帐篷里,牧民不在,一只狼狗冲过来把我咬了。腿肿得很高,我在车里扯了块破布把伤口包了包,学生扶着我慢慢走了很远,才遇上一辆车……"录音里,李德威的回忆轻描淡写。有几次历险,刘德民也在现场,至今仍感到后怕:2000年,他和李老师一起在藏南科考,溜索穿越雅鲁藏布江时,李老师突然被卡在中间,悬挂在10多米高的江面上一个多小时。还有一次是在可可西里野牛沟,大家误入牦牛群,因为李德威穿的是红色外套,顷刻被野牦牛包围,情急之下,他将外套反穿,才逃脱野牦牛包围圈。

在夏芳面前,李德威从来不提这些危险,每次都兴奋地说自己在高原上又有什么新发现。高原科考的苦与乐,他心中自有杆秤:"干自己喜欢的事又能干好,就是最幸福的!"

案例三：一生的坚守

"希望李老师在这里安息，和他熟悉的风景，痴迷的地层、石头在一起。"站在拉萨河边送别李德威，刘德民边哽咽边讲述选址深意：拉萨河流经冈底斯山，与雅鲁藏布江汇合，再流经喜马拉雅山，没有其他地方能比这条河更好地标注李老师的研究成果了——冈底斯山是他预测矿产地之一，雅鲁藏布江是他质疑板块构造学说地之一，喜马拉雅是他提出下地壳层流假说的地方之一⋯⋯

"李德威教授有一种独立思考、永不服输、勇攀地学高峰的精神和淡泊名利的品质。"时任中国地质大学（武汉）党委书记何光彩说。"不合时宜"，曾是李德威给人的一大印象。学术讨论，他有点"另类"，谈问题、挑毛病，直截了当，不怕伤和气、伤面子。第一次踏上青藏高原，他发现一些地质现象用西方经典的板块构造学说解释不通。于是，他不断到青藏高原科考，提出了以盆山耦合、下地壳流动为核心的"层流构造假说"，挑战板块构造学说。很多人认为这是"天方夜谭"。

32岁就破格晋升教授，他却似乎跟自己的前途"较劲"。有人议论："不把心思放在SCI论文上，却固执地搞科学理论创新。""虽有一脑子独到的见解，却无一身显赫的学术'帽子'。"李德威不仅天生一张娃娃脸，更有一颗近乎"顽童"的纯粹心灵。知名青藏高原研究专家、美国加州大学洛杉矶分校教授尹安悼念李德威时写道，在他身上"看不到现代人常有的功利行为"。李德威不是不知道，从事局部的精细研究，利用先进仪器设备测试大量的数据，支持公认的理论或模式，易于发表文章。但他也深知，当科学钻入名缰利锁，失去畅想空间，哪里还有真正的重大创新？"我绝不会放弃创建自己理论的梦想。"做一个纯粹的科学家，一直是他的追求。

从大地构造、预测成矿，到地震预测，再到固热能，他的每项研究，都是服务国家战略需要，至于功名利禄，并不是他要考虑的事。李德威潜心研究青藏高原大半辈子，因为他深信："从某种程度上说，青藏高原的理论创新将引领正在孕育之中的地学革命新的方向。"震惊中外的汶川地震发生后，学校组织科技赈灾专家组，李德威第一时间报名。满目疮痍的灾区景象深深刺痛了他，自此他把研究地震机理和预测技术视为己任，科研经费不足就自筹资金。为打开我国干热岩事业新局面，直到生命最后一息，他都未敢停歇。"他是少有的为了单纯的科学梦想而勇于探索的人。"李德威的导师、构造专家杨巍然教授说。

（二）案例点评

案例一讲述了李德威在生命最后时刻仍然心系我国干热岩事业的事迹。李德威肩负起为国家做干热岩固热能研究的使命，因为废寝忘食地工作，积劳已久的他最后不幸患上了嗜血细胞综合征，但是为了加快研究的速度，他不顾自己跟外界接触会被感染的风险，召集学生在病房开组会，听学生汇报科研进展。因为他知道干热岩固热能是极具战略潜力的可再生清洁能源，是全球追逐的新能源热点，中国如果能大规模系统开发优质干热岩，取热能的同时还

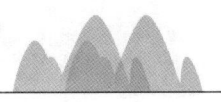

能减灾减排。2018年9月12日,李德威住进ICU。已经不能说话的他,仍然心系国家的干热岩事业,弥留之际他写下一纸十字的绝笔:"开发固热能 中国能崛起"。李德威在生命尽头仍然心系开发固热能事业,体现了他为推动社会发展进步贡献力量的责任担当。

案例二讲述了李德威为了验证自己所提出来的"层流构造假说",大胆探索青藏高原未知领域的事迹。李德威为了研究自己所创建的理论,踏遍了青藏高原和阿尔金山脉主要构造带,其间经历了数次生死考验。1995年,李德威与学生穿越西藏羌塘地区时,车轮突然陷入泥潭,本想找牧民帮忙,却被狼狗咬伤无人医治;2000年,在藏南科考,溜索穿越雅鲁藏布江时,李德威突然被卡在中间,悬挂在10多米高的江面上一个多小时。李德威还经历了被牦牛包围、遭遇极端恶劣天气、为了一个有质疑的数据反复奔赴第一线等情况。李德威面对这些危险从来不在意,仍然坚定探索和求新的脚步,因为他深信:"从某种程度上说,青藏高原的理论创新将引领正在孕育之中的地学革命新的方向。李德威坚持探索青藏高原危险地带的事迹,体现了他拥有大胆探索未知领域的信心。

案例三讲述了李德威不顾世俗议论打破世界主流的"板块构造假说",提出"层流构造假说"的事迹。1990年,李德威第一次踏上了青藏高原,发现一些地质现象用西方经典的"板块构造学说"解释不通。于是,他年复一年到青藏高原进行实地科考,提出了以盆山耦合、下地壳流动为核心的"层流构造假说",挑战板块构造学说。有人认为这是"天方夜谭",也有人议论李德威"不把心思放在SCI论文上,却固执地搞科学理论创新。"但是李德威却说"我绝不会放弃创建自己理论的梦想。"以一颗近乎"顽童"的纯粹心灵潜心研究了青藏高原大半辈子。李德威的事迹,体现了他具有敢于突破陈规的意识,不顾世俗偏见,勇于开拓新的科研方向的勇气。

(三)教学建议

案例一、二、三可用于第三章第三节第三目"树立改革创新的自觉意识""增强改革创新的能力本领"的案例教学。

引入案例一中李德威在生命最后时刻仍然心系我国干热岩事业的事迹,使学生感受到李德威身上具有改革创新的责任感;了解改革创新表现为一种不甘落后、奋勇争先、追求进步的责任感;意识到改革创新充满艰辛、奉献甚至牺牲,没有强烈的责任感,很难克服和战胜改革创新过程中的艰难曲折;鼓励大学生要以时不我待、只争朝夕的紧迫感投身改革创新的实践,服务人民,奉献社会,实现人生价值。引入案例二李德威为了验证自己所提出来的"层流构造假说",大胆探索青藏高原未知领域的事迹,使学生明白,要创新就是要走前人没有走过的路。要创新,就要有强烈的创新自信。如果总是跟踪模仿,既谈不上创新,也没有出路。

通过引入案例三李德威打破世界主流的"板块构造假说",提出"层流构造假说"的事迹,让学生学习李德威身上敢于突破陈规的意识,使学生明白要创新,就要有强烈的创新意识,凡事要有打破砂锅问到底的劲头,敢于质疑现有定论,勇于开拓新的方向,攻坚克难,追求卓越。

二、教学分析

（一）教学目标

理论知识目标：了解树立改革创新的自觉意识的内涵，明确增强改革创新的能力要求。

价值取向目标：通过李德威的案例引导学生把握时代脉搏，迎接时代挑战，增强创新创造的能力和本领，勇做改革创新的实践者，弘扬改革创新精神，并贯穿于实践中。

（二）教学重难点

1. 树立改革创新的自觉意识（重点）。
2. 增强改革创新的能力本领（难点）。

三、教学思路与方案设计

（一）教学思路

课堂教学内容分为两部分：一是"树立改革创新的自觉意识"，二是"增强改革创新的能力本领"。

教学第一部分"树立改革创新的自觉意识"。通过播放《厉害了，我的国》系列视频中李德威为科研献身的片段，导入教学内容。引入案例一中李德威在生命最后时刻仍然心系我国干热岩事业的事迹，使学生学习李德威身上这种改革创新的责任感和使命感。案例二中李德威为了验证自己所提出来的"层流构造假说"，大胆探索青藏高原未知领域的事迹，使学生感受到李德威具有大胆探索未知领域的信心。案例三中李德威打破世界主流的"板块构造假说"，提出"层流构造假说"，使学生感受到李德威具有敢于突破陈规的意识。

教学第二部分"增强改革创新的能力本领"。引入案例一、二、三中李德威年复一年奔赴一线，潜心科研的事迹，使学生明白李德威之所以能不断提出前人不曾提出的新思想，推出令世人敬仰叹服的新创造，是因为他坚持立足实证研究、不断夯实专业知识，从而引导学生在学习和实践中不断夯实创新基础。案例中李德威在科研过程中勤于思考、善于发现，不顾偏见、大胆创新，开拓科研新局面的事迹，培养学生创新思维。通过展示李德威弥留之际写下一纸十字的绝笔"开发固热能　中国能崛起"的图片，让学生感悟李德威投身改革创新实践的一生，鼓励当代大学生勇做改革创新的实践者和生力军。

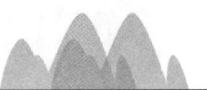

（二）教学方案

教学步骤	教师活动	时间/分
导入新课	【播放视频】 　　向学生播放《厉害了，我的国》系列视频中李德威为科研献身的片段，使学生对李德威有大致的了解。	5
简介教学目标	【教学目标】 　　教师向学生简要介绍本次教学要达到的目标。	2
呈现教学材料，引导学生学习	【知识点一】树立改革创新的自觉意识 1.增强改革创新的责任感 【案例分析】 　　引入案例一中李德威在生命最后一息仍然心系我国干热岩事业的事迹，使学生学习李德威身上这种改革创新的责任感和使命感。 　　教师讲解：2018年9月12日，李德威在弥留之际仍然心系我国固热能事业，写下一纸十字的绝笔："开发固热能　中国能崛起"。干热岩固热能，被公认为极具战略潜力的可再生清洁能源，是全球追逐的新能源热点。为了抓紧时间研究固热能，李德威废寝忘食地工作，导致身体素质越来越差，但因忙于海南钻井项目，一直没有就医，直到最后在北京被确诊罹患罕见的嗜血细胞综合征，此时的李德威病情严重，需要隔离，但他与时间赛跑，将生死置之度外，不顾与外界接触被感染的风险，两次把自己的科研团队召进病房开组会。在李德威进重症监护室前的当天上午，还嘱托自己的学生一定要把干热岩的研究继续下去。李德威在生命尽头仍然心系国家干热岩固热能事业，生动展现了他改革创新的责任感和使命感。 　　教师总结：李德威在生命尽头仍然心系开发固热能事业，体现了他具有为社会发展进步贡献力量的责任担当。使学生了解改革创新表现为一种不甘落后、奋勇争先、追求进步的责任感；使学生意识到改革创新充满艰辛、奉献甚至牺牲，没有强烈的责任感，很难克服和战胜改革创新过程中的艰难曲折；鼓励大学生要以时不我待、只争朝夕的紧迫感投身改革创新的实践，服务人民，奉献社会，实现人生价值。 2.树立敢于突破陈规的意识 【案例分析】 　　引入案例三中李德威打破世界主流的"板块构造假说"，提出"层流构造假说"的事迹，使学生感受到李德威身上这种敢于突破陈规的意识。	33

教学步骤	教师活动	时间/分

呈现教学材料,引导学生学习	教师讲解:1990年,李德威第一次踏上了青藏高原,发现一些地质现象用西方经典的"板块构造学说"解释不通。于是,他年复一年奔赴青藏高原进行实地科考,提出了以盆山耦合、下地壳流动为核心的"层流构造假说",挑战板块构造学说。很多人认为这种挑战是"天方夜谭",也有人议论李德威"不把心思放在SCI论文上,固执地搞科学理论创新。"但是李德威却说:"我绝不会放弃创建自己理论的梦想。"以一颗近乎"顽童"的纯粹心灵潜心研究了青藏高原大半辈子。
	    教师总结:陈规最易束缚人的思维和手脚,创新创造的过程往往充满艰辛。正是因为李德威具有敢于突破陈规的意识,才使得他敢于质疑西方现有定论,不顾世俗偏见,勇于开拓新的科研方向。要创新,就要有强烈的创新意识,凡事要有打破砂锅问到底的劲头,敢于质疑现有定论,勇于开拓新的方向,攻坚克难,追求卓越。敢于大胆突破陈规甚至常规,敢于大胆探索尝试,善于观察发现、思考批判,不唯书、不唯上、只唯实,这是大学生在学习与实践中创新创造的重要前提。
	    3.树立大胆探索未知领域的信心
	【案例分析】
	    引入案例二中李德威教授为了验证自己所提出来的"层流构造假说",大胆探索青藏高原未知领域的事迹,使学生感受到李德威身上这种大胆探索未知领域的信心。
	    教师讲解:李德威教授为了研究自己所创建的理论,踏遍了青藏高原和阿尔金山脉主要构造带,其间经历了数次生死考验。李德威面对这些危险从来不在意,仍然坚定探索求新的脚步,因为他深信:"从某种程度上说,青藏高原的理论创新将引领正在孕育之中的地学革命新的方向。"
	    教师总结:李德威坚定信心,大胆探索青藏高原未知领域的事迹,使我们感悟到了创新就是要走前人没有走过的路。要创新,就要有强烈的创新自信。如果总是跟踪模仿,既谈不上创新,也没有出路。未知领域可能是人类认识的盲区,也可能是人类实践的处女地。未知常常令人心生怯意,人们常常因充满未知的风险而停下探索和求新的脚步,但未知领域也往往蕴含着发现的沃土和创新的机遇。"路漫漫其修远兮",最需要"上下而求索"的勇气。青年应是常为新、敢创造的,理当锐意创新创造,不等待、不观望、不懈怠,勇做改革创新的生力军。
	
	【知识点二】增强改革创新的能力本领
	1.夯实创新基础
	【案例分析】
	    引入案例一、二、三中李德威年复一年奔赴一线,潜心科研的事迹,使学生明白李德威之所以能不断提出前人不曾提出的新思想,推出令世人敬仰叹服的新创造,是因为他坚持立足实证研究、不断夯实专业知识。引导学生在学习和实践中不断夯实创新基础。	

第十一章 李德威:弥留之际仍为国为民的科学追梦人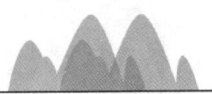

教学步骤	教师活动	时间/分
呈现教学材料,引导学生学习	教师讲解:李德威对于自己所提出的创新理论,从来不是出于不切实际的空想,而是源于深厚的专业知识积淀。他提出的以盆山耦合、下地壳流动为核心的"层流构造假说",是他年复一年在青藏高原进行野外科考,立足实证研究的结果;他关于地震机制与预测方面的研究,是他一次次奔走在震区,熬过一个个不眠之夜的结果;他提出的开发利用固热能的观点,是他依托自己建立的干热岩系统理论,持续开发干热岩试验井的结果。 　　教师总结:李德威以实际行动演绎改革创新者需要具有扎实的专业知识基础。缺乏深厚的专业知识积淀,盲目追求改革创新,往往容易流于不切实际的空想,或者是"无知者无畏"的蛮干。无视或轻视专业知识学习,不可能担负改革创新的重任。大学生作为改革创新的生力军,应从扎实系统的专业知识学习起步和入手,不能好高骛远,空谈改革创新。 2.培养创新思维 【案例分析】 　　引入案例一、二、三中李德威在科研过程中勤于思考、善于发现、不顾偏见、大胆创新,开拓科研新局面的事迹,培养学生创新思维。 　　教师讲述:李德威在科研方面,具有强烈的创新思维。在青藏高原的时候,李德威发现了主流板块构造学说难以解释的地质现象,不顾他人的争论和质疑,提出了"层流构造假说";在被汶川地震灾区的满目疮痍深深刺痛的时候,他不怕从头再来,从已经颇有建树的构造研究,转到比较冷门的地震预测,为人民的幸福持续奋斗;在他未能得到地震机制与预测课题陷入事业低谷的时候,在"科研是为了服务于国家、人民"的信念支撑下转变研究思路,转而开发利用固热能,为国家崛起贡献自己的力量。 　　教师总结:李德威创新的道路是艰难的,是被世俗怀疑甚至嘲讽的,但是我们需要学习李德威的创新思维,在专业学习与社会实践中勤于思考、善于发现、勇于创新。 3.投身改革创新实践 【案例分析】 　　通过展示李德威弥留之际写下一纸十字的绝笔:"开发固热能　中国能崛起"的图片,让学生感悟李德威投身改革创新实践的一生,鼓励当代大学生勇做改革创新的实践者和生力军。 　　教师讲解:李德威用实践践行了他的座右铭"思问题所急,想国家所需",为助力中国快速崛起,他在弥留之际,仍然心系我国干热岩事业新局面,写下一纸十字的绝笔:"开发固热能　中国能崛起"。因为他明白改革创新是新时代的迫切要求,创新决胜未来,改革关乎国运。创新是推动人类社会发展的重要力量,创新能力是当今国际竞争新优势的集中体现,改革创新是赢得未来的必然要求。 　　教师总结:当代大学生既置身于世界新一轮科技革命和产业变革同我国转变发展方式的历史性交汇期,又置身于我国全面建设社会主义现代化国家的新征程,应当在全面深化改革的伟大实践中发扬改革创新精神,增强改革创新的意识,锤炼改革创新的意志,提高改革创新的能力,勇做改革创新的实践者和生力军。	

教学步骤	教师活动	时间/分
教学小结	教师简要梳理本节课教学内容,并强调重点和难点内容。	3
课后作业布置	【以知促兴】 学生阅读习近平总书记给第三届中国"互联网＋"大学生创新创业大赛中参加"青年红色筑梦之旅"活动的大学生回信。 鼓励学生自行组队参加中国国际大学生创新大赛"青年红色筑梦之旅"活动。	2

四、教学方法推荐

  对"树立改革创新的自觉意识"部分知识的教学适宜采用案例式教学法和启发式教学法。从教学内容来看,本部分讲述了增强改革创新的责任感、树立敢于突破陈规的意识、树立大胆探索未知领域的信心三个部分,内容具有相似性,如果仅仅局限于课本教材所列出的内容来授课,很容易使课堂空洞、没有说服力。因此,利用中国地质大学知名校友李德威的事迹能够激发学生学习兴趣。李德威在生命最后时刻仍然心系我国干热岩事业的事迹,引导学生理解克服和战胜改革创新过程中的艰难曲折,需要增强改革创新的责任感。李德威打破世界主流的"板块构造假说",提出"层流构造假说"的事迹,引导学生理解要创新,就要有强烈的创新意识,就要树立敢于突破陈规的意识。李德威为了验证自己所提出来的"层流构造假说",大胆探索青藏高原未知领域的事迹,引导学生理解要创新,就要有强烈的创新自信,就要树立大胆探索未知领域的信心。

  对"增强改革创新的能力本领"部分知识的教学适宜采用案例式教学法和启发式教学法。从教学内容来看,本部分讲述了夯实创新基础、培养创新思维、投身改革创新实践3个部分,内容较为抽象。因此教师可以引入契合学生认知经验的真实情感案例,促使抽象理论知识在具体案例中具象化表达。李德威坚持立足实证研究、不断夯实专业知识,年复一年奔赴科研一线,不断提出前人不曾提出的新思想,推出令世人敬仰叹服的新创造的事迹,引导学生理解作为改革创新的生力军,青年需要夯实创新基础。李德威在科研过程中勤于思考、善于发现,不顾偏见、大胆创新,开拓科研新局面的事迹,引导学生理解创新的道路是艰难的,青年需要不断培养创新思维。通过展示李德威弥留之际写下的十字绝笔"开发固热能　中国能崛起"的图片,引导学生理解改革创新是新时代的迫切要求,创新决胜未来,改革关乎国运,青年需要投身改革创新实践。

第十二章 高元贵：社会主义建设时期大学校长的楷模和地大定址武汉主导者

一、教学案例——高元贵

高元贵（1908—1993年），出生于山东省邹平县。小学毕业后，以优异成绩考入金陵中学。时值国家时局动荡，高元贵考入山东省立第一师范学校后接触到一些进步报刊，为共产主义思想的真理和正义激奋不已，救国救民的思想在他的心中萌发。之后，他积极投身革命活动，主编共产党地下活动刊物，秘密售卖上海寄来的进步书籍，组织学生进行罢课斗争。"一二·九"运动时期，他是中国大学学生运动的主要领导人之一，同年加入中国共产党。民主革命时期，曾任山东省冠县县委民运部长，鲁西北地委民运部长，鲁西区党委民运部副部长，冀鲁豫边区抗日救国联合总会主任，冀南区党委民运部长兼财委副主任、行署副主任，武汉物资接管处处长。中华人民共和国成立后，高元贵任中原临时政府工业部副部长，中南财委秘书长兼统计局副局长，中南建筑工程局局长兼党委书记，中央建筑工业部兰州总公司经理兼党委副书记，北京地质学院院长兼党委第一书记，湖北地质学院、武汉地质学院党委书记、革委会主任，国家地质总局顾问，地质部顾问。1983年经中共中央组织部批准离休。1993年2月21日在北京逝世。

（一）案例呈现

案例一：深入工农，抗日救国传佳话

1928年，高元贵受共青团山东省委派遣，秘密到淄博矿区负责发展共青团的工作。在白色恐怖极其严峻的情况下，他曾一度与家庭断绝联系，以煤矿工人的身份为掩护，与煤矿工人同吃、同住、同下炭井掏煤，竭尽全力开展革命宣传活动。他还组织成立了共青团淄川矿区支部委员会，发动群众开展了大荒地"十行"钱三包工柜的罢班斗争和大荒地、十里庄工人的挟炭运动，把抗日的种子撒在淄博矿区。

抗日战争全面爆发后，高元贵受党组织派遣，到山东聊城地区发展抗日工作，开辟鲁西北抗日根据地，以国民党抗日将领范筑先部政训处中校处长身份，秘密开展鲁西抗日救国运动。1938年，高元贵建立冠县政训处。同时，以小学教员和青年知识分子为对象，开办政训班，受训学员达70多人，后大部分学员成为各群众团体的县、区骨干，走上街头宣传党的政策，深入农村广泛发动群众，教唱革命歌曲，投入农民运动的洪流中。这一时期，在高元贵的引领下，农民互助会、冠县妇女抗日救国会、青年抗日救国会、儿童团相继成立，抗日救亡运动风起云涌。

在冠县工作期间，高元贵认识了齐涛，在他的引导下，齐涛加入中国共产党。艰苦的抗日战争期间，他们并肩战斗，收获了革命的友谊和爱情。也是在这里，涌现了一批像他们一样的夫妻档革命战士，传出了"七大闺女、七大女婿"的革命佳话。他们一方是威震敌胆的抗日名将，一方是冠县儿女中的巾帼英豪。在他们的努力下，冠县当地抗日斗争开展得轰轰烈烈，被誉为"鲁西北平原上的小延安"。

当时在鲁西北流传着这样的民谣，"要抗日就找武工队，入武工队就找高元贵"。日伪把当地的农会、武工队与高元贵并称为"三大害"。高元贵扎根故乡敌后抗日根据地，出生入死，深入工农，放手发动群众，在鲁西北人民群众心中留下了深刻的记忆。

案例二：主政地大，殚精竭虑领南迁

1958年，高元贵奉调担任北京地质勘探学院院长兼党委第一书记。知天命的年纪，本该在熟悉的经济领域发光发热的高元贵，毅然转投教育战线。1969年10月，学院按上级要求外迁，由此开始了一段颠沛流离的低潮时期，最终于1970年9月定址湖北江陵，更名为湖北地质学院。江陵建校后，客观条件导致建设工作难以落实，从江西峡江迁至湖北沙洋的居住环境异常艰苦，且长期迁徙致使教职工人心思归，至1972年底，多数人迁回北京暂住。

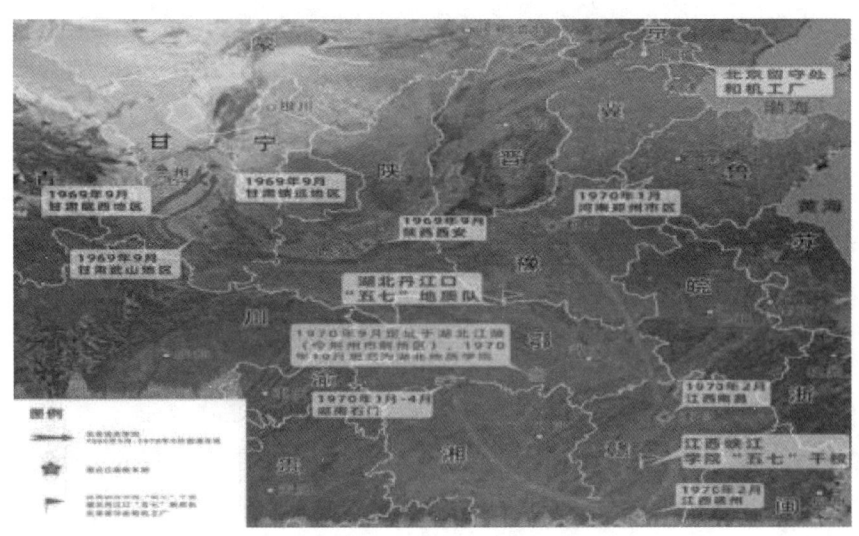

图1 北京地质学院南迁选址示意图

第十二章　高元贵：社会主义建设时期大学校长的楷模和地大定址武汉主导者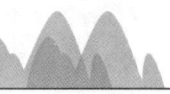

　　1972年12月,湖北省委任命高元贵为学院临时党委书记和革委会主任。不考虑个人得失和"文革"初期的不公正遭遇,高元贵从党和国家的利益出发,毅然重新挑起领导学校南迁建校的重担(图1)。领导机构一经恢复,高元贵立即展开走访调研,于1973年1月向上级明确提出,"江陵不适宜办全国重点地质院校,请求重新选址"。当年6月,国务院发文同意学院在湖北省内另行选址建校。根据其"除武汉市以外"的选址要求,1972年底至1973年8月,高元贵带领选址小组在京广铁路沿线及鄂东地区进行了半年多的考察,并提出"边迁校建校,边在北京原址招生上课,尽快为国家培养地质干部"的建议。

　　在对湖北境内半年多的考察进行全面分析后,选址小组上报湖北省革委会:"京广铁路沿线及鄂州、黄石等鄂东地区均不适宜建设和发展全国重点地质学院,希望湖北省能够同意湖北地质学院在武汉市选址建校(图2)。"经过高元贵的反复坚持、多方奔走、据理力争,学校在武汉建校的诉求终于在1974年7月得到了湖北省革委会的正式批准。

图2　1972年,高元贵带领选址小组在鄂州西郊勘察选址

　　迁校武汉已成定局,如何迅速做好迁校建校工作,带动各项工作开展,是摆在临时党委面前的一个重要课题,高元贵为此付出了艰辛努力。在临时党委第五次全体会议及扩大会议上,学院确定了迅速搬迁到武汉的方针,高元贵在会上作了《团结起来,坚定不移地执行国务院指示,迅速认真地做好迁校建校工作》《以只争朝夕的革命精神迅速认真地做好迁校建校工作》的报告。为尽快完成南迁工作,高元贵亲自回京动员迁校。他在全院教职工大会上动情说道:"我们许多干部是在战争中过来的,在战场上拼过命的。现在仍然需要这种革命精神,用这种精神对待迁校,对待工作。在个人利益和党的利益发生矛盾的时候,应该无条件地服从党的利益,顾全大局,而决不能讨价还价。"1975年8月,高元贵带头将户口、粮油关系迁到武汉,学院迅速制订了教职工具体搬迁计划。当时高元贵身体虚弱,晚上睡眠靠安眠药维持,但这并没有阻挡他亲力亲为的步伐。在学校迁往武汉的重要时刻,他亲自指挥、具体指导。8月下旬,学校第一批教职工乘坐专列南下,随后各批次人员陆续南迁。

案例三：亲民务实，尊师爱生暖人心

作为教育家和政治家，高元贵用自己的行动为全院师生树立了榜样。在工作中，他关心师生员工的利益，敢于坚持原则、实事求是。在生活上，他艰苦朴素、克己奉公。

学校野外实习的师生很多，高元贵深知其艰苦，常去看望。近处的周口店、南口、石景山等地他常去蹲点指导或现场慰问，甚至与师生一同挖野菜充饥，远处的甘肃、内蒙古也常有他的足迹。11611班一位同学回忆说："奔赴河南豫西山区卢氏县进行毕业实习的一共6个同学，按当时系领导的要求与当地农民同吃同住，生活极其艰苦，每日三餐除了玉米面饼，就是泉水和大蒜。肉、菜根本无从谈起。高元贵院长不远千里亲临卢氏县看望我们，当他老人家得知我们的情况后，我们小组获准背粮上山单独起灶，吃上了白面馒头。"

对那些身处逆境、受到不公正对待的专家教授，高元贵以诚相待，耐心做思想工作。凡有学生、教师、干部向他反映的一些过左的做法，经了解后，他都能妥善处理。王鸿祯院士在反右派斗争中受到批判、降级、撤职处分，情绪消极，思想包袱沉重。高元贵多次找他促膝谈心，鼓励他不要灰心，不要放弃钻研学问和追求学术真理，聘请他当自己的教学科研顾问，列席院务会，指导周口店野外实习基地的教学改革等。

党的十一届三中全会之后，王鸿祯收获了大量科研论文、专著和国家级科研成果奖，还出任了武汉地质学院院长。他曾深有感触地说："这要感谢党的好政策，感谢在我身处逆境时鼓励、开导和支持我的高院长。"

高元贵对别人大方，对自己却苛刻。1958年，在大办钢铁运动中，师生长时间野外工作，衣服破损得厉害。尽管当时学校经费十分紧张，高院长听取教师意见后，在会上决定给师生添置工作服。但他自己却不在意着装，一件呢大衣、一套呢中山装就是他的全套工作服，里面的衬衣和毛衣有的还打着补丁。三年困难时期，物资供应极度匮乏，为了保证师生的身体健康，他在学校亲自抓食堂、亲自过问给老教授们发放的补助食品，但他从来没有为自己和家里的孩子们多拿一两食品。

1965年，石油系教师带学生到玉门油田进行"教学、科研、生产"三结合的实践活动。同样在此带实习的外校老师每天补助0.9元，而地院老师只有0.27元。高元贵经过实地考察，提高了大家的待遇，他自己却从未向学校伸手索要什么。他子女多，负担重，早先全家在一起生活时，每月他与齐涛同志的工资全用完，还会缺五天的生活费，这种情况几十年都鲜为人知（图3）。他的住处陈设简单，几十年一直未好好修整和更新过，那两个小小的旧书柜，一张不大的写字台，一套旧式沙发一直在使用。高元贵勤俭节约、艰苦朴素的好作风一直保持到晚年。

第十二章 高元贵：社会主义建设时期大学校长的楷模和地大定址武汉主导者

图3 1972年，高元贵与夫人齐涛和孩子们在一起的全家福

（二）案例点评

案例一主要讲述了高元贵在"一二·九"运动中的杰出贡献，以及深入工农抗日救国的主要事迹。在"一二·九"运动中他表现出卓越的组织才能，践行着中国革命道德，凭借着英勇斗争、无畏向前的胆识与魄力积极投身行动，生动诠释了"爱国就要救国"的家国情怀和实干精神。高元贵的案例生动诠释了为人民服务应有的责任、担当与品质。

案例二主要讲述了高元贵在地大漂泊、动荡的南迁时期，肩担道义、实事求是，在坚决执行上级决定的同时，紧紧依靠和团结带领全校广大教职工，奉命南迁，攻坚克难，定址武汉，尽心竭力地确保学校弦歌不断、学脉相传的事迹。

案例三主要讲述了高元贵在献身地大的18年里，始终在党的教育事业中兢兢业业、百折不挠、心无旁骛地守护着地大根脉。留给后人忠于职守、尊师爱生、务实进取、坚韧不拔的精神和作风，教育和引导着一代代地大人脚踏实地、接续奋斗。

（三）教学建议

案例一、二、三可用于第五章第一节第二目"为人民服务"的教学。通过问题导入，引出案例人物高元贵，激发学生兴趣。通过有关"为人民服务"的错误言论辨析，让学生思考"人民的内涵"。通过高元贵的事迹理解"人民"的概念，最终落脚点在课本知识内容"为人民服务是先进性和广泛性的统一"，帮助学生梳理中国革命道德的形成与发展，了解中国革命道德的主要内容，分析中国革命道德在当今社会的重要意义。

二、教学分析

（一）教学目标

理论知识目标：让学生了解不同历史条件下为人民服务是社会主义道德的本质要求，是先进性与广泛性的统一；明白"人民"是个历史概念，"为人民服务"不会过时。

价值取向目标：选取高元贵深受大家尊敬和爱戴的事迹，使学生能够了解"为人民服务"，不仅是坚持历史唯物主义的必然要求，也是社会主义道德观的集中体现，是全体中国人民共同遵循的道德要求。并以高元贵的一生经历为轴，讲明"人民"是个历史概念，使学生更加深刻地理解"为人民服务"的内涵和重要意义。

（二）教学重难点

1. 为什么人服务是道德的核心问题（重点）。
2. 为人民服务是社会主义道德的本质要求（重点）。
3. 为人民服务是先进性与广泛性的统一（难点）。

三、教学思路与方案设计

（一）教学思路

课堂教学内容分为两部分：一是"为什么人服务是道德的核心问题"，二是"为人民服务是社会主义道德的本质要求，是先进性和广泛性的统一"。

教学第一部分"为什么人服务是道德的核心问题"。通过提问，激发学生的学习兴趣，使学生对高元贵有初步认识。以高元贵的一生历程为轴，将他在3个不同时期践行为人民服务的事迹进行比较，引导学生感知"人民"一词含义的变化，让学生明确为人民服务没有过时。

教学第二部分"社会主义道德的本质要求"。通过两个有关"为人民服务"的错误言论，引发学生思考，并结合高元贵的案例对于错误言论进行辨析，使学生深刻理解为人民服务是社会主义道德的本质要求，是先进性和广泛性的统一。

第十二章　高元贵:社会主义建设时期大学校长的楷模和地大定址武汉主导者

(二)教学方案

教学步骤	教师活动	时间/分
导入新课	【师生互动】 　　通过问题引入课程案例人物:1992年11月,时值中国地质大学建校40周年之际,当一位84岁的长者出现在庆祝大会的主席台上时,全场数千名师生和校友起立欢呼鼓掌长达五六分钟之久,这是那一代师生发自内心献给长者的殊荣。在他的领导下,1969年中国地质大学离京南迁,流浪4省,几经周折最终落户武汉;在他的领导下,学校在20世纪60年代办学规模迅速扩大,教学质量显著提高,跻身于64所全国重点高校行列;在他的领导下,学校确立了"刻苦钻研、实事求是、艰苦朴素、严肃活泼"的校风,在这一校风的引领下,学校蓬勃发展,名动一时! 　　大家知道他是谁吗?他就是高元贵,一位献身地质教育长达18年,带领北京地质学院进入辉煌时期的功勋元老。让我们一起走近高元贵,了解他为人民服务的一生。	3
简介教学目标	教师向学生简要介绍本次教学要达到的目标。	2
呈现教学材料,引导学生学习	【知识点一】为什么人服务是道德的核心问题 　　教师讲解:1944年9月8日,毛泽东同志在张思德的追悼大会上,第一次深刻阐明了为人民服务的思想。为什么人服务是道德的核心问题,决定并体现着道德建设的根本性质和发展方向,规定并制约着道德领域中的所有道德现象。为人民服务,不仅是坚持历史唯物主义的必然要求,是中国共产党践行的根本宗旨,也是社会主义道德观的集中体现,是全体中国人民共同遵循的道德要求。 【师生互动】 　　有同学说:"为人民服务是毛泽东提出来的,那时的人民有特定的含义,现在早就过时了。"关于这类言论你怎么看? 　　在学生们作出各种回答之后,教师不直接给出答案,而是引出高元贵的相关事迹。 【案例分析】 　　教师以高元贵的一生历程为轴,将他在3个不同时期践行为人民服务的事迹进行比较,引导学生感知"人民"一词在其中含义的变化,讲清为人民服务没有过时。	7

教学步骤	教师活动	时间/分
呈现教学材料,引导学生学习	教师讲述: 　　抗日战争时期。战争全面爆发后,高元贵受党组织派遣,到山东聊城地区秘密开展鲁西抗日救国运动。他建立冠县政训处,同时以小学教员和青年知识分子为对象,开办政训班。其中大部分受训学员在后来成为各群众团体的县、区骨干,走上街头宣传党的政策,深入农村广泛发动群众,教唱革命歌曲。这一时期,在高元贵的引领下,农民互助会、冠县妇女抗日救国会、青年抗日救国会、儿童团相继成立。 　　解放战争时期。为加强南方的干部力量,高元贵夫妇受组织派遣,随解放大军南下。高元贵任武汉物资接管处处长。新中国成立后,他积极投入到新中国建设中,担任众多重要职务,以勤政务实的作风为新中国初期经济形势的恢复和好转作出了积极的贡献。 　　社会主义时期。1958年,高元贵奉调担任北京地质勘探学院院长兼党委第一书记。1972年9月,学院按上级要求外迁,为尽快选定新校址,军宣队邀请高元贵重新参与学院管理工作。高元贵不考虑个人得失,不计较不公正遭遇,毅然挑起南迁重担。高元贵经过半年多的四处踏勘和高元贵的据理力争,学校在武汉建校的诉求终于在1974年得到正式批准。 　　教师总结:从高元贵一生中3个阶段的不同事迹可以感知他一直在践行"为人民服务"的理念,但他"服务"的对象是有变化的。实际上,"人民"是个历史概念,在不同的时期有不同的内容。在抗日战争时期,人民指的是一切参与抗日的阶级或阶层;在解放战争时期,一切反对帝国主义、地主阶级、官僚资产阶级的阶级或阶层都属于人民;在社会主义时期,人民的范围更加广泛,包括一切拥护社会主义和拥护国家统一的劳动者和建设者。由此可见,人民的概念是不断发展的,为人民服务并没有过时。	
	【知识点二】社会主义道德的本质要求 【师生互动】 　　有同学问:"我也是人民,为什么不能只对我服务?"你能否解答他的疑惑,请同学们思考并讨论。 　　教师讲解:实际上,人民不是指某个个人,而是个集体概念,任何个人都不能被单独地称为人民。如若不是这样,就可能将"为人民服务"偷换成"为我一个人服务""为你一个人服务""为他一个人服务"或"为某些人服务"等,造成新的不平等或者特权。进一步地说,社会主义社会,每个人都是被服务的对象,又都为他人服务,全体人民正是通过相互服务来实现共同利益的。 【案例分析】 　　在工作中,高元贵关心师生员工利益,坚持原则。1958年,大办钢铁运动时,学院师生长时间的野外工作使衣服破损严重,尽管当时学校经费十分紧张,但在听取教师意见后,高院长在会上决定为师生购买工作服。但他自己却不在意着装,一件呢大衣、一套中山装就是他的工作服,里面的衬衣和毛衣都打着补丁。在物资供应极度匮乏的年代,为了保证师生的身体健康,他在学校亲自管理食堂,但他从来没有为自己和家里的孩子们多拿一两食品。	

第十二章 高元贵：社会主义建设时期大学校长的楷模和地大定址武汉主导者

教学步骤	教师活动	时间/分
	在生活上，高元贵艰苦朴素、克己奉公。1965年，石油系教师带学生到玉门油田进行"教学、科研、生产"三结合实践活动。此时在此带实习的外校老师每天补助0.9元，而地院老师只有0.27元。高元贵经过实地考察，提高了大家的待遇，然而他自己却从不向学校索要什么。他子女多，负担重，家中陈设几十年一直未好好修整和更新过，那两个小小的旧书柜，一张不大的写字台，一套旧式沙发一直在使用。他勤俭节约、艰苦朴素的好作风一直保持到晚年。 　　高元贵的敬业勤奋、忠于职守、尊师爱生、务实进取的精神和作风正是"每个人都是服务对象，又都为他人服务"的生动诠释，他在为社会和他人服务的同时也是在为自己劳动和工作，这是社会主义道德的本质要求。	
呈现教学材料，引导学生学习	【知识点三】先进性与广泛性的统一 【师生互动】 　　有同学认为："为人民服务仅仅针对党员领导干部，党员外的其他群体不需要为人民服务。"关于这类言论你怎么看？ 　　教师讲解：实际上，对党员应有更高的要求，即全心全意为人民服务，从道德建设的经验和规律来说，虽然为人民服务是一种较高层次的道德要求，但从道德建设的经验和规律来说，它也包括大学生群体在内的所有有能力为人民服务的社会成员，因为如果仅针对党员领导干部，就降低了其他社会成员作为人民群众一分子的主体性和创造性，而社会道德建设无疑需要发挥所有人的力量。 　　在今天，毫不利己、专门利人、无私奉献是为人民服务；顾全大局、先公后私、爱岗敬业、办事公道是为人民服务；同志间、师生间、同学间互相关心、互相爱护、互相帮助是为人民服务；热心公益、助人为乐、见义勇为、扶贫帮困、扶残助残是为人民服务，遵纪守法、诚实劳动并获取正当的个人利益，同样也是为人民服务。那些认为为人民服务只适于党员干部而不能推广到全体人民的看法是一种误解。	30
教学小结	教师简要梳理本节课教学内容，并强调重点内容。	2
课后作业	【以微释全】 　　学生在课后结合课堂内容，以小组为单位拍摄《我心中的"为人民服务"》微视频，时长不限。	1

四、教学方法推荐

"坚持为人民服务"的核心是介绍社会主义道德的本质要求,以及"为人民服务"是先进性和广泛性的统一,本次教学宜采用"问题激发—理论解释—现实观照"三位一体的教学形式。大部分学生对"为人民服务"的理解可能比较浅显,认为为人民服务高不可攀,为人民服务已经过时了,或者认为这只是对党员的要求。以师生多元互动进行讲授,能够使学生对于这一部分内容的理解更加深刻,增强为人民服务的决心。教师以高元贵的一生历程为轴,将他在3个不同时期践行"为人民服务"的事迹进行比较,讲明为人民服务中的"人民"是一个历史的概念。接着引导学生思考为人民服务并不是高不可攀,并不是只对党员干部的要求,而是可以通过不同层次、不同形式表现出来。鼓励学生结合自身情况,思考如何为人民服务。

第十三章　陈子谷：丹心无尘铸忠魂的地大创校元勋

一、教学案例——陈子谷

陈子谷（1916—1987年），广东澄海县人，泰国爱国华侨（图1）。1936年初去香港，经宣侠父介绍，参加民族革命大同盟。同年夏天，他参加"两广事变"，失败后回香港。1937年8月，去延安陕北公学学习。1938年1月参加新四军，1939年加入中国共产党。中华人民共和国成立初期，陈子谷曾任浙江省人民政府交际处副处长兼中共杭州市委统战部副部长，浙江省人民政府调查研究室主任，中共中央对外联络部行政处副处长。1952年7月负责筹建北京地质学院，并先后担任过该院总务长、党委书记、副院长。1979年担任地质部教育司副司长兼武汉地质学院副院长。1982年9月离职休养。

陈子谷用舍生忘死的实际行动，生动践行了随时"为党和人民牺牲一切，永不叛党"的誓言，深刻展示了共产党人"革命理想高于天"的精神境界。他心怀祖国、不屈不挠的精神，不仅闪耀在新中国高等地质教育战线上，而且还凝成了党史中那一抹耀眼的红色。

图1　陈子谷（1916—1987年）

(一) 案例呈现

案例一：丹心无尘，富贵于我如浮云

少年时期，陈子谷读书用功，成绩不错，祖父希望他将来继承家业。但十二三岁的陈子谷受中国大革命思潮的影响，想要回到祖国读书。于是，他放弃了曼谷的优裕生活，回到祖国。1936 年，陈子谷在泰国的祖父和祖姑母来信让他回去做生意，他毅然与家庭断绝经济关系，全心全意投身革命。

1941 年 1 月 4 日，在安徽泾县的群山中，9000 余名新四军将士陷入了国民党 7 个师约 8 万人的重重包围之中，经过 7 天 7 夜的血战，遭受重大损失，史称皖南事变。这时蒋介石下了一道手令："停发该军经费、子弹及药品之补充。"抗日战争进入异常艰难阶段，驻守在皖南的新四军军费无几、寒衣无着、三餐不济。缺吃少穿是常态，百货、医药等物资更是少之又少，当时的新四军第一师师部医院居然连一套完整的手术器械都凑不出来。没办法，七师独立团只得向百姓们借大米，才暂时撑了过去。当时，陈子谷接到了泰国家人来信，得知祖父去世，留下遗嘱将遗产分给他一部分，按泰国法律，分配遗产必须继承人到齐，所以家人希望他立即回去。他对此事很犹豫，觉得自己生死都已置之度外，谈不上回去分什么遗产。但作为党员，他还是将此事向组织进行汇报。军政治部袁主任专门找陈子谷谈话，交代他抓住这次机会，在回泰国接受遗产时，向华侨募捐抗日经费。陈子谷带着 3 本募捐册和介绍信，跋涉 1 个多月来到泰国。由于募捐册不便携带，陈子谷便将其装入暖水瓶提前请船员送入曼谷家中。终于到达曼谷时，竟得知三叔烧掉了募捐册，这件事给陈子谷沉重打击，但他没有放弃。陈子谷找到以前的同学、朋友和亲戚，为新四军抗日救国做宣传，呼吁他们捐赠棉衣支援祖国战士。在侨胞的大力支持下，共募得 6 万元国币捐款。募捐活动在泰国政府的监视下被迫停止后，陈子谷索性开始处理遗产问题。他将分到的遗产，包括土地、楼房和金银珠宝全部变卖，折合国币 20 万元。连同募捐来的 6 万元，共计 26 万元，这笔钱在当时我军战士津贴每月 1.5 元的情况下，约等于新四军两个月经费。陈子谷立刻将钱全数汇到桂林八路军办事处。

1943 年，陈子谷通过老乡结识了曲婉仪女士，经过几次接触后，陈子谷得知她是上海地下党员，曾去过新四军驻地。两人日久生情，喜结连理。婚后，陈子谷拒绝了岳父让他留下继承家业、享受殷实生活的提议，继续投身革命。

新中国成立后，陈子谷担任北京地质学院党委书记、院长。1956 年，泰国的祖屋拆迁，陈子谷收到相当于 4 万元人民币的拆迁费。当时陈子谷育有三儿两女，家境并不富裕，但陈子谷还是将这笔巨款全数捐给了北京市委。1987 年 6 月 9 日，陈子谷逝世。

案例二：狱中斗争，一腔肝胆铸忠魂

1941年1月4日，新四军军部及所属皖南部队9000余人向北转移。此时，国民党已经派出8个师2个炮兵旅约8万人对新四军展开围剿，形势极其严峻。陈子谷为掩护其他同志冲出重围，不幸被俘，被押解到江西上饶集中营的七峰岩监狱，后又转囚在茅家岭监狱。

在上饶集中营里，特务搬来反共专家和名流给被俘的同志们上课，企图以此给他们"洗脑筋"，摧毁他们的革命意志（图2）。在狱中特务对陈子谷说："只要你拥护三民主义，我就可以放你出去。"陈子谷严词拒绝！于是他被关到特别训练班，每天早晨出操，白天做苦工，晚上上课。有一天，集中营里又宣布"上课"，请来的反共专家在讲台上破口大骂共产党和新四军。陈子谷愤而当众驳斥。事后，陈子谷受到了一阵毒打，遍体鳞伤，然后被抬到茅家岭监狱。养好伤的陈子谷随即和战友们组织暴动，却没有成功。他又被打得遍体鳞伤，关进重禁闭室，难友们凑钱买了一点酒，替他擦洗伤口。他躺了半个月才能下地走动。"暴动"这个念头在陈子谷等人心中越来越旺地燃烧起来。他们秘密总结以往越狱失败的教训，周密准备了一个多月。终于在1942年5月25日，国民党当局决定将新四军战俘转移到福建的过程中，陈子谷等人赤手空拳打倒看守，一举夺走敌人的武器，打死十几名看守，暴动成功。逃出后，陈子谷辗转一年多，在福建武夷山一带坚持游击战争，历尽艰险曲折重返新四军。

图2 1964年，陈子谷（右）与上饶集中营难友黄迪菲合影

1945年8月，日本法西斯宣布投降，陈子谷任新四军敌工部伪军工作科科长，被派往南京进行谈判，接受日伪军受降的工作。离开南京经过扬州回解放区时，被国民党保安部队扣押，又一次被俘。在狱中，陈子谷再次组织囚犯们进行抗争，他和其他进步人士发起了大规模的绝食行动。面对囚犯们的斗争和社会舆论的压力，国民党当局不得不接受他们的要求，并释放了200多名政治拘留者，陈子谷再次幸运地重获自由。回到军部后，尽管身心疲惫，他还是

开始了新的斗争。1946年冬,陈子谷出狱不久便出任胶东军区联络部副部长、第三野战军随军学校团政委。

(二)案例点评

案例一展现了陈子谷以国为重、舍己为公的高尚品德和"富贵于我如浮云"的风骨。本可在海外居住享富贵的少年陈子谷,却怀着救国救民的理想,断然抛弃衣食无忧的安逸生活,偷偷跑回苦难深重的祖国;继承万贯家产的新四军战士陈子谷,却为了补给部队的粮食和寒衣,毫不犹豫地散尽家财。陈子谷为新中国的建设和发展顾全大局、忍辱负重、不计得失,作出了不可磨灭的卓越贡献。

案例二展现了陈子谷在狱中面对各种严刑、苦役、利诱、威胁及"洗脑",始终坚持革命气节。陈子谷书生出身,尽管在狱中饱受皮肉之苦,但仍十分坚强,毫不屈服,多次领导狱中斗争,最后历尽艰险曲折重返新四军。

(三)教学建议

案例一、二可用于第五章第一节第三目"坚持以集体主义为原则"。通过陈子谷的故事,展现他真实而强大的道义力量,体会到践行集体主义原则既是为了维护国家、社会的共同利益,最终也是为了维护个人的根本利益和长远利益。

二、教学分析

(一)教学目标

理论知识目标:了解集体主义是调节社会利益关系的基本原则;明确集体主义具有层次性。

价值取向目标:通过案例的学习,学生能够理解集体主义对谋求民族独立和实现中华民族伟大复兴壮丽事业的重要性;感受到革命志士们在党的危难之际将国家利益置于个人利益之上的精神品质以及他们无私奉献、一心为公的英勇气概。

(二)教学重难点

1. 调节社会利益关系的基本原则(重点)。
2. 集体主义的层次性(难点)。

第十三章　陈子谷：丹心无尘铸忠魂的地大创校元勋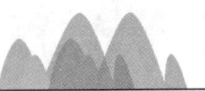

三、教学思路与方案设计

（一）教学思路

课堂教学内容分为两部分：一是"集体主义的内涵"，二是"集体主义的层次性"。通过播放"爱国华侨陈子谷：叶挺送字'富贵于我如浮云'"的视频，导入教学内容。

教学第一部分"集体主义的内涵"。结合案例一，讲述陈子谷放弃国外优越生活投身革命，将所得全部遗产捐作抗日经费，并且在16年后将又一笔遗产捐给北京市委的事迹，引导学生明白陈子谷放弃个人荣华富贵，舍生忘死追随中国共产党的行为正是国家利益、社会整体利益与个人利益辩证统一的体现。

教学第二部分"集体主义的层次性"。结合案例二，陈子谷不顾个人安危，坚决对敌斗争的事迹，引导学生明白在个人利益与国家和社会整体利益发生矛盾甚至是激烈冲突的时候，要在必要时做出牺牲，这是集体主义的最高层次。最后通过师生互动，讲明集体主义的3个层次的道德要求，鼓励学生可以并且应该在具体的学习工作生活之中沿着集体主义的3个层次循序渐进地向上攀登。

（二）教学方案

教学步骤	教师活动	时间/分
导入新课	【播放视频】 播放央视宣传海外华侨华人的新闻资讯节目《华人世界》——爱国华侨陈子谷：叶挺送字"富贵于我如浮云"视频，让学生对陈子谷的生平事迹有大致了解。	2
简介教学目标	教师向学生简要介绍本次教学要达到的目标。	1
呈现教学材料，引导学生学习	【知识点一】集体主义的内涵 1.集体主义强调集体利益与个人利益的辩证统一 【案例分析】 　　通过引入案例一，从陈子谷放弃国外优越生活投身革命，将全部遗产捐作抗日经费，并且在16年后将又一笔遗产捐给北京市委的事迹，引导学生理解国家利益、社会整体利益与个人利益辩证统一。	13

教学步骤	教师活动	时间/分
呈现教学材料，引导学生学习	教师讲述：十二三岁的陈子谷成绩优异，又有丰厚家业待他继承，但他离开家人独自回国，坚持投身中国革命。时值抗日战争进入异常艰难阶段，陈子谷将所得的20万元遗产全部捐作抗日经费，并在曼谷冒险募集了6万元的抗日资金，共计26万元。这笔捐款解决了新四军上万人两个月的经费以及军部当年购买棉衣的费用。 新中国成立后，陈子谷担任北京地质学院党委书记、院长。在育有三儿两女，家境并不富裕的条件下，陈子谷却将收到的又一笔遗产捐给了北京市委，用以支持新中国高等地质教育。 教师总结：时隔16年，陈子谷用同样的选择诠释了以国为重、舍己为公的高尚品德和"富贵于我如浮云"的风骨。以陈子谷的事迹引导学生明白陈子谷放弃个人荣华富贵，舍生忘死推动中国革命事业取得胜利的行为正是国家利益、社会整体利益与个人利益辩证统一的体现。国家利益、社会整体利益体现着个人最根本最长远的利益，是所有社会成员共同利益的统一。同时，每个人的正当利益，又都是国家利益、社会整体利益不可分割的组成部分。国家和社会的兴衰与个人利益得失息息相关。在现实生活中，国家利益、社会整体利益和个人利益是相辅相成的。 【师生互动】 提问："集体主义"中"集体"指的是什么？是个人利益的总和？是个人利益的交集？还是绝大多数人的利益？请同学们进行讨论。 教师讲解：第一，有同学认为"集体主义就是保护绝大多数人的利益"。在现代社会，这个"绝大多数人的利益"的确是比较"管用"的原则，但为了避免"集体无理性"等情形的出现，需要对这条原则给予适当的限制。例如，集体主义不能因为要保护绝大多数人的利益，就侵犯某个人的基本权利和自由。因此说，集体主义不能只是保护绝大多数人的利益，而是要保护集体之中所有人的利益。第二，有人赞成"集体主义就是个人利益的总和"。实际上，集体利益并不是所有成员个人利益的简单叠加，正如集体的力量要大于集体之中每个人力量的总和，才体现出集体的作用与价值那样，集体利益也要大于集体之中个人利益的总和才能保障每个人的个人利益。第三，有同学认为"集体主义就是个人利益的交集"。实际上，集体利益既包括处于交集之中的个人利益，也包括没有处在交集中的个人利益，个人利益之间是否有交集并不构成被集体所保护的充分条件，也就是说，无论他们的利益是否有交集，集体都要保护其中每个成员的利益。 集体的正确含义应该是这样的，理想状态下的真实集体是指消除了一切虚假成分的集体，是把社会的利益与成员的个人利益完美地统一起来的集体。所谓集体利益，是指组成集体的各个个体的共同利益或根本利益。在社会主义条件下，个人利益、集体利益和社会利益三者在本质上是一致的。	

第十三章　陈子谷：丹心无尘铸忠魂的地大创校元勋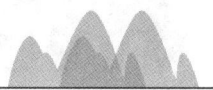

教学步骤	教师活动	时间/分
呈现教学材料，引导学生学习	2.集体主义强调国家利益、社会整体利益高于个人利益 【案例分析】 　　引入案例二中陈子谷在狱中饱受皮肉之苦，但毫不屈服、反复斗争的事迹让学生感受他愿为集体牺牲的信念，让学生明白集体主义强调国家利益、社会整体利益高于个人利益。 　　教师讲解：1941年1月国民党对新四军展开围剿，在最后突围时，陈子谷为掩护其他同志不幸被俘。面对狱中各种酷刑折磨，陈子谷信念坚定，宁死不屈，坚决对敌斗争，并多次赤手空拳组织越狱暴动，成功逃出监狱，回到大部队。 　　教师总结：陈子谷在个人利益与国家利益发生冲突的时候，坚持国家利益、社会整体利益高于个人利益的原则，舍生忘死宣传抗战，在狱中顽强抗争。因此在个人利益与国家利益、社会整体利益发生矛盾尤其是激烈冲突的时候，必须坚持国家利益、社会整体利益高于个人利益的原则，即个人应当以大局为重，个人利益应服从于国家利益、社会整体利益，并在必要时作出牺牲。 【师生互动】 　　提问：集体主义可以随意要求个人为集体作出牺牲吗？ 　　教师总结：集体主义要求个人为国家、社会作出牺牲并不是随意的，只有在不牺牲个人利益就不能保全国家利益、社会整体利益的情况下，才要求个人作出牺牲。社会主义之所以强调个人利益要服从国家利益、社会整体利益，归根到底是为了维护国家、社会的共同利益，最终也是为了维护个人的根本利益和长远利益。	10
	3.集体主义重视和保障个人正当利益 【师生互动】 　　提问：西方国家的个人主义强调个人的自由和权利，认为集体主义是对个人的压制、对个性的束缚。你们怎么看？ 　　教师总结：集体主义促进和保障个人正当利益的实现，使个人的才能、价值得到充分发挥。这不但与集体主义不矛盾，而且正是集体主义的应有之义。只有在国家、社会中个人才能获得全面发展，才可能有个人自由。那种把集体主义看作对个人的压制、对个性束缚的思想，是与集体主义的本意相违背的。事实上，正是集体主义为培养个人的健全人格、鲜明个性和创新精神提供了道义保障。对于集体主义来说，只有个人的价值、尊严得到实现，个人的正当利益得到保障，集体才能有更强大的生命力和凝聚力。	4

教学步骤	教师活动	时间/分
呈现教学材料,引导学生学习	【知识点二】集体主义的层次性 【案例分析】 　　通过案例二中陈子谷在基层任劳任怨、一心为公的事迹,让学生明白陈子谷的高尚品德是集体主义最高层次的体现。再通过提问,使学生明白集体主义具有层次性,人人都可以并且应该践行集体主义原则,沿着道德的阶梯循序渐进地向上攀登。 　　教师讲解:1945年8月,陈子谷在被派往南京接受日伪军受降工作的途中被国民党部队扣押。他在狱中再次组织了大规模的绝食行动,巨大的社会舆论压力迫使国民党不得不释放他。1946年冬,陈子谷冒着极大危险只身秘密前往胶东,帮助我军取得了莱芜战役的胜利。 　　教师总结:陈子谷不计个人得失、一心只为国家和革命事业的坚定信念体现了集体主义的最高层次——无私奉献、一心为公,即时时处处为集体利益着想,并甘愿为集体牺牲一切。 【师生互动】 　　提问:集体主义离我们遥远吗? 　　教师总结:集体主义离我们并不遥远,表现在它所具有的层次性。在具体的学习工作生活之中,人人都可以并且应该践行集体主义原则,沿着道德的阶梯循序渐进地向上攀登。集体主义3个层次的道德要求:一是无私奉献、一心为公,即时时处处为集体利益着想;二是先公后私、先人后己;三是顾全大局、遵纪守法、热爱祖国、诚实劳动,以合法手段保障个人利益。陈子谷舍生忘死,放弃个人荣华富贵,至死不渝将国家和人民的利益放在首位,这是集体主义的最高层次。	13
知识拓展	【辨析探究】 　　区分大公无私中的"私"与先公后私中的"私":二者不是同一个"私"。"大公无私"所说的"无私",并不是不要个人利益,而是反对利己主义、自私自利。从这个意义上说,"大公无私"并不是遥不可及的,它既可能存在于模范人物的高尚品质中,也可能存在于普通人的日常行为中。"先公后私"中的"私"指的则是个人正当利益,并不是指利己主义、自私自利,因为如果指的是后者,那么无论这个"私"放在前还是放在后,都是错误的。	
教学小结	教师简要梳理本节课内容,并强调重点和难点内容。	1
课后作业	【明辨巧思】 　　辨析中西方文化中的集体主义和个人主义。	1

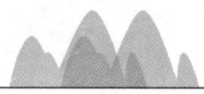

四、教学方法推荐

"坚持以集体主义为原则"适宜用"案例分析＋理论教学＋小组讨论"三位一体的授课模式。第三目"坚持以集体主义为原则"的重点是介绍作为调节社会利益基本原则的集体主义及其层次性。

教师首先引入案例一中陈子谷离开家人独自回国，投身革命，将所得20万元遗产全部捐作抗日经费的事迹，引导学生感受陈子谷放弃个人荣华富贵，舍生忘死推动中国革命事业取得胜利的行为正是国家利益、社会整体利益与个人利益辩证统一的体现。讲明知识点"国家利益、社会整体利益体现着个人最根本最长远的利益，是所有社会成员共同利益的统一。同时，每个人的正当利益，又都是国家利益、社会整体利益不可分割的组成部分。国家和社会的兴衰与个人利益得失息息相关。"在现实生活中，国家利益、社会整体利益和个人利益是相辅相成的。随后向学生抛出问题："集体主义"中的"集体"指的是什么？组织同学们进行讨论，并以代表性观点为依据，分别辨析。在学生们充分讨论和思考过后，教师讲解"集体"的真正内涵。

第十四章 池际尚：初心如磐胸怀大局的地大南建主帅

一、教学案例——池际尚

池际尚（1917—1994年），女，湖北安陆人，岩石学家、地质教育家、中国科学院院士，中国地质大学教授，主要从事岩浆岩岩石学教学和科研工作。池际尚于1938年加入了中国共产党；1941年毕业于西南联合大学；1947年和1949年获美国宾夕法尼亚州布仑茂学院硕士学位和博士学位；1952年到北京地质学院任教授并担任地质矿产专修科主任；1980年当选为中国科学院学部委员（院士）；1994年1月1日因病医治无效逝世，享年77岁。

池际尚治学为人皆达到了臻于至善之境，其毕生智力虽倾注于地学沃土，然其精神光辉早已穿透学科藩篱。她坚定跟党走的理想信念、急国家之所需的担当精神、育人不倦的大师风范、甘为人梯的高尚品格，为我们矗立了一座永恒的红色灯塔，永远激励着一代代地质人奋勇前进。

（一）案例呈现

案例一：祖国至上，深藏红色学地质

卢沟桥事变发生后，抗日战争全面开始，励志社总干事黄仁霖积极为抗日军民服务，拟建一个全国性的服务团体，送交军事委员会批准，正式成立"军事委员会战地服务团"。它的主要任务是安置国民党中央党部各部被裁人员、行政院附设专科以上学校毕业生、就业训导班毕业人员和北平各大学的逃亡学生，协助军队抗战，动员民众担任后方勤务等。服务团成员一般接受一个月左右的训练，即奔赴前线。

1937年7月，抗日战争全面爆发，池际尚随清华大学师生南下，转移到湖南长沙。在那里，她响应进步学生会的号召，报名参加"战地服务团"。1938年，池际尚辗转进入西南联大继续求学后目睹了祖国的深重灾难，她决意改学地质，以此振兴贫穷的祖国。池际尚在极其艰

难的条件下从西南联大毕业并留校任教。

1950年7月,朝鲜战争爆发后,美国政界和社会极度仇视社会主义和共产主义,美国当局加强了对中国留学生的审查和离境阻碍。一批中国留学生在华罗庚等人的倡议下,抱着"为了抉择真理,我们应当回去;为了国家、民族,我们应当回去;为了为人民服务,我们应当回去"的坚定信念,克服重重阻拦,毅然决然地踏上了"威尔逊总统"号。

当初怀着"科学救国"梦想远渡重洋,学有所成、风华正茂的池际尚,此时此刻归心似箭!她婉言谢绝了自己的博士后导师、国际著名地质学家特涅尔教授的竭力诚恳挽留,中断了当时的国际学术前沿研究,放弃了优裕的物质生活,义无反顾地踏上回归祖国之路。同船的还有邓稼先、涂光炽、张炳熹等人。回国的轮船抵达日本横滨时,3名留学人员被美国特工搜身并被追截羁押在日本,其余人员逃过一劫抵达香港,但是他们被英国殖民者数百名荷枪实弹的警察和几十辆装甲车阻留在舱室内,一个也不准上岸。码头与外界的电话和交通联系全部被切断。池际尚等中国留学生坚定信念,克服重重阻拦,最后港英宪警用架着机枪的小艇分批押送留学生到九龙,让他们徒步走向深圳罗湖桥口岸。

案例二:忠诚祖国,与国家命运紧密相连

来到北京地质学院任教的池际尚平均2~3年就换一次研究方向,从地质矿产,到寻找石油,再到可燃性矿产地质及勘探,再到地质测量和找矿,她始终坚持祖国急需什么就研究什么,哪里需要她就到哪里,将国家需要作为自己的主攻方向。在专注科研的同时,她潜心育人,着力扶持青年科研工作者成为学术带头人,并鼓励他们开拓新的研究领域。

中华人民共和国成立初期,为了迅速找到矿产资源,池际尚将出生不久的儿子交给保姆抚养,1956—1957年,她在人称"望山跑马死"的祁连山,参加了中苏联合组成的祁连山综合地质考察队,先后两次横跨祁连山,进行了地质构造及矿产调查(图1)。

图1 中苏联合祁连山综合地质考察队留影(后排左二为池际尚)

国家急需金刚石资源,她又带领科研团队,在山东蒙阴寻找原生金刚石矿床进行研究,指导完成了中国第一批山东含矿金伯利岩的研究工作并取得成果。在花岗岩研究上,她的开创性研究和学术思想达到了当时的国际领先水平(图2)。

图 2　池际尚带领科研队在八达岭考察花岗岩体

池际尚还一直惦念我国北方缺乏磷矿资源的问题,1958 年,她前往山东研究磷矿的分布情况。20 世纪 70 年代,身处逆境的她随教改小分队去河北宽城劳动,发现了华北的磷灰石矿床,扭转了中国南磷北调的局面,开辟了新的前景。

池际尚与科考队员在野外同甘共苦。在柴达木盆地考察期间,她不仅适应了高寒缺氧的环境,还掌握了用牛粪烤馒头的生存技能。面对频繁出没的狼群、雪豹、棕熊及藏匿山中的流窜犯,她始终无所畏惧。当助手因严重冻伤无法行动时,她坚持独自外出考察,完成剩余勘探任务。为了获取覆盖层较厚区域的地质数据,她毫不犹豫地坐到轱辘下的藤筐中,下到 20 余米深的竖井底部进行观测。

"文革"给池际尚的家庭带来了巨大灾难。她的爱人李璞先生是我国著名岩石学家与同位素地质学家,为新中国的发展作出了重要贡献;独生子李池不到 16 岁便被下放到陕北插队,一走就是 8 年。但是,这并没有动摇她为祖国地质学研究和教育事业奉献一生的决心。池际尚几十年如一日坚持地质科研,足迹踏遍了包括西藏在内的 20 多个省区的崇山峻岭,指导地质找矿并取得了丰硕的科研成果,为我国的生产力发展作出了贡献。她在岩石学的许多领域中进行了开拓性的研究,为中国岩石学界的发展树立了一个标杆,使中国岩石学长期保持在国际先进水平。

池际尚几十年如一日坚守教学科研及找矿阵地,投身于祖国急需矿产资源的寻找与开发中,为地质学与岩石学界奠定了学术基石。2005 年 10 月,时任国务院总理温家宝写道:"送上我的一篇讲话。我以这篇文章献给我敬爱的老师池际尚教授。我常怀念她。"温总理在讲话中说道:"我的晶体光学就是池际尚教授讲的,她不是仅仅讲一堂课,而是整整给我们讲了半年。至今,我都清清楚楚地记得她的音容笑貌,她讲的是那么清楚、那么深刻,甚至费氏台的操作她都自己进行。我希望各个学校都要继承和发扬这一优良传统(图3)。"

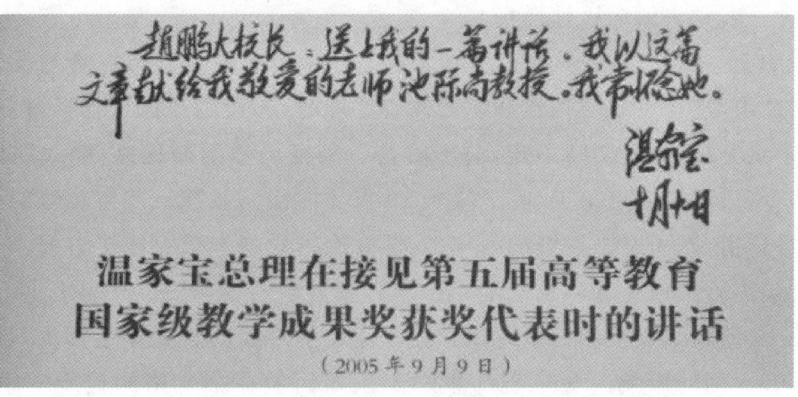

图3 温家宝怀念教师池际尚地发言

案例三:淡泊名利,真情美德沐人心

在攀登学术高峰途中,池际尚的精神与意志也深深影响了她的学生。1946年,新婚仅20多天,池际尚就只身远涉重洋赴美深造,三年后以出色的研究成果通过论文答辩并获得博士学位。正当事业稳步上升时,新中国成立的消息传到美国,池际尚立即致信当年推荐出国留学的恩师袁复礼、王鸿祯教授,表达了自己希望回国工作的深切愿望。

导师特涅尔教授竭力以高薪待遇挽留她,说"科学是没有国界的,我是新西兰人,不也是在这里搞科学研究吗?科学成就是可以服务全世界的……(图4)"。池际尚没有片刻犹豫,婉拒了教授的好意。她说:"我出来留学,是因为我们国家太弱太穷了,我想把它建设富强。现在新中国成立了,我应该回去,祖国需要我。"

图4 池际尚与导师特涅尔教授合影

20世纪80年代创刊的《大学生》杂志以"写在共和国的旗帜上……"为题,记述新中国成立初期留美学生归国的情况时,用了一整段文字讲述了池际尚的事迹。池际尚说:"写得太过分了。"面对报刊和杂志报道,她总是说"作为一个中国人,就应该这样!","作为一个教师就应该这样!""作为一名党员就应该这样!"

池际尚在1956年、1957年两年间参加了中苏联合组成的祁连山综合地质考察队。她先后两次横穿祁连山,进行了地质构造和矿产调查。那时,祁连山地区工作条件特别艰苦:缺粮少食,只能以干菜充饥;夏天阴晴不定,时不时会遇到狂风暴雨而迷路;跑线路随时可能遇到狼、豹子、熊等野兽;早晨9点出工,晚上要到10点才能回到帐篷。刘宝珺当时是池际尚的助手,在时而风餐露宿,时而忍饥挨饿的两年中,池际尚指导刘宝珺完成了青海茶卡地区地形构造岩相图。这幅图后来被高等学校采用,编入《岩浆岩岩石学教程》。1991年,刘宝珺当选为中国科学院院士,他在给母校的信中写道:"池际尚教师对我的教育是全面的,她是我的楷模,对我的成长具有深刻的影响。我从她那里学到了如何做一个合格的地质学家、如何对待工作、如何为祖国作出更大贡献。"

池际尚严于律己、宽以待人。她毕生忘我工作,在名利、荣誉面前总是谦让。1980年,中华人民共和国地质部曾考虑从池际尚和王鸿祯两人中选一位任武汉地质学院院长,但他们两位都推荐对方做院长。池先生说:"王先生是我的教师,理应由他当院长,何况他又曾受到过不公正的待遇,现在正是全面恢复王先生名誉的时候,我愿意做副院长,协助王先生,到武汉去主持日常工作。"最后,地矿部采纳了池际尚的意见,任命王鸿祯为武汉地质学院院长,池际尚为第一副院长,在武汉主持日常工作。1980年,在推荐中国科学院学部委员一事中,池际尚主动退出并推荐其他几位老先生,后来中国科协专门给她寄来了推荐表要她填写,因为是协会系统主动推荐,不占学院名额,她才填了表,最后众望所归顺利当选。

(二)案例点评

案例一讲述了池际尚在个人道路选择上始终把革命利益放在首位,为实现社会主义和共产主义的理想而奋斗的若干事迹。池际尚怀着一颗赤子之心,为民族独立和复兴坚持教学科研。她用地质救国的志向、心系祖国的情怀、忠诚教育的品格、克己奉公的精神,为新中国地质事业带来了生机与活力。

案例二讲述了池际尚在教育和科研事业中兢兢业业、严谨治学、精心育人的若干事迹。新中国刚刚成立,矿产资源极其匮乏,池际尚将襁褓中的儿子交予保姆抚养,自己踏上寻找矿产的道路。池际尚克服多方困难参与南迁建校,她提升办学条件、重建师资队伍,祖国哪里有需要她就去哪里,这无不展现了池际尚育人不倦的大师风范和甘为人梯的高尚品格。

案例三讲述了池际尚淡泊名利、严于律己、宽以待人,对师长、同事、学生都以诚相待的若干事迹。她毕生忘我工作,但在名利、荣誉面前总是谦让,真诚地为他人着想,对学生的生活和学习关怀备至。

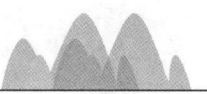

（三）教学建议

案例一、二、三可用于第五章第二节第二目"发扬中国革命道德"的教学。

教师通过讲述池际尚在抗日战争全面爆发后投笔从戎，主动投身"一二·九"运动，加入"战地服务团"并参与相关工作，为党组织积极搜集情报的故事，使学生了解中国革命道德发端于中国共产党成立以后蓬勃发展的工人运动和农民运动，经过土地革命战争、抗日战争、解放战争和社会主义革命、建设、改革的长期发展而逐渐形成。

通过讲述新中国成立初期池际尚心怀祖国、毅然归国、科研报国的事迹让学生感受到池际尚为实现社会主义和共产主义的理想而奋斗的决心。通过"祖国需要什么，池际尚就研究什么"的相关事迹，带领学生感受当池际尚的个人利益与革命利益发生矛盾时，她将革命利益视为第一生命，坚持以个人利益服从革命利益。通过引入池际尚淡泊名利，真情美德沐人心的事迹，让学生感受池际尚在为人处世中追求精神境界，修身自律，保持节操的道德品质。

二、教学分析

（一）教学目标

理论知识目标：了解中国革命道德的形成与发展，弄清中国革命道德的主要内容以及当代价值。

价值取向目标：通过对池际尚案例的学习，理解中国革命道德作为一种精神力量对中国革命、建设、改革事业发挥着极其重要的作用，感受中国革命道德内容丰富历久弥新，对实现中华民族伟大复兴仍具有重要的现实意义。

（二）教学重难点

1. 中国革命道德的形成与发展（重点）。
2. 中国革命道德的主要内容及当代价值（难点）。

三、教学思路与方案设计

（一）教学思路

课堂教学内容分为两部分：一是"中国革命道德的形成与发展"，二是"中国革命道德的主要内容及当代价值"。

教学第一部分"中国革命道德的形成与发展"。放映视频《讲巾帼英雄故事》（池际尚），使学生对池际尚的生平有大致了解，重点引导学生关注池际尚投身抗日救亡运动、参加"战地服务团"的片段。带领学生一同体会池际尚的革命道德，认识革命道德是发端于中国共产党成立以后蓬勃发展的工人运动和农民运动，经过土地战争、抗日战争、解放战争和社会主义革命、建设、改革的长期发展逐渐形成。

教学第二部分"中国革命道德的主要内容及当代价值"。通过展示搭乘"威尔逊总统号"远渡重洋回国的科学家合影照片阐述池际尚等科学家回国背景，分析他们冒着生命危险回到祖国立志科研救国的原因，讲清中国革命道德的基本内容之一就是为实现社会主义和共产主义的理想而奋斗。最后通过提问，组织学生讨论革命道德是否只是革命年代的道德，讲明中国革命道德在社会层面和日常生活之中的价值和意义。

（二）教学方案

教学步骤	教师活动	时间/分
新课导入	【师生互动】 　　播放交响情景声乐套曲之五《我常怀念她》：以温家宝总理和恩师——中国地质大学教授池际尚院士的往事为基础创作的曲子。同时展示图片温总理写给恩师的话，让学生朗诵其内容。 　　教师讲解：正是这样一位令温总理崇敬且怀念的女教师对中国革命做出了巨大贡献，她英勇斗争，不怕牺牲。	5
简介教学目标	教师向学生简要介绍本次教学要达到的目标。	2

第十四章 池际尚：初心如磐胸怀大局的地大南建主帅

教学步骤	教师活动	时间/分
呈现教学材料，引导学生学习	【知识点一】中国革命道德的形成与发展 【案例分析】 　　引入案例一中池际尚在抗日战争时期投笔从戎，为振兴祖国改学地质的事迹，以此为切入点，加上池际尚指导学生刘宝珺并影响其学术生涯和道德品质的事迹向学生讲明中国革命道德的形成和发展。 　　教师讲解：池际尚在抗日战争全面爆发后随清华大学师生转移到湖南长沙，并响应号召加入"战地服务团"，为党组织积极搜集情报。后因有暴露的风险，又辗转进入西南联大决意改学地质，学习寻找和开发矿产的知识，以此振兴贫穷的祖国。 　　中华人民共和国成立初期，为了迅速找到矿产资源，池际尚先后两次横跨祁连山。祁连山地区工作条件十分艰苦，在勘查期间池际尚的助手刘宝珺的脚被冻坏，无法行动，只有她一个人跑路线，也坚持完成了任务。池际尚还指导学生刘宝珺完成了青海茶卡地区地形构造岩相图，后被高等学校采用编入《岩浆岩岩石学教程》。 　　后来，在池际尚的影响下，刘宝珺以高度的历史责任感和使命感，为中国资源、环境的可持续利用和经济社会的和谐发展作出了重大贡献，他孜孜不倦追求科学真理的精神和高贵品质，赢得了广大科技人员特别是青年科技人员的尊重。1991年底，刘宝珺高票当选为中国科学院院士。 　　教师总结：中国革命道德是由像池际尚一样的中国共产党人、人民军队、一切先进分子和人民群众在土地革命战争、抗日战争、解放战争和社会主义革命、建设、改革中长期形成的优秀道德，是超越了中华传统美德的时代局限性而形成的一种崭新道德。 　　中国革命道德内容丰富，历久弥新，是中国共产党领导全体人民实现民族独立、人民解放的精神支撑，对于我们走好新的长征路，实现中华民族伟大复兴仍然具有极其重要的现实意义。	10
	【知识点二】中国革命道德的主要内容 1. 为实现社会主义和共产主义的理想而奋斗 　　引入案例一中池际尚等中国留美科学家历尽磨难回到祖国的事迹，让学生感受中国革命道德的内容之一是为实现社会主义和共产主义的理想而奋斗。 【师生互动】 　　展示搭乘"威尔逊总统号"归国的科学家合影，提问："合影中有哪些科学家？为什么科学家们选择在此时回国？"学生回答后教师简要介绍照片内人物以及时代背景。 【案例分析】 　　教师讲解：照片中池际尚、邓稼先、涂光炽、张炳熹等其他中国留美科研人员在美国政界和社会极度仇视社会主义和共产主义的大环境下，面对美国当局对中国留学生的审查和离境阻碍加剧，这批中国留学生们抱着"为了抉择真理，我们应当回去；为了国家、民族，我们应当回去；为了为人民服务，我们应当回去"的坚定信念，毅然决然地踏上了"威尔逊总统"号。	25

教学步骤	教师活动	时间/分
呈现教学材料，引导学生学习	教师总结：让学生感知池际尚等人为实现社会主义和共产主义的理想而奋斗的决心，同时讲明这些爱国科学家们之所以能够排除万难、坚持斗争、无私无畏、不怕牺牲，是因为他们有坚定的社会主义和共产主义的理想信念。 2.始终把革命利益放在首位 　　引入案例二中池际尚舍小家为大家的事迹，让学生感受池际尚在家庭和革命的抉择中始终把革命利益放在首位。 【案例分析】 　　教师讲解：为完成地质科研，进行矿产勘寻，1946年，新婚仅20多天的池际尚就只身远涉重洋赴美深造。中华人民共和国成立初期，为了迅速找到矿产资源，池际尚将出生不久的儿子交给保姆抚养。"文革"给池际尚的家庭带来了巨大灾难。她的爱人李璞先生是我国著名岩石学家与同位素地质学家，为新中国的发展作出了重要贡献；独生子李池不到16岁便被下放到陕北插队，一走就是8年。但是，巨大的不幸与磨难并没有动摇她为祖国地质学研究和教育事业奉献一生的决心。 　　教师总结：感受当池际尚个人利益与革命利益发生矛盾时，她以革命利益为第一生命，坚持将个人利益服从革命利益。讲明共产党人和革命者从事革命活动的目的就是要为革命利益而奋斗，在个人利益与革命利益发生矛盾时，要以革命利益为第一生命，个人利益要服从革命利益。同时也要求革命的集体和领导始终不渝地从各个方面照顾每个革命成员的个人利益，关心他们的事业成就和个人的全面发展。 3.全心全意为人民服务 　　引入案例二中池际尚几十年如一日坚持地质科研，足迹遍布了包括西藏在内的20多个省区的崇山峻岭，让学生认识到池际尚始终坚持全心全意为人民服务，对国家建设作出了巨大贡献。鼓励青年学子积极投身祖国建设，为国家和人民作贡献。 【案例分析】 　　教师讲解：国家需要矿产资源，池际尚就两次横跨"望山跑马死"的祁连山；国家急需金刚石资源，她又带领团队在蒙阴研究；我国北方缺磷，她就从山东到河北找磷灰石矿床；高寒缺氧、冬冷夏热、豺狼虎熊等是池际尚进行野外勘察遭遇的家常便饭。来到北京地质学院任教的池际尚，平均2～3年就换一次研究方向，从地质矿产，到寻找石油，再到可燃性矿产地质及勘探，再到地质测量和找矿，祖国急需什么她就研究什么。在专注科研的同时，她还特别注重人才培养，育国家之所需，着力扶持青年科研工作者。	

第十四章 池际尚：初心如磐胸怀大局的地大南建主帅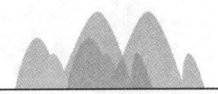

教学步骤	教师活动	时间/分
呈现教学材料，引导学生学习	【实践教学】 　　带领学生到虚拟仿真实验室教学场馆，运用人工智能与新媒体技术手段搭建起和池际尚进行野外勘查情境相一致的虚拟空间，使学生能够沉浸式地体会到地质人的艰辛与不易，引导学生感受池际尚先生为群众服务，为大众谋幸福，为人民利益献身的道德品质。全心全意为人民服务作为贯穿中国革命道德始终的一根红线，是中国共产党在中国革命实践中的一个伟大创造，对中国的革命、建设、改革事业产生了极其重要的推动作用。 　4.修身自律，保持节操 　　引入案例三中池际尚谦虚谨慎、淡泊名利、克己奉公的事迹让学生们明白修身自律、保持节操的内涵和重要性。 【案例分析】 　　教师讲解：池际尚淡泊名利、甘于奉献，对国家利益看得很重，对个人名誉头衔却毫不在意。池际尚面对宣扬自己事迹的报刊和杂志报道，她总是说"作为一个中国人，就应该这样！""作为一个教师就应该这样！""作为一个党员就应该这样！"。她毕生忘我工作，在名利、荣誉面前总是谦让。 　　教师总结：加强个人道德修养是影响革命成败的大事，践行中国革命道德的重要环节就是共产党人修身自律、保持节操。具体来说，就是要以中国革命事业为重，严于律己、谦虚谨慎、淡泊名利、清正廉洁，始终保持高风亮节，展示出高尚的人格力量。 　5.树立社会新风，建立新型人际关系 　　结合学生讨论结果，讲解中国革命道德在社会层面和日常生活中的价值和意义，讲明中国革命道德与人民群众的日常生活息息相关。 【师生互动】 　　教师提问：中国革命道德只是革命年代的道德吗？引导学生对问题作出尝试性回答。 　　教师总结：革命道德所体现出的"生活化"即非完全"革命化"的特征，是非常重要却往往被忽视的特征。革命道德不只关注革命事业本身，它还要求照顾到革命和建设事业之中每个成员的个人利益，关心他们的事业成就和个人全面发展。中国革命道德的主要内容之五——"树立社会新风，建立新型人际关系"的鲜明特点正显示出革命道德不只是革命年代的道德，也不只是战争中的道德，而是与人民群众的日常生活息息相关的道德，体现了中国革命道德在社会层面和日常生活中的价值和意义。任何道德规范都要面向生活实践，"树立社会新风，建立新型人际关系"体现了中国革命道德在社会生活层面上的重要意义。人们对中国革命道德的传扬，破除了等级观念和特权思想，破除了鄙视劳动和劳动人民的旧观念，树立了平等意识，保护了妇女、儿童和老人的合法权益，有利于引导建立新型家庭关系和培育良好家风，对于提升人民群众的文明水准和道德风貌，树立社会新风尚，发挥了重要的作用。	

教学步骤	教师活动	时间/分
教学小结	梳理课程内容,强调重点和难点内容。	2
课后作业	【观影悟道】 观看《功勋》系列视频,并结合课堂内容撰写1篇不少于800字的观后感。	1

四、教学方法推荐

"发扬中国革命道德"主要讲解中国革命道德的形成与发展、主要内容以及当代价值,这一目教学适宜运用"理论课堂+虚拟仿真实验拓展课堂"的立体化教学架构,引入新媒体技术手段,充分调动学生课堂参与的积极性。

在讲述第三点"全心全意为人民服务"时,仅仅通过池际尚几十年如一日坚持地质科研,足迹遍布了包括西藏在内的20多个省区的崇山峻岭,国家需要什么她就研究什么的事迹可能不足以打动学生,因为学生对于当时的时代背景了解甚少,对于地质方面的勘查和研究更是没有概念,所以通过虚拟现实实验教学,能够在学习过程中充分发挥学生的主体作用,引导学生主动探索丰富的思政知识,从而增强学生学习思政课的积极性,在优化学生体验感、参与感的同时提升高校思政课育人效果。带领学生到虚拟仿真实验教学场馆,通过运用人工智能与新媒体技术手段搭建起和当年池际尚进行野外勘查情境相一致的虚拟空间,让学生能够沉浸式地体会到当时的艰辛与不易,引导学生感受池际尚为群众服务,为大众谋幸福,为人民利益献身的道德品质。

第十五章 杨遵仪:"金钉子"领路人和蜚声国际的百岁院士

一、教学案例——杨遵仪

杨遵仪(1908—2009年),广东揭阳人(图1)。地层古生物学家、地质学家、地质教育家,中国科学院院士、中国地质大学教授、中国古生物学和地层学的奠基人,新中国地层古生物事业的开创者之一和新中国地层古生物教育事业的开拓者。曾任中国古生物学会副理事长、中国地质学会常务理事、中国地质学会地层古生物专业委员会主任、北京市地质学会副理事长,以及《中国科学》《科学通报》《地质学报》《古生物学报》等专业学术期刊的主编、副主编或编委。还担任过国际地科联地层委员会冈瓦纳分会以及其他一些国际地质学术组织的负责人。

杨遵仪从事地质教育和地质科研工作70余载,胸怀祖国,博学笃志,无私奉献,甘为人梯,取得了丰硕的科研成果,培养了大批优秀人才,为新中国的地质教育和地质科研事业作出了杰出的贡献。

图1　杨遵仪(1908—2009年)

（一）案例呈现

案例一：身行力践，科研建树扬中外

杨遵仪半生投身于我国地质教育，辛勤耕耘，先后主编了6部高校专业课程教材，讲授过古生物学、地层学、生物地层学等多门课程，培养了大批大学生、研究生，许多学生已成为各单位学术带头人和技术骨干，有的已成为中国科学院院士和国内外著名学者，为我国的地质事业发展作出重要贡献。

1952年全国院系调整，学校的前身北京地质学院成立。杨遵仪作为建院的负责人之一，积极投入到学校的初创建设中去。"地质事业的发展，靠少数几个老专家是不行的，要靠集体，要靠新生力量，要让大家共同进步"，杨遵仪说道。除教学学术活动外，杨遵仪还先后担任地质学院的副总务长、专修科主任，水文系、石油系、普查系和地质系主任等行政职务。他是地院担任系主任最多、在位时间最长的老教授，他几十年如一日地奋斗在教学科研一线，将自己的师道薪火毫无保留地播撒在了这方校园。

杨遵仪一有空就学习英、德、法3种文字的毛泽东著作，他坚信语言工具今后还会有用处，事实也正是如此。1971—1972年，有人找到江陵去请他审查中国学者赴尼泊尔、苏丹等地考察石油的报告译稿；1973年，师生返回北京组织起来搞科研，他跑遍北京几个大图书馆，查阅了多年不见的各种外文期刊，分别向地质学院的教师和地质科学院的研究人员系统地介绍了这些年国外地层古生物研究的最新成果和动向。杨遵仪还充当外语教员，给本院的中青年教师开办了英语班和法语班，可那时全国正在批"洋奴哲学"，这样做是要冒极大的风险的，但他依然针对地层古生物方面的英语需求，给几十个人讲授了1个月的课程。之后应部分人的要求又开了法语课，这为"文革"结束后迅速缩小同国外研究工作的差距创造了条件。这些听课的人后来在学术上取得了成就，在国际交流中发挥了重要作用。

十一届三中全会后，杨遵仪与王鸿祯、程裕淇参与编写由牛津大学出版社出版的 *The Geology of China*，是继李四光之后系统向国际介绍近半个世纪中国地质学研究进展的专著，影响深远。杨遵仪和他的同事经过努力，其研究成果《华南二叠—三叠纪过渡期地质事件》等都反映了当前事件地层学研究的最高水平。

地学界的"金钉子"是识别年代地层界线的全球标准。作为国际地层对比的标准，许多学者都以争取在本国国土上建立界线为荣。20世纪80年代初，国际地层委员会正式成立二叠纪—三叠纪工作小组，各国科学家纷纷出动，希望能收获这一代表着国家科学荣誉的"金钉子"（图2）。这项研究在初期由杨遵仪开启并带领开展相关工作，经过师生几代地质学家的艰辛努力，终于在2001年10月，中国浙江长兴煤山地层正式成为全球标准剖面，被视作地质历史上3个最大的断代"金钉子"之一。

第十五章 杨遵仪:"金钉子"领路人和蜚声国际的百岁院士

图2 2001年,浙江长兴二叠系界域及重大事件国际学术讨论会合影(前排右九为杨遵仪)

案例二:涵容处事,以身垂范立师德

北京地质学院迁校期间,教学科研工作长期难以正常进行,杨遵仪主动去中国地质科学院帮助工作。自1972年8月至1978年秋整整6个年头,年逾花甲的杨遵仪每周3天挤公共汽车到地质科学院上班,协助我国著名地层古生物学家许杰主持编辑《地层古生物论文集》,指导中青年工作。不管工作有多忙,他总是有求必应,从未表示过厌烦。一时解答不了的,杨遵仪便带回学校查阅资料,然后及时将答案告诉求教之人。他只想着要赶紧把自己的知识传给年轻的同行们,让大批新人迅速成长起来。

杨遵仪的英文水平很高,他和著名古植物学家、地层学家、中国科学院学部委员斯行健并称为中国地质界英语最好的两人之一,在当时有"南斯北杨"之说。因为较高的英文水平,在那个国人英文水平普遍较低的年代,一些单位和个人都把稿件交予杨遵仪帮忙翻译。修改译文是一件既辛苦又默默无闻的工作,送来请他评审或修改的文稿经常堆满书桌,杨遵仪总是有求必应,严肃认真地完成。

中国对外开放以后,许多地质学科的专业委员会相继在国际学术组织中恢复了地位,国际学术交流活动日益频繁,许多地质方面的学术代表团出国所带论文的英文稿或摘要,有不少都经过杨遵仪修改或定稿,一部分还由他全文译出。仅参加第25届和第26届两次国际地质大会的论文,就有近50篇是他翻译或经他修改过的。他的工作大大提高了译文质量,使中国地质科学的新成就能够如实被介绍到国际地学界。送来请他评审或修改的论文、译稿、教材和各种手册经常堆满了他的书桌,无论同辈专家还是年轻人,无论本单位的师生还是外单位的同行,他都一视同仁,真诚帮助。杨遵仪乐于助人并不是只对找上门来求助的人而言的,他还主动关心他人的工作。当他看到一份对外发行的地质杂志英文摘要错误较多时,就主动向编辑人员提了出来。后来,杂志编辑部每期都将外文摘要送来请杨遵仪修改,周围的同事说他自找麻烦,他笑道:"我这人就是爱多管闲事。错误太多的稿子发出去,有损国家的声誉嘛。"杨遵仪认为,"只要在地质事业这部大机器中起到螺丝钉作用,我心里就感到很愉快"。说起恩师时,殷鸿福至今还记得自己当年出版研究生论文时的情景,英文论文字里行间都是教师仔细修改的痕迹。但正是这篇处女作让殷鸿福在地质学界一举成名。对此,殷鸿福感慨道:"这样的修改比自己重新写一遍都难,现在很难再找到杨老师这样的人了。"

杨遵仪把所有精力都放在了教学和科研中,所以他对物欲、名利看得很淡。杨遵仪生活很质朴,出门总舍不得打出租车,经常是挤公交或者骑自行车(图3)。"但别人需要他帮助时,他都会慷慨解囊。"杨遵仪的夫人李晓珍说。1997年,杨遵仪获得何梁何利奖,20万元奖金还没拿到手,便与老伴商量将其中的5万元捐出,帮助那些有困难的人。

图3 年届92岁的杨遵仪坚持骑自行车出行

2007年10月26日,温家宝亲笔致信恩师,祝贺百岁华诞(图4)。他满怀热忱地写道:"先生是杰出的地质学家和地质教育家,从事地质学特别是地层学和古生物学的教学和科研工作七十余载,科研建树丰硕,桃李满天下,为我国地质事业作出了重要贡献。先生博学笃志,格物明德,不畏艰难,勇攀高峰,把自己的一切都献给了科学和教育事业。先生的渊博学识和创造精神,受到地质界的广泛赞誉。先生的高尚道德和优秀品质,成为科技界的楷模。""先生的长寿是与先生淡泊名利、乐观豁达、谦虚谨慎、待人友善的品格分不开的,用敬的涵养使先生成为一棵参天的树。"这些话语表达了杨遵仪的学生和广大地质工作者的心声。"47年前您是我的教师,今天仍然是我的老师。我将永远以先生为榜样,像先生那样做人、做事、做学问。"这是一位大国总理、地大知名校友温家宝给恩师杨遵仪的亲笔贺信,字里行间饱含深情。

第十五章 杨遵仪:"金钉子"领路人和蜚声国际的百岁院士

图 4 校友温家宝写给恩师杨遵仪百岁华诞的亲笔贺信

在杨遵仪看来:"多为人们做好事、为集体做好事,心情就愉快;帮助别人做出了成绩,取得了进步,也就是自己多为国家多做了一点事"。

作为年逾古稀的学者,杨遵仪经历了民族苦难、国家独立自强与发展的风雨际会,深刻认识到中国共产党的伟大。虽历经岁月磨砺,但信仰的种子仍在他心中生根发芽。加入中国共产党,做一名合格的共产党员,不仅是杨遵仪的内心信仰,更是他为国家建设奋斗到底的使命担当。老骥伏枥,志在千里。1992 年,杨遵仪在中国地质大学校庆 40 周年寄语中这样写道:"一个科学教育工作者,只有把自己与国家和民族的命运紧密地联系在一起,关心国家大事,急公忘私,奋发图强,积极奉献,他的生命才有价值,也会活得有意义。"(图 5)正是这样的坚守和矢志不渝,杨遵仪在投身为党育人、为国育才和科学研究的道路上,从未停歇。

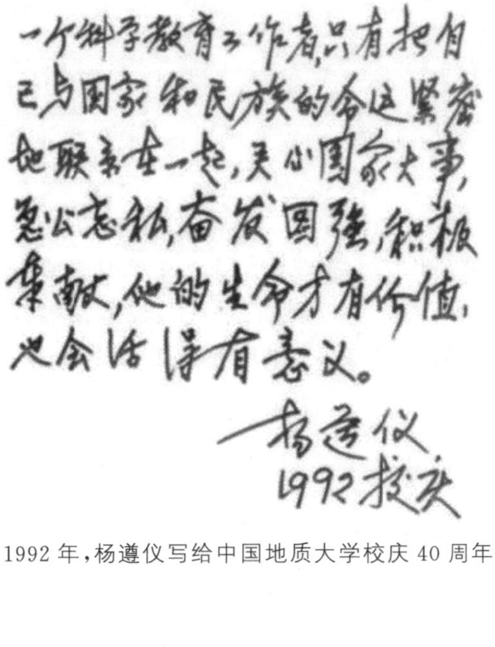

图 5 1992 年,杨遵仪写给中国地质大学校庆 40 周年寄语

（二）案例点评

案例一"身行力践,科研建树扬中外"讲述了杨遵仪不畏艰险、兢兢业业,在近 70 年的科研生涯中,为地质事业发展和国家经济建设作出巨大贡献的若干事迹。杨遵仪深耕科研,毫无保留地播撒师道薪火,探寻"金钉子"的事迹激励我们努力发扬"三光荣"和"四特别"精神,把为人类造福看成自己的天职,始终将个人和国家、民族的命运融为一体。

案例二"涵容处事,以身垂范立师德"讲述了杨遵仪乐于助人、爱护公物、真诚待人的若干事迹。杨遵仪把所有精力都放在了教学和科研中,所以他对物欲、名利看得很淡。他助人为乐,不论年龄,也不论单位,他总是一视同仁、慷慨解囊,为地质事业发展甘当人梯。

（三）教学建议

案例一、二可用于第五章第三节第二目"恪守职业道德"。通过对杨遵仪所获得的国内国际奖项与成果进行介绍,使学生了解杨遵仪在近 70 年的科研生涯中争分夺秒、急国家之所急,把个人理想融入祖国建设需要当中,为中国地质事业的发展和国家经济建设奉献了一生,顺利完成党和人民赋予的各项任务。认识到杨遵仪就是为人民服务以及践行集体主义道德原则的代表人物,进而了解为人民服务和集体主义是社会主义道德的核心和原则。

二、教学分析

（一）教学目标

理论知识目标:明白职业生活与劳动观念的内涵;了解职业生活中的道德规范;树立正确的择业观和创业观。

价值取向目标:通过案例一、二的学习,学生能够了解杨遵仪为新中国的地质科学和地质教育事业作出了杰出的贡献。作为一名学者,杨遵仪学识渊博,建树卓著;作为一名教育家,杨遵仪无私奉献,甘为人梯;作为一名爱国知识分子,杨遵仪襟怀坦荡,赤胆忠心。通过杨遵仪的事迹理解恪守职业道德的要求和行为准则是什么,并树立正确的择业观和就业观。

（二）教学重难点

1. 职业生活中的道德规范(重点)。
2. 如何树立正确的择业观和创业观(难点)。

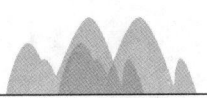

三、教学思路与方案设计

（一）教学思路

课堂教学内容分为两部分：一是"职业生活中的道德规范"，二是"树立正确的择业观和创业观"。

教学第一部分"职业生活中的道德规范"。通过案例一的学习，学生能够了解杨遵仪为新中国的地质科学和地质教育事业作出了杰出的贡献。作为一名学者，杨遵仪学识渊博，建树卓著，为中国地质事业呕心沥血，在工作和生活中无私奉献，甘为人梯，引导学生理解恪守职业道德的要求和行为准则。

教学第二部分"树立正确的择业观和创业观"。通过案例二的学习，让学生明白杨遵仪作为一名教育家，无私奉献，甘为人梯；作为一名爱国知识分子，杨遵仪襟怀坦荡，赤胆忠心。通过杨遵仪的事迹理解恪守职业道德的要求和行为准则是什么，并树立正确的择业观和就业观。

（二）教学方案

教学步骤	教师活动	时间/分
导入新课	【播放视频】 播放《三位院士的世纪人生》(中部)杨遵仪片段，带领学生了解杨遵仪院士百年岁月的人生。	7
简介教学目标	教师向学生简要介绍本次教学要达到的目标。	3
呈现教学材料，引导学生学习	【知识点一】职业生活中的道德规范 通过引入案例一中杨遵仪为中国地质科学和地质教育事业作出了各种杰出的贡献，以及他在工作和生活中无私奉献，甘为人梯的事迹，引导学生理解恪守职业道德的要求和行为准则，并树立正确的择业观和就业观。	20

教学步骤	教师活动	时间/分
呈现教学材料,引导学生学习	【师生互动】 　　教师首先向学生们展示温家宝写给恩师杨遵仪百岁华诞的亲笔贺信,并请同学朗读贺信内容。随后向同学们提问,为什么温家宝对杨遵仪的职业道德给予了如此高度的评价? 　　根据学生回答,教师总结并讲解职业生活和劳动观念的内涵:职业生活是人们参与社会分工,用专业的技能和知识创造物质财富或精神财富,获取合理报酬,丰富社会物质生活或精神生活的生活方式。正确的劳动观念是维系人们职业生活和职业活动的思想观念保障。杨遵仪在自己的本职工作中,牢固树立"劳动最光荣、劳动最崇高、劳动最伟大、劳动最美丽"的观念,通过踏实劳动、勤勉工作,在教师这个平凡的岗位上,做出不平凡的业绩,为地质事业作出重大贡献。杨遵仪作为先进工作者能够带动人们锐意进取、积极投身改革开放和社会主义现代化建设,为国家和人民建立了杰出功勋。 【案例分析】 　　1. 爱岗敬业。通过图片展示杨遵仪的学术成就,讲述杨遵仪大半生投身于地质教育,他先后主编了6部高校专业课程教材,在我国地质教育上辛勤耕耘,讲授过古生物学、地层学、生物地层学等多门课程,培养了大批学术骨干和行业带头人。除了教学学术活动外,杨遵仪还先后担任地质学院的副总务长、专修科主任,水文系、石油系、普查系和地质系主任等行政职务。他是地院担任系主任最多、在位时间最长的老教授,几十年如一日地奋斗在教学科研一线。 　　2. 热情服务。讲述案例一杨遵仪在北京自发地跑遍各大图书馆,查阅各种外文期刊,向地质学院的教师和地质科学院的研究人员系统介绍国外地层古生物研究的最新成果和动向。他还在全国正在批"洋奴哲学"的时候充当外语教员,自发地给本院的中青年教师开办了英语班和法语班。这为"文革"结束后迅速缩小同国外研究工作的差距创造了条件。 　　带领学生感受杨遵仪在本职岗位上通过各种形式为群众服务的精神,形成了人人都是服务者、人人又都是服务对象的良好秩序与和谐状态。 　　3. 奉献社会。讲述案例一,地学界的"金钉子"是识别年代地层界线的全球标准,许多国家和学者都以在本国国土上建立界线为荣。杨遵仪开启并带领中国地质大学专家组在整个华南地区寻找标准的地层剖面。经过师生几代20多年的艰辛努力,中国浙江长兴煤山地层在2001年10月正式成为全球标准剖面。这是地层研究领域的世界最高科学荣誉,表明中国在该领域的研究已处于国际领先地位。 教师总结:感受杨遵仪院士在工作岗位上兢兢业业地为社会和他人作贡献,是社会主义职业道德中最高层次的要求,体现了社会主义职业道德的最高目标指向。	

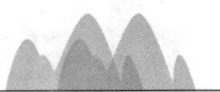

教学步骤	教师活动	时间/分
呈现教学材料,引导学生学习	【师生互动】 　　提问:你还知道哪些劳动模范平凡而感人的事迹?与同学们分享交流。 　　教师总结:在这些平凡而又伟大的道德模范身上,还体现了职业道德规范的另外两个方面:诚实守信与办事公道。诚实守信要求从业者在职业生活中诚实劳动、合法经营、信守承诺、讲求信誉,体现着从业者的道德操守和人格力量,也是在行业中扎根立足的基础。办事公道要求从业人员做到公平、公正,不损公肥私,不以权谋私,不假公济私,无论对人对己都要出于公心,遵循道德规范和法律规范来处世待人。 【知识点二】树立正确的择业观和创业观 【案例分析】 　　展示案例二中,84岁高龄的杨遵仪于1992年写给中国地质大学校庆40周年寄语,引导学生感知正因为有这样的坚守和矢志不渝,杨遵仪在投身为党育人、为国育才和科学研究的道路上,从未停歇。 　　教师讲解:杨遵仪曾说过:"多为人们做好事、为集体做好事,心情就愉快;帮助别人做出了成绩,取得了进步,也就是自己多为国家多做了一点事。"作为年逾古稀的学者,虽历经岁月磨砺,但信仰的种子仍在他心中生根发芽。加入中国共产党,做一名合格的共产党员,不仅是杨遵仪的内心信仰,更是他为国家建设奋斗到底的使命担当。 【师生互动】 　　提问:正确的择业观和创业观应当是怎样的? 　　教师总结:树立正确的择业观和创业观,需要树立崇高的职业理想。职业生活不仅是人们谋生的手段,也是人们奉献社会、完善自身的必要条件。 　　服从社会发展的需要。择业和创业固然要考虑个人的兴趣和意愿,同时也要充分考虑社会的需要和现实的可能性,把自己对职业的期望与社会的需要、现实的可能结合起来。 　　做好充分的择业准备。大学生有了真才实学,才能在未来适应多种岗位。要有真才实学就要勤于学习,不断提高综合素质,练就过硬本领。既要向书本学习,也要向群众学习,向实践学习。 　　培养创业的勇气与能力。大学生要有积极创业的思想准备,关注经济社会发展趋势,了解国家鼓励大学生自主创业的有关政策,为今后自主创业打下良好的基础。	10
知识拓展	【传习初心】 　　2020年11月24日,习近平总书记在全国劳动模范和先进工作者表彰大会上对劳模精神、劳动精神、工匠精神做出全面系统的深刻阐述。杨遵仪在工作岗位上的各种事迹,正是劳模精神、劳动精神、工匠精神的生动诠释。这三种精神是鼓舞全党全国各族人民风雨无阻、勇敢前进的强大精神动力。	2

教学步骤	教师活动	时间/分
教学小结	教师简要梳理本节课内容,并强调重点和难点内容。	
课后作业	【自我探索】 观看"大国工匠"纪录片,结合自己的实际情况与国家需要,从专业、就业、职业等方面进行职业生涯规划设计,也可适度调整内容结构和步骤顺序,字数不限。	1

四、教学方法推荐

"恪守职业道德"一节重点讲述职业生活中的道德规范以及如何树立正确的择业观和创业观,采用"理论教学+案例分析+小组讨论"三位一体的授课模式,通过讲授真实案例,将思想道德与法治的理论知识与学员实际体验相结合,注重理论与实践的整合,能使学生更好地融会贯通,形成自己独特的见解。

知识点一的教学中,教师通过讲述杨遵仪为中国地质科学和地质教育事业作出的各种杰出贡献,以及他在工作和生活中无私奉献、甘为人梯的事迹,使学生对杨遵仪充满敬佩之情。通过认识当今社会的真实案例人物,总结归纳出职业生活中道德规范的另外两个要求。

第十六章 生逢盛世·在新时代施展才干的地大青年代表

一、教学案例——陈晨、翁新强、车华超、韩磊

案例一：陈晨——问鼎世界珠峰，积蓄向上力量的"追梦人"

（一）人物简介

陈晨，女，中共党员，湖北武汉人，中国首位登顶珠峰的在校女大学生，曾获中国大学生年度人物称号、湖北省青年五四奖章，担任第七届世界军人运动会地方志愿者形象大使。

陈晨于 2007 年考入中国地质大学（武汉）户外运动专业，2011 年开始攻读体育教育专业户外运动方向硕士研究生，2014 年开始攻读马克思主义学院思想政治教育专业博士研究生。凭借对登山的热爱和出众的素养，陈晨走遍世界各地，在高寒、缺氧、陡峭的山路上都留下了自己的身影（图 1），并于 2012 年 5 月 19 日登上世界之巅，成为首位中国登顶珠峰的在校女大学生。2013 年五四青年节，陈晨作为发言代表参加全国共青团"实现中国梦　青春勇担当"主题团日活动，讲述了自己在世界之巅留下青春追梦足迹的故事，中共中央总书记、国家主席、中央军委主席习近平亲切鼓励陈晨勇往直前，不断攀上事业和人生的新高峰。随后，陈晨又参加了中国地质大学（武汉）登山队

图 1　陈晨登雪山

的"7+2计划"并开始攻读博士研究生,研究中国60年登山史及其精神内核,完成了以"中国登山精神"为主题的博士毕业论文。她以其逐梦世界高峰、人生高峰的"向上"中国精神激励青年立志新时代、建功新时代。

(二)案例呈现

敢为人先,铿锵玫瑰梦圆屋脊

2012年5月19日上午8时16分,作为唯一的女性,陈晨与其他3名队友共同登上世界第一高峰——珠穆朗玛峰,成为我国首位登顶珠峰的在校女大学生(图2)。中央电视台等各大媒体纷纷播报这一历史性的消息,湖北沸腾了,母校也沸腾了。

图2　2012年陈晨所在团队登顶珠峰峰顶

时年25岁的她,克服了夜以继日的体能训练,无数次的历险、化险,这朵坚强的"玫瑰"终于迎来了属于她的荣耀时刻。登山归来,学校师生和媒体在机场迎接她的凯旋。此后,她开始辗转在湖北武汉市委宣传部和各大高校中,向同学们分享自己的登山体验。2012年末,她荣获"长江日报年度封面人物"和"楚天年度勇敢人物"称号。

梳着娃娃头的年轻女孩儿陈晨,身材娇小,说起话来总是不经意地流露出孩子气的笑容。人们惊叹于她娇小身体里的坚强和勇敢,她笑着用一段排比总结自己的登山经历和感悟:"这一路遭遇天气异常,我们学会了等待;这一路听从组织安排,我们学会了服从;这一路历经风吹雪打,我们懂得了放弃;这一路忍受很多痛苦,我们学会了坚强;这一路面临众多挑战,我们学会了团结;这一路途经诸多危险,我们学会了勇敢;这一路我们用身先士卒、不畏艰险的激情,完成追求世界之巅的卓越壮举!"

铿锵玫瑰终于圆梦,然而,在荣誉背后,陈晨也潜藏着不为人知的艰辛。

2008年,她第一次接触登山,攀登世界第六高峰——卓奥友峰(图3)。因为当时的登山物资有限,她并不在登顶之列,但作为一个初学者,她成功到达海拔7600m的高度。第一次攀登,虽然她只能带着遗憾、抹掉眼泪转身下撤,但这次登山让她体会到登山的魅力,从此爱上了登山。下山后,她听说2012年是母校60周年校庆,学校将组织攀登珠穆朗玛峰,于是她在心中默默种下了一个攀登珠峰的梦想。

图3 2008年陈晨攀登卓奥友峰

2011年8月,她成功登上海拔6178m的玉珠峰,完成了人生中的第一次雪山登顶,也正式成为珠峰队队员。冲顶玉珠峰的时候,陈晨正在生理期,身体的疼痛和心理的压力都在考验着她的毅力,但她凭借着极大的耐力和乐观的精神最终到达了顶峰。

2012年3月,心中埋下的种子开始发芽,更大的挑战向她走来——登珠峰!刚一入藏,陈晨便拉起了肚子,最多的时候一天拉了26次,只好打起了吊瓶。但只要体力稍稍恢复,她就抓紧训练。在她心里,登顶珠峰不只是她的梦想,也是父亲毕生的梦想。最终,克服种种困难,她成为"冲顶四人组"成员。即使一天上20多次厕所,她依然能吃能睡;即便前行者的遗体就在身侧,她还会看着满天星星激动不已。这个女孩,以最温馨、质朴甚至有些"傻气"的方式,书写着本应是波澜壮阔的冒险篇章。

登顶之路并不平坦,陈晨遭遇了睡觉时氧气用完和峭壁失足两次险情,所幸都安全度过了,回到大本营后的她了解到,当年所有登山人员中有10多个人遇难,陈晨每每想起那些场景,不免还是会后怕。

对待珠峰,陈晨在回忆中从不用"征服"一词,这是因为她对山峰保持着敬畏,视这段过程为神圣的记忆,她把登顶当作一场修炼。"登顶和下撤的途中,我们遇到了4具登山者遗体,就在悬崖边上靠着,就在我们脚边上!""进山前就想象过这种情景,原本以为自己会很害怕,但身处其境,心里很淡定,只有敬畏。"路旁那些冻僵死去的骸骨们,仿佛一座座纪念碑,他们都是勇敢而坚强的登山者。

2012年,大家见证了陈晨登顶珠峰,她让我们自豪,为我们传递了信心,她让我们相信,创造奇迹的可能并不因你平凡而退避,携着乐观的坚韧,坚定地走下去,成功就在"攀登"的路上。

载誉归来,追梦玫瑰迎春盛开

2012年珠峰攀登的历史早已定格为人们记忆中的奇迹,但对于陈晨来说,登山之路还在继续。

2013年五四青年节,中共中央总书记、国家主席、中央军委主席习近平来到中国航天科技集团公司中国空间技术研究院,同各界优秀青年代表座谈并发表重要讲话。座谈会上,陈晨作为5名发言代表之一,讲述了自己在世界之巅留下青春追梦足迹的故事(图4)。

图4 2013年陈晨在"实现中国梦 青春勇担当"主题团日座谈会发言

总书记听了陈晨的发言后对她说:"我非常敬佩你。对珠穆朗玛峰,我是'高山仰止,景行行止,虽不能至,心向往之'。我20岁出头时,担任大队党支部书记,到四川学习农村发展沼气技术,办完事后,在大雪封山时登上峨眉山,十分艰险,下山时到小饭馆吃担担面,大家已经尊我们为英雄了。"全场闻言都笑了。总书记也笑着对陈晨说:"你的强大,不仅是内心强大,专业能力也非常强大。"

回忆起那次"实现中国梦 青春勇担当"主题团日活动时的情景,陈晨感觉一切就发生在昨日。陈晨说,见到总书记之前,自己还有些紧张,但一见到总书记本人,整个人就放松下来了。总书记很和蔼,和大家说了很多话,并且很关心青年的现状和未来的发展。

陈晨在总书记的鼓励下,携着勇攀珠峰的精神勇往直前。2013年初,组建地大女子登山队登顶云南哈巴雪山;2013年7月,登顶欧洲最高峰厄尔布鲁士峰;2013年8月,登顶日本富士山;2016年,参与学校"7+2"登山科考队,徒步至北极点;2019年,当选第七届世界军人运动会地方志愿者形象大使,走进高校、社区、企业做志愿宣讲……她说,梦想还有距离,她一直在路上。

陈晨继续奋发努力、追求梦想,将攀登精神融入学术生涯,走上继续深造的路途,并于2021年从中国地质大学(武汉)博士毕业。在她看来,珠穆朗玛峰是一座"有形的山峰",而选择深造则是一座"无形的山峰"。"人的一生要遇见很多座山,有高有低,但正确的选择只有一个——攀登,再攀登。"陈晨的博士毕业论文以"中国登山精神"为主题,研究了中国60年登山史及其精神内核。研究涉及的历史跨度大,很多历史资料难以查找,有时还必须到外地进行访谈才得以获取论文所需史料。陈晨说,"登顶世界最高峰"和进行科研,也是一种中国精神,我们都是一直在"向上"的。

她如铿锵玫瑰在山顶迎春盛开,又像展翅雄鹰一样在山顶肆意翱翔。陈晨的中国梦,是攀登珠峰"攀"出来的,她在坚持中汇集最大的力量,在登顶中释放最美的青春,深刻阐释了"敢为人先,追求卓越"的人文内涵,用青春的誓言书写了当代大学生大力践行社会主义核心价值观和不懈追求"我的中国梦"的绚丽篇章。

(三)案例点评

陈晨的事迹不仅是对极限的挑战,更是对自我价值实现的不懈追求。她以女性的身份,在极端恶劣的环境中展现出了非凡的勇气和坚韧,打破了传统性别角色的界限,为女性在探险领域树立了新的标杆。她的故事激励着每一位青年,无论性别,都应勇敢追梦,不畏艰难,坚持自我,实现个人价值与社会价值的双重提升。陈晨的成就不仅在于她个人的坚持和努力,更在于她所代表的新时代青年的精神风貌——勇于探索、敢于挑战、不断超越。

(四)教学建议

本章案例可用于绪论部分:"中国特色社会主义进入新时代"的教学。通过对比两代登山人的物资图片,带领学生了解陈晨的攀登故事,帮助学生感知"中国特色社会主义进入新时代",引导学生理解中国进入新时代的"三个意味着",认识到新时代呼唤担当民族复兴大任的时代新人。

本章案例可用于绪论部分:"把握时代新人的根本要求——立大志"的教学。带领学生了解陈晨的成长经历和攀登珠峰的壮举,了解她如何将个人梦想与国家发展紧密结合,让学生认识到立大志的重要性和实现梦想的可能性,帮助学生感知时代给予青年的机遇和挑战,引导学生立志成为能够担当民族复兴大任的时代新人。

案例二:翁新强——弃高薪回大山,兴产业助脱贫的"土书记"

(一)人物简介

翁新强,男,中共党员,湖北郧西人。2012年6月参加工作,2016年6月加入中国共产党,湖北省第十三届人大代表,党的二十大代表,现任郧西县湖北口回族乡小新川村党支部书记,共青团郧西县委兼职副书记,郧西县优品五味果专业合作社理事长。

2014年底,翁新强放弃大城市的稳定工作,积极响应党和政府号召返乡创业,长期坚守在偏远的少数民族贫困山区,带领1000多户农民种植五味子3500余亩(1亩≈666.67m²)(图5),带动鄂陕两省700余户群众实现脱贫,户均增收12000元以上。摸索出"蔬菜+"和"林果+"等绿色低碳的套种模式,既保护了生态,又提高了收益。新型冠状病毒感染暴发后,他带领"村两委"班子坚守岗位、勇于担当,全力以赴投入到新型冠状病毒感染战斗中,为打赢疫情防控阻击战做出积极贡献。

图5　翁新强(中)带领乡亲在地里赶种五味子苗

(二)案例呈现

放弃高薪,助力家乡脱贫

1988年,翁新强出生于湖北省十堰市郧西县湖北口回族乡小新川村,这里三面环山,交通不便,村民们祖祖辈辈靠种地为生,非常贫穷,村里百姓最大的愿望,就是把孩子培养成才,创造机会走出大山。

2008年,翁新强考入中国地质大学(武汉),刻苦学习工程管理专业知识,注重提升综合素质,力求全面发展。2012年,从我校毕业后放弃保研的机会,先后到中建三局和一家知名酒企工作了两年,职业发展态势良好,年收入高达27万元。

2014年8月,翁新强回家陪父母过中秋节,汽车一路颠簸起伏,看到公路两侧的撂荒地、破败不堪的土房子、返乡待业的村民们,家乡的贫穷落后和武汉的繁华,在他的心里形成了强烈的反差,他当时就萌生了辞职返乡创业,带领父老乡亲发展产业脱贫致富的念头。

回到家乡,翁新强就开始查阅党和政府针对农村发展的相关政策。经过深思熟虑,他下定了决心,带着同事们的疑惑不解和父母的坚决反对,毅然辞去了大城市的高薪工作,报考了湖北省大学生村官,2015年初,如愿成为小新川村村主任助理,投入乡村振兴的洪流中,他决意用学到的知识、积累的经验,建设自己的家乡。

回乡建设以来,翁新强先后荣获2016年全国农村青年致富带头人、2017年"全国扶贫先进个人"、2017年湖北省"荆楚楷模"年度人物、2018年全国首届"脱贫攻坚·青春榜样"典型人物、2018年中央文明办"中国好人"、2018年十堰市优秀共产党员、2019年十堰市劳动模范、2019年湖北省青年五四奖章、2019年第十届"中国青年创业奖"、2020年"全国向上向善好青年:扶贫助困好青年",2024年"全国民族团结进步模范个人"等荣誉称号。

克服困难,发展五味子产业

翁新强始终相信,只要撸起袖子加油干,一定可以打赢这场脱贫攻坚战。上任后翁新强做的第一件事,就是发放了1200份调查问卷,了解农户的经济状况和产业发展需求。从反馈信息看,村民迫切希望村委会帮忙找一条赚钱的门路。他首先从拜访老党员、走访贫困户,开村民座谈会入手,把征集起来的项目进行分类,然后再上网查阅市场行情,并将相应的信息反馈给老党员和村民代表们,最终通过开会表决,确定发展五味子产业。

小新川村地处鄂西北边陲,踞于湖北大梁之巅,三面环陕,一面归鄂,地扼秦楚要冲,境内层峦叠嶂,沟壑纵横,地势西高东低,落差较大,是典型的高寒乡镇。这里最高海拔1799m,昼夜温差大,阴坡地居多且土地贫瘠,发展别的农作物产量不行,但却为五味子的生长提供了得天独厚的自然环境。

确定项目后,翁新强一方面向乡党委汇报,另一方面积极筹划发展规划,并亲自到黑龙江省伊春市的一个农村学习五味子育苗技术。当他辛辛苦苦把五味子种苗培育出来后,之前同意栽种五味子的农户们,大多又变卦不想栽了,看着满地绿油油的五味子种苗,翁新强急得几天几夜都睡不着觉,后来经走访得知,村民们担心有风险,也不敢投入。

于是,翁新强先自己带头栽,然后又拜访村里德高望重的老党员,免费给他们提供五味子种苗和专用肥,请他们带头栽并签订保价收购协议,免去种植户们的后顾之忧,观望的村民们看老党员们都栽五味子了,也就纷纷参与进来,目前小新川村已经实现户户有产业,致富有门路。

2017年10月9日,国务院扶贫开发领导小组办公室主办的2017扶贫日论坛活动在北京召开,翁新强应邀作为湖北省唯一代表,在贫困县大学生村官脱贫攻坚论坛上作典型发言。

翁新强数年如一日,长期坚守在偏远山区的产业扶贫一线,在郧西县委县政府以及湖北口乡党委政府的关心指导和政策扶持下,他所创办的合作社累计带动湖北口回族乡及周边地区1000余户农民种植五味子4100余亩(图6),带动鄂陕两省700余户群众实现增收脱贫,户均增收12 000元以上。

图6 翁新强(中)给社员讲授五味子栽植和基地管护技巧

不忘初心,巩固脱贫攻坚成果

翁新强表示,"只有发展长效产业,才能稳定百姓收入,才是脱贫致富良策。"郧西县优品五味果专业合作社将依托郧西县委、县政府,以及湖北口乡党委政府的指导和政策扶持,加强社员种植技术指导和培训,加大基地科学管护投入力度,从而提高亩产效益,带动种植户提效增收。同时,依托党委政府政策支持,完善五味子加工厂设施设备,提高合作社的加工能力,从而带动更多五味子种植户增收致富。

合作社在种植五味子的基础上实行产业升级,既解决五味子的销路,又增加产品附加值。翁新强发现"五味子红酒"还不为消费者所熟知,其潜在市场可期,是个不错的产业升级之路。为了验证自己的想法,翁新强和西北某高校的科研专家合作,成功研发了五味子红酒并申请专利,他们合作社的五味子初级加工厂也已经部分建成并投入使用。

翁新强介绍,除了种植五味子,目前村里的主导产业还是以种植烟叶、香菇等为主业,以养殖马头羊、黑土猪为辅业,全村发展烤烟种植户45户,烤烟种植面积达1000亩,发展五味子、苍术、白芨、丹参等中药材产业243户,种植面积达782亩,养殖秦巴黄牛、马头山羊和黑毛猪的农产有30多户,共计养殖4200余头。除了外出务工的家庭以外,留在村里的村民基本实现户户有产业,致富有门路。

2020年小新川村实现脱贫,马头羊是郧西县的地理标志产品,也是小新川村重点打造的特色产业,许多村民想通过标准化养殖扩大规模,进一步做大做强,这也是翁新强所关注的。"目前我们村创办各类养殖场13个,马头羊存栏量接近1000头,生猪存栏量3000余头,黄牛存栏量200余头。下一步,我们要引导更多的本村青年返乡参与马头羊产业建设,争取将我们小新川村马头羊产业发展成千级规模的示范村。"

"社会主义是拼出来、干出来的,不仅过去如此,新时代也是如此。"作为党的二十大代表

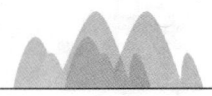

参加党的二十大,让翁新强更加坚定了要继承先辈们忠于党的红心和扎根基层的情怀,让户户有产业,人人有事干,拼出乡村振兴的好前景。

翁新强几乎每天都在田间地头、村民小组或者产业大户家中,把党的二十大精神送到大山深处、基层一线(图7)。他说:"全面建设社会主义现代化国家,最艰巨、最繁重的任务仍然在农村,努力当好乡村振兴的螺丝钉,让党的二十大精神成为小新川村的行动指南。"

图7 翁新强(中)在小新川村院场宣讲党的二十大精神

今后,小新川村将解决养殖大户的实际困难,申请建设大型的饲草料加工厂,为养殖场升级配套设施,带动更多的乡亲们发展养殖产业。

(三) 案例点评

案例二讲述了基层干部翁新强助力乡村振兴,放弃高薪,回乡"务农",带领乡亲们走上致富路的事迹。他不忘初心,扎根中国大地,了解国情、民情、社情,主动将个人发展和国家前途命运结合,将个人喜好与时代责任兼容,将远大抱负化作一个个坚实的脚印,用青春书写精准扶贫时代华章。

(四) 教学建议

本章案例可用于绪论部分"把握时代新人的根本要求——担大任"的教学。通过讲述翁新强的故事,引导学生思考如何在个人发展与国家发展之间找到结合点,讨论青年一代在国家发展中的角色和作用。鼓励学生开展关于乡村振兴的调研或志愿服务活动,将课堂学习与社会实践相结合,增强社会责任感和实际操作能力。让学生主动思考和实践如何担大任,解决实际问题。引导学生学习翁新强的事迹,让学生认识到新时代青年应当具备的责任感和使命感,激发他们为国家和社会的发展贡献自己的力量。通过案例分析,帮助学生理解新时代青年应如何积极投身国家重大战略,如乡村振兴、脱贫攻坚等,明确自己的历史使命和时代责任。

案例三:车华超——扎根田野大地,坚定科研报国的"新农人"

(一)人物简介

车华超,男,中共党员,云南宣威人,中国地质大学(武汉)材料与化学学院材料科学与工程专业2021级博士研究生(图8)。曾获"高山院士优秀研究生"奖学金。以第一作者在 Analytical Chemistry 等 SCI 期刊发表论文7篇。挂职湖北省十堰市竹山县宝丰镇科技副镇长,定点帮扶富硒产业发展,用科技赋能乡村全面振兴。

考入中国地质大学(武汉)以来,车华超认真践行"艰苦朴素,求真务实"的校训精神,坚定科技报国理想,积极参与国家重点研发计划等项目,矢志科研创新,相关研究成果助力水污染治理和高质量农业发展,先后荣获国家奖学金2次,社会类奖学金1次,获校级以上奖项8项,以第一作者发表SCI一区论文7篇,二区论文2篇,入选学校第二批党建"双创"工作项目"研究生党员标兵",先进事迹被《云上竹山》《湖北日报》等权威媒体集中报道,并荣登《人民日报》国家奖学金获奖学生代表名录。

图8 车华超

(二)案例呈现

风起青萍,浪成微澜

他从科研小白逐渐坚定科技报国理想

初入校园,内心茫然,车华超不知该把精力集中在何处。直至在纳米材料课上受到启发,联想到自己身为云南人,无数次目睹滇池的水污染状况,心痛不已,深感只有"基础厚实,专业精深"才能帮助家乡取得解决生态治理难题的最终胜利,为服务"绿水青山就是金山银山"的国家发展理念作出更大贡献,为社会承担更大的责任。从此,投身科研的种子开始萌芽,他借助大学生创新创业训练等机会,积极联系团队从事相关研究工作。

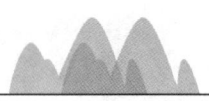

之后他立足水污染治理研究方向,硕士期间在导师田熙科教授的指导下,他找到了国家迫切需要与个人兴趣的结合点:开发便捷的水污染物多目标现场识别和检测方法,不仅克服了大型仪器设备价格昂贵且不易于野外现场部署检测的难题,也从传统的针对单一目标物检测的方法突破到能够同时对多种污染物实现非靶标识别。

博士期间,他决心站在更高的视角审视和凝炼关键科学问题,以求用自己的科研成果解决更大的挑战。他全心投入到全细胞生物传感器的研发工作,实现对污染物种类、浓度和生物利用度信息的同时检测,开发了对地下水中无机砷形态、氮元素形态的高灵敏度现场识别和检测技术,为保障饮水安全作出了贡献。

"宝剑锋从磨砺出,梅花香自苦寒来",通过夜以继日地奋斗和实践,作为学生,他已在该领域以独立一作的身份公开发表SCI论文7篇,其中5篇影响因子大于10,两次获得国家奖学金,一次获得"高山院士优秀研究生"奖学金,且硕士毕业论文被评为学校优秀毕业论文。

他积极和领域内同行交流学习以及和身边同学分享科研经验,多次以报告的形式与其他同学交流学习(图9),数次获得科技论文报告会校级奖项(2022年获第33届科技论文报告会校一等奖),参加拉萨"第五届极地及高山地区持久性有机污染物学术研讨会"和武汉"第十二届全国环境化学大会"并投稿摘要交流。

优异成绩的背后,不仅是他刻苦钻研,敢于挑战学术难题的回报,更有赖于优异的导学团队提供的平台和资源,以及团队老师辛勤的指导和默默付出。

图9　车华超作为主讲嘉宾参加学院第3期"材话未来·研究生科研论文写作交流会"

学以致用,服务三农

他用科技创新助推产业发展

"把论文写在祖国的大地上,把科技成果应用在实现现代化的伟大事业中。"陕西省安康市以紫阳县为中心的富硒区域作为世界上面积最大、富硒地层最厚、最宜开发利用的富硒区,由于缺乏适宜的硒矿开采评价指标,限制了开采。为避免盲目开采导致的资源浪费造成重大损失,他随团队聂玉伦教授、杨超副教授等人,深入陕西省紫阳县地质一线采集地矿样品(图10),全面分析了硒矿分布带以及伴生矿含量,帮助陕西地矿局地质一队建立安康硒矿(硒肥用)开采评价指标标准。开采指标的建立,不仅在保证最大硒矿开采量的基础上实现了最小的经济成本投入,更确保硒肥中重金属含量达标且不会造成二次污染。上述工作将直接服务安康市硒矿开采和硒肥生产产业发展,有望带动相关下游产业的发展壮大,服务国计民生。

图10　车华超随团队老师前往陕西省紫阳县地质一线采集硒矿样品

为推动学校定点帮扶县湖北省竹山县富硒产业发展,他随田熙科教授、鲁立强教授等人前往竹山县宝丰镇等地考察,指导竹山县"中彩项目"茶园富有机硒提质增效(图11),获当地政府鼎力支持,该事迹被竹山县新闻媒体和《湖北日报》等权威媒体集中报道。

图11　车华超随团队老师前往湖北省竹山县考察"中彩项目"

2024年2月起,他挂职担任竹山县宝丰镇人民政府副镇长,将团队研发的自主知识产权——小分子有机硒富硒技术,运用到大米、茶叶、花生、梨、葡萄等农副产品中,提高了农副产品的经济价值和营养附加值,用科技赋能乡村振兴,稳妥有序地推进"宝丰龙井中彩项目"(获2023年中央专项彩票公益金4000万元支持)顺利实施。

第十六章　生逢盛世·在新时代施展才干的地大青年代表

生在红旗下,长在春风里

他是党建和科研工作深度融合的示范者

如何促进党建和科研工作深度融合,增强党建和学生日常科研生活实际的"黏性"是车华超担任党支部书记以来一直在思考的问题。他带领支委班子全面落实党建工作责任制,认真落实主题党日制度,创造性设立"小组领学+全体分享+现场测验"长效机制,加强学习研讨,现场检测学习效果。

他立足支部党员和同学成长发展需求,积极探索"理论课堂+发展课堂"双课堂机制和"双向提问"机制。通过广泛的调研和实践,他在每月主题党日活动开展期间,宣传支部成员学术发表动态,形成支部成员学做先进、争当先进的深厚氛围;通过理论宣讲、学术报告等形式,搭建学术交流桥梁,向师生和公众展现专业技术的魅力;同时组织支部成员围绕学院建设发展与教师教书育人方面存在的问题展开讨论,引导支部成员和其他同学向学院提问、向老师提问,聚焦问题、形成发展建议,坚持将学科方向、导师项目深度融合,把党支部建成党员之家、学生之家,增强学生归属感、获得感(图12)。

图12　车华超主持召开"学习党的二十大精神"联合主题党日活动

在他强有力的带领下,支部在2023年6月材料与化学学院开展的党史知识竞赛中荣获三等奖,他本人也先后两次获得校优秀毕业生、学院优秀共产党员荣誉称号,入选校级研究生党员标兵、学院"时代担当新青年"。

百舸争流,奋楫者先。新时代给予青年无限的希望和可能,把青春的奋斗融入党和国家的伟大事业中,正是青年学生矢志不渝的追求。永远追随党旗指引,用科研助推国家发展,车华超一直在坚定前行。

（三）案例点评

车华超的事迹体现了科研工作在社会发展中的重要价值。他不仅在学术领域取得了显著成就，更将科研成果转化为推动乡村振兴的实际力量。通过科技创新，他为提升农副产品价值和营养附加值作出了贡献，展现了新时代青年学者的创新精神和社会服务意识。他的故事激励了青年学生积极参与科研创新，将个人学术追求与社会发展需求相结合，为国家的发展贡献智慧和力量。

（四）教学建议

本章案例可用于绪论部分"把握时代新人的根本要求——明大德"的教学。深入分析车华超的事迹，探讨他如何通过科研创新和社会实践，体现明大德的要求。让学生理解在新时代背景下，青年如何以高尚的道德标准指导自己的行为，积极服务社会、贡献自己的力量。并以车华超的故事为蓝本，让学生思考和讨论，在现代社会中，如何树立和践行社会主义核心价值观，如何在个人成长过程中，不断提升自己的道德修养、巩固道德实践。引导学生学习车华超的科研精神和创新能力，让学生明白在新时代中，青年应如何结合自己的专业知识和技能，为社会的发展作出积极贡献。通过案例分析，让学生认识到，在新时代中，青年应积极参与国家的发展，通过实际行动展现新时代青年的风采。

案例四：韩磊——勇斗疾病不服输，两度创业毅前行的"逆行者"

（一）人物简介

韩磊，男，中共党员，内蒙古自治区人，中国地质大学（武汉）机械与电子信息学院地质装备工程专业博士，韩磊钻研学术、勇攀高峰，共发表SCI论文15篇，授权发明专利10项。

他自强不息、勇斗疾病，在被确诊脑瘤后，坚定信心积极治疗，并继续潜心科研（图13）。在此期间，在导师丁华锋教授的带领下，作为主研人参与研制了我国首台自主知识产权的大型正铲液压挖掘机，打破了国外的长期垄断。他曾获2020年"全国向上向善好青年"、2018年度"中国大学生自强之星标兵"、武汉市洪山好人、武汉市洪山区创业先锋等多项荣誉。

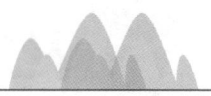

第十六章 生逢盛世·在新时代施展才干的地大青年代表

图 13　韩磊作学术报告

（二）案例呈现

潜心学术，勇攀高峰不停歇

韩磊来自内蒙古自治区，从小就对科技创新表现出极大兴趣，刚进入大学就有了明确的人生规划，并积极为之探索实践。工作狂、科研能手……这些都是老师和同学们眼中的韩磊，正因为他对科学始终保持刻苦专研和务实严谨的学术态度，多年来，他在学术论文、科研项目、发明专利等方面均有建树。

2010年，刚踏入中国地质大学（武汉）校门，韩磊便进入了该校机械与电子信息学院文国军教授的实验室学习，跟着师兄师姐做一些科研项目。大学二年级时，他便组队参加湖北省第七届"挑战杯·青春在沃"大学生创业计划竞赛，并获得银奖。紧接着，他又作为第一负责人带领团队积极备战第十三届"挑战杯"全国大学生课外学术竞赛，克服时间紧张、团队协作问题等各种困难，最终斩获二等奖。凭借优异的成绩，他被保送到本校攻读硕士研究生，师从丁华锋教授硕博连读，从事现代工程机械装备和并联机器人的研究。读研后，他早出晚归，大部分时间均在实验室中度过，潜心于学术研究，先后获得"84校友奖学金""爱贝尔72911奖学金"和全国研究生石油装备创新竞赛三等奖，发表SCI论文15篇，授权发明专利10项。

攻读博士期间，韩磊作为主研人参与了导师丁华锋教授的新型正铲液压挖掘机项目的研究工作，他和团队成员紧密合作，不断攻破技术难题，克服了患病等常人难以想象的苦楚与磨难，取得重大突破。2018年4月，我国首台自主知识产权大型正铲液压挖掘机SY850H在江苏昆山下线交付。该机型的成功研制标志着我国在大型、超大型正铲液压挖掘机机构基础理论与技术方面，已具备独立自主的创新能力，彻底打破了国外正铲液压挖掘机机构专利技术对中国的长期垄断。目前,该款挖掘机在浙江德清县的露天矿山进行工作。"我们在做的是一件十分有意义的事,课题组的努力和辛苦是完全值得的!"韩磊说道(图14)。

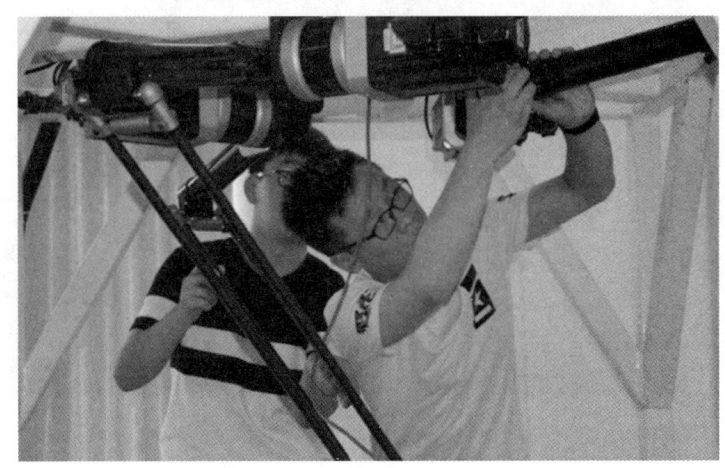

图14　韩磊(右)调试设备

自强不息,勇斗疾病不服输

在韩磊潜心科研,一心想要将自己的所学所获更多地服务于社会经济发展之时,命运跟他开了一个很大的玩笑。2016年的某天,韩磊因为长时间头痛前往医院就诊,进而被诊断为脑瘤,从此踏上了边学习边抗病的艰难之路。

面对医学的诊断,韩磊和大多数人一样感到绝望与无奈。但阳光乐观的他没有被病魔所吓倒,经过一段时间的思想调整后,韩磊做好了抗脑瘤的准备,积极主动地配合医生治疗。在与疾病斗争的征途中,他一直没有忘记自己参与的我国首台自主产权正铲液压挖掘机的研制任务。治疗期间,他的病床边堆满专业书籍。只要病情稍有好转,他就立刻投入学习与科研之中,每天工作6h以上。"在攻坚研制技术难题时,我不觉得自己是个病人,身体状态很好,要是让我停下来了,那才会胡思乱想。"经过半年的治疗,身体有所好转的韩磊立刻返回学校,全身心投入项目的研究之中,在团队成员顽强拼搏和共同努力之下,我国首台自主知识产权大型正铲液压挖掘机研究取得重大突破,并顺利下线投入使用。

2018年10月,韩磊身体状况再次面临"风险"。这次他显得更加从容,积极配合治疗,在身体允许的基础上,继续投身大型挖掘机创新设计和并联机器人的研究之中。

前两年,身体条件还不错的韩磊,是学校足球队的主力,也是球队取胜的重要队员,曾带领球队取得了武汉高校足球联赛冠军等优异成绩,常常被称为"地大门神"。正是科研和足球带给了韩磊坚韧、阳光的品格,让韩磊在对抗病魔的日子里自强不息、顽强拼搏。

在第二次患病休养期间,韩磊发表了4篇高水平论文。他在病房中撰写论文,其自强不息的精神受到媒体广泛报道,激励了无数的人,同时荣获2018年度"中国大学生自强之星标兵"(全国仅10人)。

第十六章　生逢盛世·在新时代施展才干的地大青年代表

两度创业,走好人生每一步

2014年4月,韩磊开始了首次创业的历程,他和环境学院学生创办了武汉中地水石环保科技有限公司,担任市场营销经理。创业之路举步维艰,有段时间,他每天写材料到凌晨,第二天一早赶去考察调研市场,中间还要准备很多路演活动,创业初期那段时间他几乎每天都只睡4个小时,一年多后他累倒了,被医生诊断出脑瘤。在休养期间,他克制不住对科研和创业的热爱,见缝插针阅读了大量的专业书籍。

"一个人的能力是有限的,而团队的力量是无限的。"2016年9月,身体有所好转的韩磊又召集了几位创业伙伴,结合专业背景,在经过前期充分的调研分析和协调筹备之后,成立了武汉惟傲机器人科技有限公司,并担任公司法人和执行董事长,积极推动科研成果落地转化。围绕产品研发,公司成立了WILL科研团队,其中博士后、博士共4人,研究生10余人,本科生近10人。

WILL团队充分利用学科优势,聚焦智能机器人的投资热点方向,将前沿科研成果转化为高科技创业项目。研发生产包括教育机器人、工业机器人、特种机器人在内的各种机器人,成立不到两个月就成功签订了近80万的订单,年销售额突破百万(图15)。除了做研发之外,公司还对外提供机器。凭借出色的创新创业能力,他获得了"武汉市洪山区大学生创业先锋"称号。正当公司快速发展的时候,韩磊的疾病复发了,身体的原因让他再次暂时离开了创业逐梦这条路。

图15　韩磊(右二)展会上介绍产品

两次的创业经历,使韩磊清楚地认识到要完成科研成果向社会生产力的转化,重要的是要将科研成果落地,要推动成果走出实验室,研制工业应用的产品。积极参与我国首台自主知识产权大型正铲液压挖掘机项目的研究,正是源于他对工科生的科研重点要向工业应用转变的清醒认识。

在新型冠状病毒感染期间,韩磊在做好居家隔离的同时,在内蒙古自治区锡林郭勒盟镶黄旗的家里远程辅导黄花村即将高考的学生学习数学和物理,帮助他们解决学习难题,将他的一些经验分享给即将高考的学子,让他们更加自信和充满勇气地去面对高考。他还坚持科研,有两篇高质量文章陆续发表。

谈及未来,他充满信心,他说:"人生的每一步都在为下一步做准备,在创新创业的路上,我将持续走下去。"

(三)案例点评

韩磊的事迹是对新时代青年自强不息、勇于创新精神的深刻体现。面对重大疾病,他没有放弃科研和生活,反而以更加坚定的意志和乐观的态度,继续在学术道路上勇往直前。他的故事展现了青年在面对逆境时的坚强与韧性,以及对科研事业的无限热爱和执着追求。韩磊的经历鼓舞着每一位青年,无论遇到何种困难,都应保持积极向上的心态,坚持追求自己的梦想和目标。

(四)教学建议

本章案例可用于绪论部分"把握时代新人的根本要求——成大才"的教学。通过讲述韩磊的事迹,让学生明白在新时代背景下,成为具有专业才能和创新精神的人才对于个人成长和国家发展的重要性。通过讲述韩磊在逆境中的坚持与成长,分析韩磊面对脑瘤挑战时的积极态度和坚持科研的精神,讨论如何在逆境中培养坚韧不拔的品质。同时引导学生探索科研与实践的结合,激发学生的创新意识和实践能力,鼓励学生思考个人发展与国家需求的结合。

二、教学分析

(一)教学目标

1. 理论知识目标:通过案例一,让学生深入理解"中国特色社会主义进入新时代"的内涵和意义;通过案例一、二、三、四,让学生把握时代新人的根本要求——立大志、明大德、成大才、担大任。

2. 能力与情感目标:通过案例一、二、三、四,培养学生理解新时代赋予青年的责任,激发学生的情感认同,使他们认识到个人发展与国家命运是紧密相连的,并积极投身于民族复兴的伟大事业。

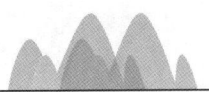

（二）教学重难点

1. 明确进入新时代的意义（重点）。
2. 把握时代新人的根本要求（重点）。
3. 深刻认识新时代对青年的呼唤，理解成为担当民族复兴大任的时代新人的重要性（难点）。
4. 鼓励学生主动践行时代新人的要求，将个人理想融入国家发展大局，实现个人价值与社会责任的有机统一（难点）。

三、教学思路与方案设计

（一）教学思路

课堂教学内容分为两部分：一是"中国特色社会主义进入新时代"，二是"把握时代新人的根本要求"。

导入部分，带领学生通过视频，听见当代青年发出的时代潮音，让学生思考如今中国进入了什么时代？时代对我们青年一代提出了怎样的要求？我们又应怎样回答时代之问？

教学第一部分"中国特色社会主义进入新时代"时，教师结合案例一，通过展示两代登山人的物资照片，对比不同时代登山人的英勇事迹，带领学生穿越历史的长河，感受时代的脉搏，领悟进入新时代的"三个意味着"知识点。

教学第二部分"把握时代新人的根本要求"时，教师结合案例一、二、三、四，分别讲述时代新人的4个根本要求，结合时代新人的内涵，分析案例中地大青年榜样作为时代新人的具体表现。

通过学习绪论部分内容，引导和帮助大学生正确认识青年与时代的内在联系，把握自身所处的人生发展阶段和当前所处的时代方位，帮助其明确发展方向和目标，找到发展路径和方法。同时以两代登山人的故事，带领大学生一同回望新时代，正确认识进入新时代的意义。随后通过学习案例一、二、三、四，使学生了解中国特色社会主义新时代对大学生成长成才提出的要求，了解党和国家对大学生成长成才提出的期望，把握时代新人的根本要求，努力提升自身的思想道德素质和法治素养，明确自己肩负的历史使命和时代责任，做担当民族复兴大任的时代新人。

（二）教学方案

教学步骤	教师活动	时间/分
导入新课	【播放视频】 　　播放人民网微视频"时代之问　青春作答"，让学生思考如今中国进入了什么时代？时代对我们青年一代提出了怎样的要求？我们又应怎样回答时代之问？	8
简介教学目标	教师向学生简要介绍本次课程教学要达到的目标。	2
呈现教学材料，引导学生学习	【知识点一】中国特色社会主义进入新时代 1.进入新时代的意义 【案例讲解】 　　通过展示两代登山人的物资照片，对比不同时代登山人的英勇事迹，带领学生穿越历史的长河，感受时代的脉搏，领悟进入新时代的"三个意味着"知识点。 　　珠峰，世界之巅，吸引了无数勇敢者的目光。从王富洲到陈晨，两代登山者都在珠峰的冰雪世界中留下了他们的足迹。透过照片，我们可以感受到同样英勇无畏的攀登精神，更可以领悟到时代的变迁，带给我们的无限希望。 　　新中国成立之初，我国登山条件极为艰苦，物资匮乏，王富洲等登山先驱者们面临着前所未有的挑战。他们身着早已被国际淘汰的登山装备，背负着有限的氧气罐，信息闭塞，在海拔5000多米的珠峰大本营里，甚至需要精打细算每一口粮食。然而，就是在这样恶劣的条件下，他们凭借着坚定的信念和无与伦比的毅力，战胜了常人难以想象的困难，最终成功登顶珠峰，为新中国赢得了荣誉。 　　如今，随着新时代的到来，登山条件有了翻天覆地的变化。丰富的物资供应、先进的通信技术、专业的保障团队，都为登山者提供了前所未有的支持。陈晨怀揣着对登山的热爱，不断挑战自我，成功地在世界各地高寒、缺氧、陡峭的山路上留下了她坚定的身影。她的每一次攀登，都是对自我极限的挑战，也是对新时代攀登精神的最好诠释。 　　教师总结：两位校友的登山壮举，宛如一面镜子，映射出同一山川在不同历史时期的动人篇章。随着中国如巨龙般腾飞，我们骄傲地迎来了一个崭新的纪元——新时代。在这个时代里，中国不仅在科技、经济、文化等多个领域绽放璀璨的光芒，赢得世界的瞩目与赞誉，更在国际舞台上扮演着举足轻重的角色，引领全球潮流。登山条件的改善，正是其中最微不足道的一个具体缩影，我们每一个人，都沐浴着新时代的阳光雨露，享受着时代赋予的无限机遇与可能，我们皆能乘风破浪，大展宏图。透过这段故事，我们深刻感受到新时代赋予登山者、赋予我们的非凡意义。那么，对于中华民族、对于全人类来说，进入新时代又意味着什么呢？	32

第十六章　生逢盛世·在新时代施展才干的地大青年代表

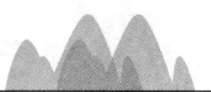

教学步骤	教师活动	时间/分
呈现教学材料,引导学生学习	【教师讲述】 　　(1)从中华民族发展史上看,这意味着近代以来久经磨难的中华民族迎来了从站起来、富起来到强起来的伟大飞跃,迎来了实现中华民族伟大复兴的光明前景; 　　(2)从社会主义发展史上看,这意味着科学社会主义在21世纪的中国焕发出强大生机活力,在世界上高高举起了中国特色社会主义伟大旗帜; 　　(3)从人类社会发展史上来看,这意味着中国特色社会主义道路、理论、制度、文化不断发展,拓展了发展中国家走向现代化的途径,给世界上那些既希望加快发展又希望保持自身独立性的国家和民族提供了全新选择,为解决人类问题贡献了中国智慧和中国方案。 　　教师总结:这"三个意味着"深入把握中国和世界发展大势,从中华民族伟大复兴、社会主义发展和人类文明进步三个角度科学诠释了中国特色社会主义不断取得重大成就所具有的伟大意义。我们认识历史,并沿着历史的脉络,认清我们所置身的时代及其特征,这是正确判断发展方位、前进方向的科学方法。我们站在新的历史起点上,更需要意识到新时代呼唤担当民族复兴大任的时代新人,认识到一个民族的进步,离不开青年人的努力;一个国家的未来,寄望于青春的力量。我们是新时代的朝阳,新时代向我们提出了怎样的要求?我们又应怎样回答时代之问? 　　【拓展】新时代"新"在哪里 　　(1)新在我国社会主要矛盾发生新变化。 　　(2)新在党的理论创新实现新飞跃。 　　(3)新在党和国家事业确立新目标。 　　(4)新在中国和世界关系开创新局面。 　　(5)新在中国共产党展现新面貌。	
	【知识点二】把握时代新人的根本要求 1.时代新人的根本要求——立大志、明大德、成大才、担大任。 【案例分析】 　　结合学生回答的问题,向学生讲述时代新人的内涵,分析案例中地大青年榜样作为时代新人的具体表现。 　　教师讲述:把握时代新人的根本要求——立大志、明大德、成大才、担大任。 　　(1)立大志,要有崇高的理想。崇高的理想信念是人生和事业的灯塔,决定我们的方向和立场,也决定我们的精神状态和实际行动。青年理想远大、信念坚定,是一个国家、一个民族无坚不摧的前进动力。 　　陈晨:她是大学生,也是登山者,她从小就立志登顶世界高峰,长大后的她以坚忍不拔的品格,毅然选择挑战自我,参与珠峰攀登,这本身就是一种对人生高峰的向往和追求。	

教学步骤	教师活动	时间/分
呈现教学材料,引导学生学习	她说:"我永远不会忘记总书记对我的鼓励。"每当回想起总书记说的那句"我非常敬佩你",陈晨都难抑激动。2013年五四青年节,习近平来到青年朋友中间,同各界优秀青年代表座谈。当时正在中国地质大学攻读硕士的陈晨坐在发言席,与总书记面对面谈心交流。陈晨豪气干云地说出:"登顶世界高峰,探秘神奇的大自然,是我从小的梦想。"就在一年前,作为中国地质大学珠峰登山队唯一的一名女生,历经险些跌落万丈深渊等惊险,时年25岁的陈晨带着儿时的梦想,成功登顶珠穆朗玛峰,成为中国首位从北坡登顶珠峰的在校女大学生。听完陈晨的发言,总书记由衷赞道:"陈晨同学,我非常敬佩你。""对珠穆朗玛峰,我是'高山仰止,景行行止。虽不能至,心向往之'。"总书记勉励陈晨,"你今后的人生、事业,一定会在这种精神的砥砺下勇往直前,不断攀上人生新的高峰"。带着总书记的鼓励,座谈会结束两个月后,陈晨又和她的队友一起登上了欧洲最高峰厄尔布鲁士山。2021年,陈晨完成了博士研究生阶段的学习,她的博士毕业论文主题正是"中国登山精神"。 　　她带着崇高的理想,信念坚定地走在前行的路上,她不仅在个人层面实现了登顶珠峰的壮举,还在后续的研究和宣传中,将这份理想和追求传递给更多人,激励更多人立大志、追理想。这些细节都充分展现了陈晨立大志的勇气和毅力。 　　(2)明大德,要锤炼高尚品格。只有把正确的道德认知、自觉的道德养成、积极的道德实践结合贯通,自觉树立和践行社会主义核心价值观,崇德修身,夯基固本,才能让青春的航船劈波斩浪、行稳致远。 　　车华超:高尚的品格不仅体现在个人的道德修养上,更体现在对社会责任的积极履行上。他以实际行动践行了社会主义核心价值观,以积极的态度和行动,为社会的进步和发展贡献自己的力量,展现了新时代青年的良好形象。 　　作为一名新时代的青年科研工作者,车华超深知科研工作的社会责任和历史使命。他始终将国家的需求和人民的期望放在首位,将个人的发展与国家的发展紧密结合起来。车华超在攻读博士学位期间,面对科研道路上的困难和挑战,始终保持坚韧不拔的意志和勇于创新的精神。他不仅在学术上取得了显著成果,更在实践中展现了高尚的道德品质。他积极响应国家号召,将所学知识和技能运用到乡村振兴的伟大事业中,用科技的力量助力农业发展,提高农民的生活水平。在担任竹山县宝丰镇人民政府副镇长(挂职)期间,车华超深入基层,了解农民的实际需求,推动科技与农业的深度融合。他带领团队研发的小分子有机硒富硒技术,有效提升了当地农副产品的经济价值和营养附加值,为乡村振兴贡献了自己的智慧和力量。 　　车华超以实际行动诠释了什么是高尚的品格,什么是正确的价值追求。他的故事激励着更多的青年学生,要像他一样,以高尚的品格为人生的航船导航,以实际行动为实现中华民族伟大复兴的中国梦贡献青春力量。	

第十六章　生逢盛世·在新时代施展才干的地大青年代表

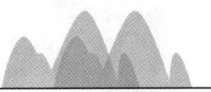

教学步骤	教师活动	时间/分
呈现教学材料，引导学生学习	（3）成大才，要有高强的本领才干。不断增强的本领才干，是青春焕发光彩的重要源泉。身处日新月异的新时代，面对世界百年未有之大变局，知识更新周期大大缩短，大学生要有本领不够的危机感、能力不足的紧迫感，自觉加强学习、勤奋探索、勇于实践，全面发展。 　　韩磊：面对脑瘤的严峻挑战，韩磊展现了非凡的毅力和学术追求。即便在住院治疗期间，他也没有放弃科研工作，而是利用一切可用的时间，坚持学习和研究。他的病房变成了临时的书房，充满了专业书籍和学术资料。韩磊的坚强和乐观，不仅帮助他与疾病抗争，而且在这段时间里，他以惊人的效率发表了 4 篇 SCI 论文。 　　"读博的道路漫长而艰辛，找准方向脚踏实地，完成自己的目标和梦想"，这是韩磊的朋友圈签名。在这么多荣誉背后，他的求学之路正如这段签名一样，"漫长而艰辛"。2014 年 4 月，还在读大四的韩磊开始了首次创业的历程。繁忙的工作和学习让他不得不将休息时间压缩到极限，那段时间他几乎每天都只睡 4 个小时。长期劳累和用脑过度让韩磊病倒了。2016 年初，读研二的韩磊因为长期头痛到医院就诊，结果被诊断为三级脑胶质瘤。他不得不休学并退出了苦心经营的创业公司。但他仍把大量的专业书籍搬到了病房，即使在住院治疗期间，也见缝插针地坚持阅读。只要病情稍有好转，他就立刻投入学习与科研之中，每天都工作 6 个小时以上。住院治疗期间，韩磊没有停下手头的科研工作，两次住院，他在病房里仍保持主动学习、勤奋探索。 　　他自强不息、勇斗疾病，他的执着追求、坚强乐观等精神品质，不仅为他个人赢得了荣誉和尊重，也为广大青年树立了榜样和标杆。他在面对疾病挑战时的坚强乐观，彰显了他对生活的热爱和对未来的信心，这种不屈不挠的精神令人敬佩。他的经历告诉我们，即使面临再大的困难，也要保持积极向上的心态，用坚定的信念去战胜一切。 　　（4）担大任，要有"天下兴亡，匹夫有责"的担当精神。大学生的担当精神体现为奉献祖国、服务人民、尽心尽力、勇于担责。大学生要自觉树立国家意识、民族意识、责任意识，把个人的前途命运与国家、民族的前途命运紧紧地联系在一起，在尽责集体、服务社会、奉献国家中实现人生理想和人生价值。 　　翁新强：一个在幸福生活中不忘本源、深怀感恩之心的青年。他以涌泉相报的姿态，向党和国家、向社会和人民表达了他深沉的感激之情。他不仅在言语上表达了这份感恩，更在行动上，以实际的建功立业，回馈给了生他养他的那片土地。 　　在繁华都市与贫瘠山村之间，翁新强选择了后者，这一选择，不仅是对个人舒适区的挑战，更是对社会责任的深刻诠释。他满怀勇气，坚定地承担起了改变家乡命运的重任。翁新强的担当，不仅闪耀在他放弃高薪、回归乡土的决定中，更体现在他不畏艰难、勇于创新的实际行动里。他以智慧和汗水，为家乡的发展注入了新的活力，为乡亲们的希望点燃了新的火种。他的故事如同一盏明灯，照亮了青年学生前行的道路，激励着他们勇于担当、敢于奉献，将个人的理想追求与国家和民族的需要紧密结合，在服务	

189

教学步骤	教师活动	时间/分
呈现教学材料,引导学生学习	社会、奉献国家的伟大事业中实现自己的人生价值。翁新强以他的行动和选择,为我们诠释了什么是真正的责任和奉献。他的故事如同一部史诗,记录了一个青年如何在时代的洪流中,用担当精神书写自己的人生篇章,为家乡的繁荣发展贡献自己的力量,也为社会的进步贡献自己的智慧和汗水。 　　翁新强放弃高薪,回乡"务农",他带领乡亲走上致富路,敢于面对挑战,勇于承担责任,努力克服困难,发展产业,他将个人的前途命运与家乡的发展紧密结合,用实际行动践行了"天下兴亡,匹夫有责"的担当精神。他的故事激励着更多的青年学生,要敢于担当、勇于奉献,将个人的理想追求与国家和民族的需要结合起来,在服务社会、奉献国家中实现自己的人生价值。 　　教师总结:我们是新时代的朝阳,新时代呼唤担当民族复兴大任的时代新人。我们又应怎样回答时代之问?我们要肩负历史使命,坚定前进信心,立大志、明大德、成大才、担大任,努力成为堪当民族复兴重任的时代新人,让青春在为祖国、为民族、为人民、为人类的不懈奋斗中贡献蓬勃能量。	
教学小结	当代大学生建功立业的舞台空前广阔,梦想成真的前景空前光明,每个人都有机会在实现中国梦的伟大实践中创造自己的精彩人生。当代大学生要坚定不移听党话、跟党走,怀抱梦想又脚踏实地,敢想敢为又善作善成,立志做有理想、敢担当、能吃苦、肯奋斗的新时代好青年,让青春在全面建设社会主义现代化国家的火热实践中绽放绚丽之花。	3
课后作业	【奇思妙想】致 2050 年的你 　　邀请学生在信中用文字描绘出自己心中的现代化蓝图,写下自己怀揣的梦想与憧憬。学生完成后,小组进行讨论,邀请学生做分享,最后,教师将学生的信件一同存入时光信箱。	2

四、教学方法推荐

　　绪论中第二部分的教学适宜运用新媒体教学法、案例分析法、合作学习教学法和启发式教学法组织教学。

　　导入部分,采用新媒体教学法,带领学生通过视频,听见当代青年发出的时代潮音,提出问题,启发学生思考,让学生回答如今中国进入了什么时代?时代对我们青年一代提出了怎样的要求?我们又应怎样回答时代之问?

第十六章 生逢盛世·在新时代施展才干的地大青年代表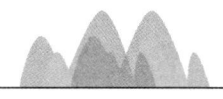

教学第一部分"中国特色社会主义进入新时代"时，教师结合案例一，通过展示两代登山人的物资照片，利用案例分析法和合作学习教学法，带领学生一同探讨，对比不同时代登山人的英勇事迹，带领学生穿越历史的长河，感受时代的脉搏，领悟进入新时代的"三个意味着"知识点。

教学第二部分"把握时代新人的根本要求"时，教师分别结合案例一、二、三、四，以案例分析法分别讲述时代新人的四个根本要求，结合时代新人的内涵，分析案例中地大青年榜样作为时代新人的具体表现。

主要参考文献

安作相,1996.中国陆相生油理论的倡导者:潘钟祥[J].民主与科学(1):38-40.

陈华文,徐燕,2019.殷鸿福:寻找地球奥秘钥匙的人[J].国际人才交流(4):33-35.

李杰,2005.大山情未了 奋进无止境:中国科学院院士、地质古生物学家殷鸿福传略[J].科技创业月刊(4):1.

宁薇,2011.做社会高高矗立的灯塔[N].中国国土资源报,2011-06-10(5).

杨光荣,陈宝国,1990.潘钟祥的找油实践和理论贡献[J].石油大学学报(社会科学版)(1):82-85+70.

杨光荣,1998.实践是创新的源泉:学习潘钟祥教授的科学精神[J].中国地质教育(3):1-4+22.

杨光荣,2006.最早提出"陆相生油"观点的中国人:潘钟祥教授的找油实践和理论贡献[J].中国地质教育(3):16-19+118.

殷鸿福,2023.祖国地质研究的"金钉子"[J].作文与考试(26):19.

袁宝华,卢松年,王燮培,1986.纪念潘钟祥教授,学习潘钟祥教授热爱祖国、献身科学的精神[J].地球科学(3):217-220.

张子航,吴仁喜,雷宇,2023.殷鸿福院士:坐热"冷板凳",淬炼"金钉子"[N].中国青年报,2023-06-30(7).

晋水党发〔2005〕6号,2005.中共山西省水利厅党组关于开展向张国旗同志学习的决定[J].山西水利(2):13-18.

后　记

　　大学精神与时代精神、民族精神同频共振，方能绵延不绝、生生不息，助力培养担当民族复兴大任的时代新人。中国地质大学建校70余年来，始终与党同心、与国同向、与民同行，充分发挥学科特色和科研优势，砥砺耕耘，积极为"上天、入地、下海、登极"提供坚实的人才和科技支撑。作为地质教育的"摇篮"，学校培养了40多万名优秀人才，诞生了40多名两院院士，书写出"每千名地学毕业生里就有一位院士"的佳话。"艰苦朴素、求真务实"的校训精神，"胸怀大局、初心如磐、艰苦创业、勇攀高峰"的南迁办学精神，"扎根中国、胸怀天下、勇攀高峰、追求卓越"的攀登精神等，共同交织绘就了底蕴深厚、特色鲜明的地大精神图谱，感召和激励着一代代地大人走过风风雨雨，用青春和汗水浇筑出最绚丽的奋斗之花。

　　70多年的地大历史，是一部精神积淀的历史，是地大人共有的"历史记忆"，也是地大学子自尊、自信、自强的源头活水。将校史融入思政课教学，不仅是对学校历史资源的深度挖掘，更是为立德树人根本任务注入新活力的重要途径。多年来，我们一直思考如何在课程中挖掘校史里的典型案例，提炼其中蕴含的科学精神与爱国情怀，推动课程思政与校史资源的双向渗透，以提升学生对地大的归属感与自豪感。我们认为，地大精神是重要的校本资源，将其融入"思想道德与法治"课教学，能够让学生从学习校史红色案例中筑牢理想信念，激励学生在新时代的画卷上谱写地质报国的新篇章，为建设中华民族现代文明、推进社会主义文化强国建设贡献地大智慧与力量。这本书正是我们立足校本资源，激活思政教育活力的生动实践和探索成果。希望在池际尚院士、赵鹏大院士等地大红色人物事迹的指引下，地大学子能够在知史爱校中厚植家国情怀，在见贤思齐中锻造奋斗品格。由于能力有限，本书对建校以来地大红色人物事迹的搜集和掌握还不够细致，对校本资源融入思政课教学的教学法设计还存在一些问题和不足，衷心欢迎专家学者、广大同仁和读者予以指正，为本书的后续完善提供宝贵的意见和建议。

　　本书由阮一帆、张洁、李蔚然策划和统稿，具体分工如下：第一章至第三章由冯思佳撰写，第四章至第七章由兰琳撰写，第八章至第十一章由李辰寅撰写，第十二章至第十五章由黄诗玉撰写，第十六章由陈欣媛撰写。本书使用的教学案例主要选自《百年党史中的地大红色故事》（中国地质大学出版社2022年版），在此对帅斌等同仁为发掘地大红色故事付出的辛勤努力表示感谢！本书在立项、编写和出版过程中，得到了中国地质大学档案馆、校史馆、党委宣传部和出版社的大力支持，在此表示衷心感谢！

本书编委会
2024年12月

第十六章　生逢盛世·在新时代施展才干的地大青年代表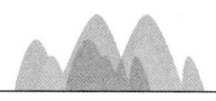

教学第一部分"中国特色社会主义进入新时代"时,教师结合案例一,通过展示两代登山人的物资照片,利用案例分析法和合作学习教学法,带领学生一同探讨,对比不同时代登山人的英勇事迹,带领学生穿越历史的长河,感受时代的脉搏,领悟进入新时代的"三个意味着"知识点。

教学第二部分"把握时代新人的根本要求"时,教师分别结合案例一、二、三、四,以案例分析法分别讲述时代新人的四个根本要求,结合时代新人的内涵,分析案例中地大青年榜样作为时代新人的具体表现。

主要参考文献

安作相,1996.中国陆相生油理论的倡导者:潘钟祥[J].民主与科学(1):38-40.

陈华文,徐燕,2019.殷鸿福:寻找地球奥秘钥匙的人[J].国际人才交流(4):33-35.

李杰,2005.大山情未了 奋进无止境:中国科学院院士、地质古生物学家殷鸿福传略[J].科技创业月刊(4):1.

宁薇,2011.做社会高高矗立的灯塔[N].中国国土资源报,2011-06-10(5).

杨光荣,陈宝国,1990.潘钟祥的找油实践和理论贡献[J].石油大学学报(社会科学版)(1):82-85+70.

杨光荣,1998.实践是创新的源泉:学习潘钟祥教授的科学精神[J].中国地质教育(3):1-4+22.

杨光荣,2006.最早提出"陆相生油"观点的中国人:潘钟祥教授的找油实践和理论贡献[J].中国地质教育(3):16-19+118.

殷鸿福,2023.祖国地质研究的"金钉子"[J].作文与考试(26):19.

袁宝华,卢松年,王燮培,1986.纪念潘钟祥教授,学习潘钟祥教授热爱祖国、献身科学的精神[J].地球科学(3):217-220.

张子航,吴仁喜,雷宇,2023.殷鸿福院士:坐热"冷板凳",淬炼"金钉子"[N].中国青年报,2023-06-30(7).

晋水党发〔2005〕6号,2005.中共山西省水利厅党组关于开展向张国旗同志学习的决定[J].山西水利(2):13-18.

后　记

　　大学精神与时代精神、民族精神同频共振，方能绵延不绝、生生不息，助力培养担当民族复兴大任的时代新人。中国地质大学建校70余年来，始终与党同心、与国同向、与民同行，充分发挥学科特色和科研优势，砥砺耕耘，积极为"上天、入地、下海、登极"提供坚实的人才和科技支撑。作为地质教育的"摇篮"，学校培养了40多万名优秀人才，诞生了40多名两院院士，书写出"每千名地学毕业生里就有一位院士"的佳话。"艰苦朴素、求真务实"的校训精神，"胸怀大局、初心如磐、艰苦创业、勇攀高峰"的南迁办学精神，"扎根中国、胸怀天下、勇攀高峰、追求卓越"的攀登精神等，共同交织绘就了底蕴深厚、特色鲜明的地大精神图谱，感召和激励着一代代地大人走过风风雨雨，用青春和汗水浇筑出最绚丽的奋斗之花。

　　70多年的地大历史，是一部精神积淀的历史，是地大人共有的"历史记忆"，也是地大学子自尊、自信、自强的源头活水。将校史融入思政课教学，不仅是对学校历史资源的深度挖掘，更是为立德树人根本任务注入新活力的重要途径。多年来，我们一直思考如何在课程中挖掘校史里的典型案例，提炼其中蕴含的科学精神与爱国情怀，推动课程思政与校史资源的双向渗透，以提升学生对地大的归属感与自豪感。我们认为，地大精神是重要的校本资源，将其融入"思想道德与法治"课教学，能够让学生从学习校史红色案例中筑牢理想信念，激励学生在新时代的画卷上谱写地质报国的新篇章，为建设中华民族现代文明、推进社会主义文化强国建设贡献地大智慧与力量。这本书正是我们立足校本资源，激活思政教育活力的生动实践和探索成果。希望在池际尚院士、赵鹏大院士等地大红色人物事迹的指引下，地大学子能够在知史爱校中厚植家国情怀，在见贤思齐中锻造奋斗品格。由于能力有限，本书对建校以来地大红色人物事迹的搜集和掌握还不够细致，对校本资源融入思政课教学的教学法设计还存在一些问题和不足，衷心欢迎专家学者、广大同仁和读者予以指正，为本书的后续完善提供宝贵的意见和建议。

　　本书由阮一帆、张洁、李蔚然策划和统稿，具体分工如下：第一章至第三章由冯思佳撰写，第四章至第七章由兰琳撰写，第八章至第十一章由李辰寅撰写，第十二章至第十五章由黄诗玉撰写，第十六章由陈欣媛撰写。本书使用的教学案例主要选自《百年党史中的地大红色故事》（中国地质大学出版社2022年版），在此对帅斌等同仁为发掘地大红色故事付出的辛勤努力表示感谢！本书在立项、编写和出版过程中，得到了中国地质大学档案馆、校史馆、党委宣传部和出版社的大力支持，在此表示衷心感谢！

本书编委会

2024年12月